现代教育技术应用

◎ 柯清超　马秀芳　编著

高等职业院校小学教育专业教材

中国教育出版传媒集团
高等教育出版社·北京

内容提要

本教材旨在培养师范生综合应用现代教育技术的基本知识与实践技能,提升其应用技术优化课堂教学、转变学生学习方式、变革与创新教学的能力,引导他们通过信息技术改进工作效能、促进自身专业能力持续发展。

本教材涵盖了教育技术的基本知识和技能,包括六章内容:教育技术概述、信息化教学资源、信息化教学工具、信息化教学环境、教学设计与课堂评价和教育技术新发展。教材中的大量教学案例和资源工具来源于一线教学实践和教学改革项目,具有较强的操作性和良好的实用价值。教材还配备了丰富的数字化教育资源,包括教学案例、软件工具的操作示范视频等,为师生开展线上线下融合的课程教学提供数字资源支撑。作者主讲的"现代教育技术应用"在线开放课程(请登录"爱课程"网查看)被评为国家级线上一流课程,可与本教材配套使用。

本教材适用于高等师范院校开设的"现代教育技术应用"公共基础课程,也可用于在职中小学教师信息技术应用能力提升培训,或作为教师提升教育技术应用能力的读物。

图书在版编目(CIP)数据

现代教育技术应用 / 柯清超,马秀芳编著. -- 北京:高等教育出版社, 2024.4
ISBN 978-7-04-061030-7

Ⅰ. ①现… Ⅱ. ①柯… ②马… Ⅲ. ①教育技术学-高等学校-教材 Ⅳ. ①G40-057

中国国家版本馆CIP数据核字(2023)第148893号

XIANDAI JIAOYU JISHU YINGYONG

| 策划编辑 | 肖冬民 | 责任编辑 | 刘晓静 | 封面设计 | 姜 磊 | 版式设计 | 杜微言 |
| 责任绘图 | 易斯翔 | 责任校对 | 刘娟娟 | 责任印制 | 存 怡 | | |

出版发行	高等教育出版社	网 址	http://www.hep.edu.cn
社 址	北京市西城区德外大街 4 号		http://www.hep.com.cn
邮政编码	100120	网上订购	http://www.hepmall.com.cn
印 刷	北京华联印刷有限公司		http://www.hepmall.com
开 本	787mm×1092mm 1/16		http://www.hepmall.cn
印 张	12.5		
字 数	270 千字	版 次	2024 年 4 月第 1 版
购书热线	010-58581118	印 次	2024 年 7 月第 2 次印刷
咨询电话	400-810-0598	定 价	30.00 元

前 言

信息技术与教育的深度融合，推动了教育理念、教学内容、教学方法、学习方式和教育管理模式的深刻变革。在信息时代，学校的教育理念从以知识传授为主转向以能力培养为主，教学内容从传统的单一学科转向跨学科融合，教学方法由教师主导转向师生共同参与，学习方式从被动接受转向主动探究，教育管理模式从封闭管理转向开放协作。教育技术已成为信息时代每一位教师都必须掌握的教学方法与技能。教育部《教师教育课程标准（试行）》规定，在教师教育课程中，需开设"现代教育技术应用"模块，以提高教师运用信息技术进行教育教学活动的基本素养和能力，其内容具体包括：信息技术基础知识、信息技术应用技能、信息技术整合能力等。教育部《中小学教师信息技术应用能力标准（试行）》明确指出信息技术应用能力是信息化社会教师必备的专业技能，并研制了《中小学教师信息技术应用能力发展框架》及相应标准，启动实施了"全国中小学教师信息技术应用能力提升工程"。

"现代教育技术应用"是一门帮助师范生发展信息技术应用能力的基础课程。其目标是培养师范生应用信息技术设计、实施与评价教学的基础知识与实践技能，为未来教师应用信息技术改进工作效能、提升专业能力并持续发展、开展教学改革与创新打下基础。通过本课程的学习，师范生应树立现代教育理念，掌握信息化教学必备的知识与技能，达到教育部中小学教师专业标准及《中小学教师信息技术应用能力标准（试行）》《教师教育课程标准（试行）》《中小学教师资格考试暂行办法》等文件对教师提出的相关要求。

本教材根据以上文件精神和要求编写，注重理论与实践相结合，既有系统的知识讲解，又有灵活的问题探究；既有丰富的案例分析，又有多种形式的实践活动。教材内容包括六章：（1）教育技术概述。阐述教育技术的基本概念与发展历程、教师信息技术应用能力标准和典型的信息化教学模式、教育技术的相关概念。（2）信息化教学资源。阐述信息化教学资源的含义、类型、特点和获取，以及课堂演示文稿、线上教学视频和各种线上学习资源的设计与制作，还介绍了媒体素材处理基本技能。（3）信息化教学工具。阐述信息化教学工具的概念、功能特点与分类，以及课堂互动教学工具、线上视频教学工具、学科辅助教学工具与教学管理工具的应用。

（4）信息化教学环境。阐述信息化教学环境的含义、特点、组成和典型的信息化教学环境以及当前学校常见的基于平板电脑的智慧课堂教学实践、基于点阵纸笔的互动教学实践，基于虚拟仿真环境的教学实践等。（5）教学设计与课堂评价。阐述教学设计的基本概念、基本原理、基本过程、基本内容，提供课堂教学设计、在线教学设计、混合式教学设计的操作性的表格工具以及课堂教学观察与评价工具。（6）教育技术新发展。阐述人工智能、脑机接口、虚拟现实与仿真、云计算与大数据等新兴技术，介绍各种信息化教学新模式，包括"翻转课堂"教学模式、"三个课堂"教学模式、STEAM 跨学科教学教学模式、大单元教学模式等内容。

本教材具有以下特点：

（1）以学习者为中心，以问题解决能力培养为导向。教材强调帮助师范生形成信息化解决意识、信息化解决方案和信息化解决技能，重点关注师范生在信息化教学资源准备、信息化教学设计、信息化教学组织、信息化教研等方面的知识与能力提升。

（2）教学内容凸显实践性与工具性，兼备系统性与前沿性。教材在确保理论内容体系化的同时，融合了大量一线优秀教学实践案例，提供了丰富的信息化教学工具，让教材内容在实现理论联系实践的同时，突出信息化教学的实践性和工具性特征。教材中融合了大量信息技术教育应用的新理念、新技术、新模式、新成果，同时，教材也关注人工智能、脑机接口、虚拟仿真、云计算与大数据等新兴技术在教育领域的应用和发展，反映了信息技术教育应用的最新动态和趋势。

（3）配套资源丰富，易学易用。教材提供了丰富的配套教学资源，包括与教材同步的教学案例、软件工具的操作示范视频等，依托这些资源，教师可方便地实施课堂教学，探索线上线下融合的教学创新活动。配套教学资源以在线课程的方式呈现，支持师生多种方式的参与和体验，为师范生提供一个便捷、高效、有趣的数字化学习环境，促进师范生对本课程内容的深入理解和掌握。

课程的教学实施建议如下：

（1）课程思政。教师在培养学生数字化学习能力、拓宽学生教育技术知识视野的同时，需要引导学生构建符合社会主义核心价值观的世界观、价值观和人生观，把思想政治教育贯穿教学全过程，积极探索课程思政的新模式、新途径，实现全员、全程、全方位育人。课程思政的实施需在教学目标中明确思政教育的要求，在教学内容中融入思政教育的元素，在教学过程中运用思政教育的策略，在教学评价中反映思政教育的效果。例如，在讲授信息化学习理论时，教师可以引导学生认识信息时代对人才培养的新要求，激发学生爱国、奋进、创新的精神；在讲授信息化学习工具时，可以引导学生遵守网络道德规范，抵制网络不良信息，培养学生健康、文明、安全的网络行为；在讲授教育信息化案例时，可以引导学生关注国家和社会发展的重大问题，提高学生服务国家和社会的责任感和使命感。

（2）课堂教学。建议在计算机教室进行课程授课，便于学生访问课程网站提供的各种微课视频、教学案例等学习资源，以及利用网络开展自主、合作探究等多样化的学习活动。课堂教学应该注重激发和调动学生的主动性和积极性，采用讲授、演示、练习、讨论、展示等多种教学方法和手段，营造互动式、参与式、体验式的教学氛围；应该注重培养和提高学生的数字化学习能力，包括信息获取能力、信息处理能力、信息表达能力、信息评价能力等，使学生能够有效地利用数字化资源和工具进行知识构建和能力拓展。

（3）混合式教学。本教材开发了配套的在线开放课程，教师可以利用在线开放课程开展混合式教学、SPOC 教学、翻转课堂教学等。混合式教学是将在线开放课程与传统面授课程相结合，实现线上线下相互补充、相互促进的教学方式；SPOC 教学将在线开放课程作为小规模课程使用，是针对特定群体或场景的个性化、定制化教学方式；翻转课堂教学是课前通过在线课程平台完成知识学习，课堂则开展讨论、练习等深度学习活动的教学方式。本课程可以根据不同的专题和项目，灵活运用以上三种新型教学模式，以激发学生的主动性、创造性和协作性。

课程的课时安排建议如下：

教材六章的内容建议用 48 学时完成，其中理论学习 24 学时，实践操作 20 学时，案例研讨 4 学时。理论学习主要采用教师讲授、学生自主学习、网络学习等方式，内容涵盖教材中的基本概念、原理、方法等知识点；实践操作主要包括教师演示、学生练习、项目实施等形式，涉及教材中的基本技能、工具、流程等技术点；案例研讨主要包括教师引导、学生讨论、成果展示等环节，体现教材中的综合应用、问题解决、创新思维等能力点。还可以采用 32 学时的教学安排，建议将第一章到第五章作为必修内容，第六章作为选修内容，理论学习 16 学时，实践操作 12 学时，案例研讨 4 学时。必修内容包括本课程的基本知识、技能和能力要求，所有学生都必须掌握；选修内容为拓展性的内容，如第六章涉及的新技术、新模式等。

课程的教学评价建议如下：

课程考核采用过程性评价与成果性评价相结合的方式，对学习者的平时作业与课堂表现进行记录与阶段性评价；对实践作品与实践成果，依据评价量规进行学习者自评、互评与教师评价。过程性评价旨在关注学生的学习过程，反馈学生的学习进度，促进学生提高自主学习和自我调节，应该关注学生的个性差异、学习风格、思维方式等方面，给予学生多元化的反馈和指导；成果性评价旨在检验学生的学习成果，考核学生的知识掌握程度和能力运用水平，激发学生的学习动机和兴趣，应注重对学生的综合素质、创新能力、问题解决能力等方面的考查，给予学生公平公正的评分和奖惩。过程性评价和成果性评价应该相互协调、相互支持，形成一个完整的教学评价体系。此外，在线课程提供了丰富的数字教学资源，教师在实施线上线下融合教学的过程中，可以利用学生学习的过程性数据与作品档案，探索基于学习档案袋的真实评价，利用网络平台收集、整理、分析和展示学生在课程中产生的各种作品、反思、证据等材料，以反映学生的个人发展和群体合作情况，并根据这些材料进行综合性、发展性和诊断性的评价。

本教材是作者在长期从事教学的基础上，结合大量一线教学研究与实践案例精心编写而成的。教材的编写得到了高等教育出版社大力支持，在此表示衷心的感谢！同时，也要感谢我的研究生张思其、黄正华、房静仪、麦静仪、古嘉欢、侯晓堡、李倩卿、王佳音、胡敏萍、周星仪、曾成林等，他们为教材的资料与案例整理付出了辛勤劳动，没有他们的参与，本教材难以完成。本教材在撰写过程中引用、参阅了许多专家、同行的研究成果，在此向他们致以诚挚的谢意！由于作者水平有限，如有不足之处，敬请读者批评指正。

作者于华南师范大学

2023 年 9 月

目 录

第一章　教育技术概述

　　教育技术伴随着现代科学技术的进步产生与发展。现代教育技术在教育教学中的应用，不仅丰富了教育教学手段，增加了信息传递的方式、方法，提高了教育教学的效果和效率，也极大地改变了教育观念、教学模式。教育技术的普及对教师的教学能力提出了新的要求。本章重点讲解：教育技术基本概念、教育技术的发展、信息技术与教育技术的关系、信息时代对教师教育技术能力的要求。

知识地图

学习目标

1. 理解教育技术的基本概念。
2. 了解教育技术的发展。
3. 了解教师应具备的教育技术能力。
4. 理解教育技术与课程教学的关系。
5. 了解在信息技术环境下三种典型的教学模式。
6. 理解教育技术的相关概念。

学习建议

1. 学习重点：教育技术的概念与发展、对教师教育技术能力的要求、教育技术与课程教学的关系、教育技术的相关概念。

2. 课前活动：观看本章的导学视频，观看"爱课程"网上的在线开放课程进行自主学习，了解教育技术的基本概念、信息时代对教师教育技术能力的要求、教育技术与课程教学融合所衍生的三种新型教学模式以及若干与教育技术相关的概念；通过对案例的分析与研讨，理解信息技术环境下的新型教学模式。

3. 课后活动：参与交流与讨论。

**导学视频：教
育技术概述**

第一节　教育技术基本概念

信息技术在教育中的普及和应用，使传统的教育教学模式受到强烈冲击，引起教育观念、教育内容、教育手段、教育方法的重大变革。如何应用信息技术实现教育教学的最优化，探索信息时代的教学模式，提高教学质量，成为当今教育研究的热点。教育技术就是探索如何应用信息技术推动教育变革与创新，促进学生有效学习的理论与实践领域，它已成为现代教育不可或缺的组成部分。

视频：教育技术基本概念

一、什么是教育技术

美国教育传播与技术协会（Association for Education Communication and Technology，AECT）1994 年给教育技术下的定义是：教育技术是关于学习过程与学习资源的设计、开发、利用、管理和评价的理论与实践，其构成和内涵可用图 1.1 表示。

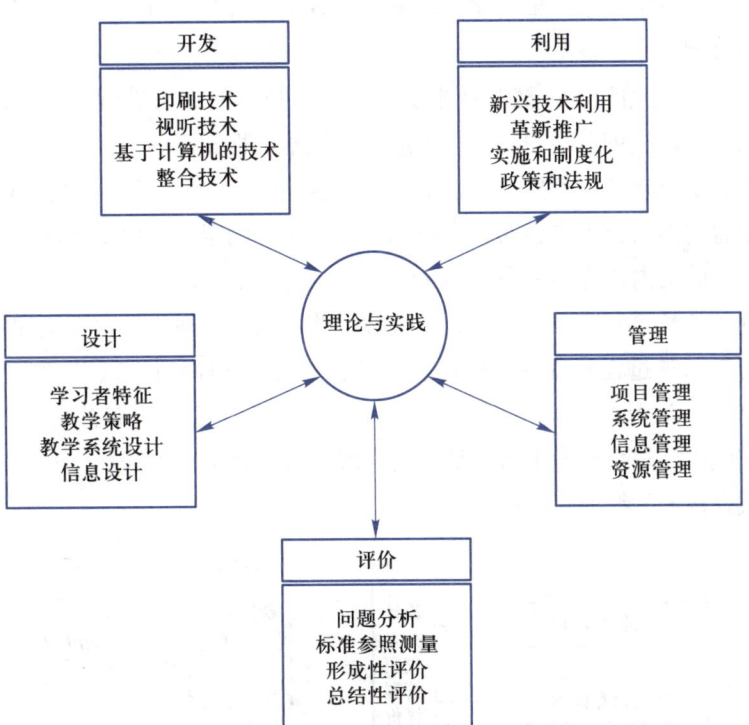

图 1.1　1994 年美国教育传播与技术协会关于教育技术构成与内涵的界定

根据这一定义，教育技术的研究对象是学习过程和学习资源，基本研究内容是设计、开发、利用、管理、评价学习过程和学习资源的理论与实践。

（1）学习过程和学习资源的设计，是指为达到既定的教学目标，首先要对学习者进行特征分析，制订教学策略，在此基础上进行教学系统及教学信息的设计。主要包括教学内容的确定、教学媒体的选择、教学信息与反馈信息呈现方式的设计等，以创造最优化的教学模式。

（2）学习过程和学习资源的开发，是指对印刷技术、视听技术、基于计算机的多媒体技术与网络技术以及多种技术整合集成应用于教育教学过程的开发研究。可以说，开发是对教学设计结果的"物化"或"产品化"，是教学设计的具体应用。开发的范围可以是一节课、一个新的改进措施，也可以是一个学校教育系统工程的具体规划和实施方案。

（3）学习过程和学习资源的利用，应强调对新兴技术、各相关学科最新研究成果以及各种信息资源的利用和传播，并加以制度化、规范化。

（4）学习过程和学习资源的管理，指对所有学习过程和学习资源进行计划、组织、协调和控制。具体包括教学项目管理、系统管理、信息管理、资源管理等。"管理出效益"，科学管理是教育技术实施和教学过程、教学效果优化的保证。

（5）学习过程和学习资源的评价，是指在注重对教育教学系统的总结性评价的同时，更要注重形成性评价，并以此作为监控质量和不断优化教育教学系统与教学过程的主要依据。为此，教师应及时对教育教学过程中存在的问题进行分析，并参照规范要求（标准）进行定量的测量与比较，向学习者提供有关学习进步的情况，以便其及时调整学习计划。

2004年底，美国教育传播与技术协会对教育技术的定义进行了深入探讨，把教育技术定义为：通过创造、使用、管理适当的技术过程和资源，促进学习和改善绩效的研究与符合道德规范的实践。该定义于2005年正式发布。随后，在2005年、2017年等美国教育传播与技术协会对教育技术又给出过不同定义，但由于这些定义并没有本质区别，目前国内普遍还是采用1994年的定义。

结合我国的教育实践可以认为，现代教育技术是运用现代教育理论和现代信息技术，通过对教与学过程和资源的设计、开发、利用、管理和评价，以实现教学优化，促进学习者有效学习的理论和实践。现代教育技术的研究对象和范畴如图1.2所示。在国内的实践中，教育技术也常常被称为"现代教育技术"，本教材中的"教育技术"或"现代教育技术"都指同一概念。

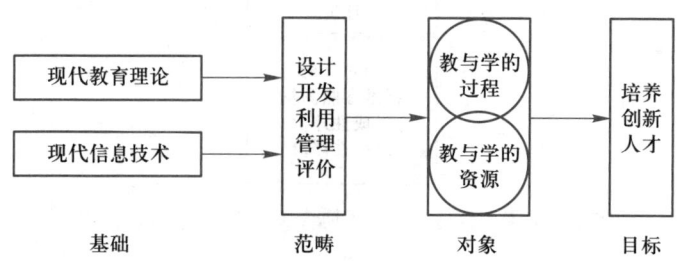

图 1.2　现代教育技术的研究对象和范畴

现代教育技术的内涵可从以下几个方面进行理解[①]：

（1）现代教育技术的应用必须以先进的教育理论为指导，树立应用教育技术推进素质教育，重点培养创新精神和实践能力的教育思想，重视运用现代认知理论和人本主义理论指导教与学的过程和资源的设计、开发与利用。

（2）现代教育技术以现代信息技术为基础，其中在学校，现代教育技术主要指多媒体与网络技术。要利用好现代教育技术，必须充分利用和发挥多媒体与网络技术的优势，建立以多媒体和网络技术为基础的信息化环境和建设数字化的教学资源。

（3）现代教育技术以教与学的过程和资源为研究对象，并以优化教与学的过程和资源为目标。因此，教育技术既要重视优化"教"，更要重视优化"学"；既要重视"资源"，更要重视"过程"的研究和开发，通过优化教与学的资源，建设信息化的教学环境，开发信息化教学软件，探索并建构信息化环境下新型的教学模式。

（4）利用现代教育技术，要注重应用系统科学方法对教与学的过程和资源进行设计、开发、利用、管理和评价，以实现教学优化。

二、教育技术的发展

（一）国外教育技术的发展

国外教育技术发展以美国为代表，我们可以从三条路径追溯美国教育技术的形成与发展：一是以早期的个别化教学—程序教学—计算机辅助教学为主线的个性化教学技术发展路径；二是以直观教学—视觉教学—视听教学—视听传播为主线的媒体教学技术发展路径；三是教学系统方法发展路径。这三条不同的发展路径交错在一起，共同促进教育技术的发展，其演变过程如图 1.3 所示。

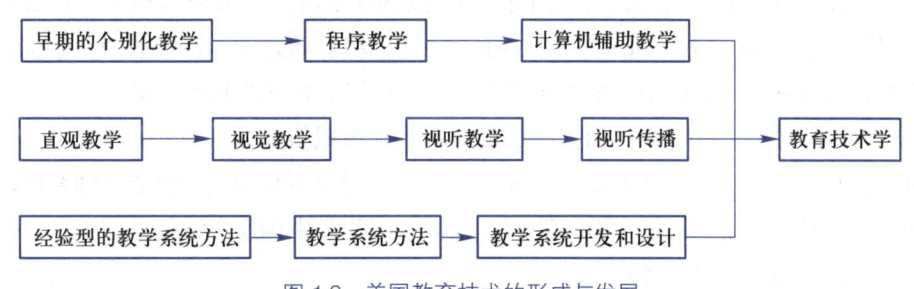

图 1.3　美国教育技术的形成与发展

1. 个性化教学技术

（1）早期的个别化教学

个别化教学是一种适合每个学习者不同需要和特点的教学方式。在夸美纽斯（J. A. Comenius）提出班级授课制以前，个别化教学一直是教育的基本形式，主要通过教师与学生的面对面交流而实现。在美国，真正意义上的个别化教学系统始于伯克

[①] 李克东. 新编现代教育技术基础［M］. 上海：华东师范大学出版社，2002：4-6.

（F. Burk）1912 年至 1913 年在旧金山师范学院实验的个别学习制。早期个别化教学计划的特点是：学生可以自定学习进度，但只有达到一定的教学要求才能转入下一步的学习，重视课程内容的选择和组织。由于 20 世纪 30 年代经济大萧条和进步教育运动的影响，这类个别化教学形式逐渐消失。但是，早期的个别化教学实验为教育技术的个别化教学研究和实践积累了宝贵的经验。

（2）程序教学

程序教学是按一定的逻辑顺序将教学内容分解成若干小的学习单元，编制成教学程序，由学习者自主学习。程序教学的特点是：学习步骤小、学习进度自定、积极反应、即时反馈等。一般认为，普莱西（S. Pressey）是世界上第一台教学机器的发明人和使用者。程序教学兴起并受到教育界的普遍重视，应主要归功于斯金纳（B. F. Skinner）、克劳德（B. Crowder）、普莱西等人，特别是 1954 年哈佛大学行为主义心理学家斯金纳（B. F. Skinner）发表的《学习科学和教学的艺术》一文，激发了人们对程序教学的极大兴趣。按照行为主义关于操作性条件反射和积极强化的理论，斯金纳设计了便于强化的程序和分支式程序。

（3）计算机辅助教学

在程序教学之后，计算机技术的发展催生了计算机辅助教学（computer assisted instruction，CAI）。计算机辅助教学经历了行为主义学习理论、认知主义学习理论、建构主义学习理论三个发展阶段。在目前主流的建构主义学习理论的指导下，人们开始利用多媒体计算机和网络通信技术构造基于建构主义的教学系统。学习者在这种教学系统中既可以进行个性化学习，又可以进行小组协作学习和群体学习。计算机不再只作为一种辅助教学的工具，还可以作为认知工具、情感激励工具以及协作和交流的工具，起到导师、伙伴、工具的作用。因此，计算机辅助教学这个概念已不能完全反映计算机在教育中的作用。目前，国际上（特别是在欧洲）更倾向于使用"计算机辅助学习"（computer assisted learning，CAL）一词。尽管如此，计算机辅助教学仍是计算机在教育领域的主要应用，个别化教学是计算机辅助教学的基本功能。

随着网格计算、云计算、语义网、情感计算和虚拟仿真技术的日臻成熟，各种计算机辅助教学技术，如智能导师系统和学习管理系统等不断涌现。智能导师系统以语义网技术为核心，融合机器学习、知识工程等技术为学生构建个性化模型，并以此提供个性化的学习路径和服务。

2. 媒体教学技术

（1）直观教学

直观教学是教育技术的先声，17 世纪由捷克教育家夸美纽斯提出。直观教学以真实事物的标本、模型、图片等为载体传递教学信息，进行具体的教学活动。然而，夸美纽斯提出的直观教学理论当时并没有在实践中产生很大的影响，直到 19 世纪初期，经过瑞士教育家裴斯泰洛齐（J. H. Pestalozzi）、德国教育家福禄培尔（F. Froebel）和第斯多惠（Diesterweg）等人的大力倡导，直观教学理论才开始在欧洲流行，然后迅速传到美洲大陆，并对美国视觉教学产生了深刻的影响。

（2）视觉教学

20世纪初，美国的视觉教学（visual instruction）开始出现。视觉教学源于美国宾夕法尼亚州的出版公司金士顿（Keystone View Company）于1906年出版的《视觉教学》一书。"视觉教学"作为一场教学改革运动的名称，一直沿用到1947年全美教育协会的视觉教学部正式改名为视听教学部（Department of Audio-Visual Instruction, DAVI）为止。

（3）视听教学

有声电影和广播录音技术的发展及其在教育领域的应用，使得原有的视觉教学概念已经不能囊括当时的教学实践，促使视觉教学发展为视听教学（audio-visual instruction）。第二次世界大战结束以后的十年是视听教学稳步发展的时期，视听教学领域开展了一系列的研究，重点探讨视听媒体的特性及其对学习的影响，以杜威实用主义教育理论为基础的各种视听理论相继出现。在诸多关于视听教学的研究中，具有代表性的是戴尔（E. Dale）于1946年所著的《教学中的视听方法》一书。书中提出的"经验之塔"理论，融合了杜威的教育理论和当时流行的心理学观点，成为当时以及后来的视听教学的主要理论根据。

（4）视听传播

第二次世界大战以后，传播理论和早期的系统论开始影响视听教学领域，使视听教学演变为视听传播（audio-visual communication），这使得教学从媒体论逐渐向过程论和系统论两个方向发展，于是教育技术的观念开始更新。

3. 教学系统方法

20世纪60年代初期，加涅（R. M. Gagne）、格拉泽（R. Glaser）、布里格斯（L. J. Briggs）等将系统论思想与教学任务分析、行为目标和标准参照测试等理论、概念及方法有机结合，提出了早期的"系统化设计教学"模型。从60年代中期开始，运用系统方法解决教学问题逐渐成为视听传播领域的指导思想。美国教育技术委员会（The Commission on Instructional Technology）在20世纪60年代后期把教育技术定义为：教育技术是一种根据特定目标来设计、实施和评价整个教学过程的系统方法，并以对人的学习与教育信息传播的研究为基础，综合运用人力、物力资源，以达到更有效的教学的目的。

到20世纪70年代，美国的教育技术已脱离了只重视媒体教学应用的取向，将个性化教学技术、媒体教学技术、教学系统方法整合为一体，成为一个系统而完整的领域和学科。

人类进入21世纪后，信息技术的变革与创新已完成对教育生态的全面渗透，推动教育观念、教育内容、教育手段、教育方法以及学习方式和管理模式的深刻变革，推动教育技术理论与实践蓬勃发展，国际上教育技术新理论、教学新模式不断涌现，教育技术已成为推动各国教育改革与发展的重要支撑。美国教育部下设专门的管理部门"教育技术办公室"，该办公室定期发布美国的国家教育技术发展计划，如2010发布了《变革美国教育：以技术赋能学习》，2016年发布了《为未来而准备的学习：重塑技术在教育中的作用》。由此可见，教育技术已不仅仅是教育教学的技术手段，业已发展成为国家教育发展战略的重要组成部分。

（二）国内教育技术的发展

我国教育技术的发展可以分为两个阶段：第一阶段是电化教育阶段，受到欧美视听教育的影响；第二阶段是教育技术发展阶段。经过几十年的理论研究和实践探索，我国的教育技术在概念界定、理论框架、学科建设、组织机构与教育信息化实践等方面都具有明显的中国特色。

1. 电化教育阶段

20 世纪 20—40 年代，在"国民教育""义务教育""实用主义教育"等教育思想的影响下，一批怀着教育救国理想的有识之士纷纷远渡重洋，寻找救国救民之良方。他们开始接触到当时欧美发达国家教育教学中使用的幻灯、无声电影、广播等，认为这些手段形象直观，特别适合当时文化素质普遍很低，甚至是文盲的广大国民，因而积极引进到中国，为当时的国民教育运动服务。

1919 年，有人开始用幻灯进行教学，这是我国电化教育起步的标志。我国较为正式地使用"电化教育"一词始于 1936 年，当时的教育部举办电化教育人员训练班，由各地选派学员参加，学员结业后，就将"电化教育"名称带回各地，此后各级教育行政部门也陆续正式使用"电化教育"名称，并推广沿用至今。

当时的电化教育专指电影教育和播音教育，并作为一种先进的教育手段先后在社会教育和学校教育中应用。由于当时经济落后，科学技术不发达，电化教育未能广泛地开展起来，但是，它代表了我国教育技术发展的开端。

2. 教育技术发展阶段

随着信息技术在教育领域的广泛应用，我国电化教育领域的学者在积极吸收国外教育技术理论、方法和技术的基础上，改变了电化教育中由视听媒体一统天下的格局，开始使用"教育技术"的概念替代"电化教育"，逐步与国际教育技术接轨。

我国教育技术学（电化教育学）专业的设置始于 1983 年，华南师范大学和华东师范大学创建了我国第一批电化教育本科专业。1986 年国务院学位委员会正式批准三所大学（北京师范大学、华南师范大学、河北大学）设立首批教育技术学硕士学位授权点。1993 年国务院学位委员会批准在北京师范大学设立我国第一个教育技术学博士学位授权点。2001 年北京师范大学、华南师范大学被评选为我国首批教育技术学专业国家级重点学科单位。到 2019 年，全国已有 159 所高等院校设置了教育技术学本科专业，55 所院校招收教育技术学硕士研究生，83 所院校招收现代教育技术硕士研究生，27 所院校具有教育技术学博士授予权，从而形成了一个包括本科、硕士和博士的完整的教育技术学科专业体系。

三、信息技术与教育技术

信息技术是指对信息进行采集、传输、存储、加工、表达的各种技术之和。信息技术是教育技术发展的基础，教育技术是教育与信息技术交叉融合的理论与实践。

在信息时代的学校教育中，信息技术与教学系统的各个要素都已融合在一起。学校应用现代教育技术，提高教育信息化程度，必须具备如下基本要素：

（1）教师——有一支掌握现代教育技术应用的师资队伍；

（2）环境——建立多媒体和网络化的信息化教学环境；

（3）资源——建设多媒体与网络教学资源库并使其高度共享；

（4）设计——对多媒体与网络教学资源和教学应用过程进行策划；

（5）过程——把多媒体与网络技术应用于课程教学过程，并通过实践探索构建新的教学模式。

第二节 教师的教育技术能力

教育技术的普及对教师教学能力提出了新的要求。教师作为课堂教学的引领者、教学改革的实践者，不仅需要具备扎实的学科教学基础知识，同时也要与时俱进，掌握信息技术教育应用技能。教师教育技术能力的培养既是提高教师队伍整体素质的关键，更是 21 世纪整体教育改革的着力点之一。

一、信息时代教师能力要求

为进一步提升中小学教师信息技术应用能力水平，促进信息技术与教育教学深度融合，教育部于 2014 年 5 月颁布《中小学教师信息技术应用能力标准（试行）》，主要内容如表 1.1 所示。中小学教师信息技术应用能力是指中小学教师运用信息技术改进工作效能，促进学生学习成效与能力发展，以及支持其自身持续发展的教师专业能力。根据我国中小学校信息技术硬件设施条件的不同、师生信息技术应用情境的差异，该标准对教师在教育教学和专业发展中应用信息技术提出了"基本"和"发展性"两个层次的要求，包括"应用信息技术优化课堂教学的能力"和"应用信息技术转变学习方式的能力"两个维度。其中，应用信息技术优化课堂教学的能力主要关注教师在教学过程中利用信息技术进行讲解、启发、示范、指导、评价等教学活动应具备的能力；应用信息技术转变学习方式的能力主要关注教师在学生具备网络学习环境或相应设备的条件下，利用信息技术支持学生开展自主、合作、探究等学习活动所应发展的能力。

表 1.1 中小学教师信息技术应用能力标准

维度	I. 应用信息技术优化课堂教学	II. 应用信息技术转变学习方式
技术素养	1. 理解信息技术对改进课堂教学的作用，具有主动运用信息技术优化课堂教学的意识	1. 了解信息时代对人才培养的新要求，具有主动探索和运用信息技术变革学生学习方式的意识
	2. 了解多媒体教学环境的类型与功能，熟练操作常用设备	2. 掌握互联网、移动设备及其他新技术的常用操作，了解其对教育教学的支持作用
	3. 了解与教学相关的通用软件及学科软件的功能及特点，并能熟练应用	3. 探索使用支持学生自主、合作、探究学习的网络教学平台等技术资源
	4. 通过多种途径获取数字教育资源，掌握加工、制作和管理数字教育资源的工具与方法	4. 利用技术手段整合多方资源，实现学校、家庭、社会相连接，拓展学生的学习空间
	5. 具备信息道德与信息安全意识，能够以身示范	5. 帮助学生树立信息道德与信息安全意识，培养学生良好行为习惯
计划与准备	6. 依据课程标准、学习目标、学生特征和技术条件，选择适当的教学方法，找准运用信息技术解决教学问题的契合点	6. 依据课程标准、学习目标、学生特征和技术条件，选择适当的教学方法，确定运用信息技术培养学生综合能力的契合点
	7. 设计有效实现学习目标的信息化教学过程	7. 设计有助于学生进行自主、合作、探究学习的信息化教学过程与学习活动
	8. 根据教学需要，合理选择与使用技术资源	8. 合理选择与使用技术资源，为学生提供丰富的学习机会和个性化的学习体验
	9. 加工制作有效支持课堂教学的数字教育资源	9. 设计学习指导策略与方法，促进学生的合作、交流、探索、反思与创造
	10. 确保相关设备与技术资源在课堂教学环境中正常使用	10. 确保学生便捷、安全地访问网络和利用资源
	11. 预见信息技术应用过程中可能出现的问题，制订应对方案	11. 预见学生在信息化环境中进行自主、合作、探究学习可能遇到的问题，制订应对方案
组织与管理	12. 利用技术支持，改进教学方式，有效实施课堂教学	12. 利用技术支持，转变学习方式，有效开展学生自主、合作、探究学习
	13. 让每个学生平等地接触技术资源，激发学生学习兴趣，保持学生学习注意力	13. 让学生在集体、小组和个别学习中平等获得技术资源和参与学习活动的机会
	14. 在信息化教学过程中，观察和收集学生的课堂反馈，对教学行为进行有效调整	14. 有效使用技术工具收集学生学习反馈，对学习活动进行及时指导和适当干预
	15. 灵活处置课堂教学中因技术故障引发的意外状况	15. 灵活处置学生在信息化环境中开展学习活动发生的意外状况
	16. 鼓励学生参与教学过程，引导学生提升技术素养并发挥其技术优势	16. 支持学生积极探索使用新的技术资源，创造性地开展学习活动

维度	I. 应用信息技术优化课堂教学	II. 应用信息技术转变学习方式
评估与诊断	17. 根据学习目标科学设计并实施信息化教学评价方案	17. 根据学习目标科学设计并实施信息化教学评价方案，并合理选取或加工利用评价工具
	18. 尝试利用技术工具收集学生学习过程信息，并能整理与分析，发现教学问题，提出针对性的改进措施	18. 综合利用技术手段进行学情分析，为促进学生的个性化学习提供依据
	19. 尝试利用技术工具开展测验、练习等工作，提高评价工作效率	19. 引导学生利用评价工具开展自评与互评，做好过程性和终结性评价
	20. 尝试建立学生学习电子档案，为学生综合素质评价提供支持	20. 利用技术手段持续收集学生学习过程及结果的关键信息，建立学生学习电子档案，为学生综合素质评价提供支持
学习与发展	21. 理解信息技术对教师专业发展的作用，具备主动运用信息技术促进自我反思与发展的意识	
	22. 利用教师网络研修社区，积极参与技术支持的专业发展活动，养成网络学习的习惯，不断提升教育教学能力	
	23. 利用信息技术与专家和同行建立并保持业务联系，依托学习共同体，促进自身专业成长	
	24. 掌握专业发展所需的技术手段和方法，提升信息技术环境下的自主学习能力	
	25. 有效参与信息技术支持下的校本研修，实现学用结合	

2021 年，教育部教师工作司印发《全国中小学教师信息技术应用能力提升工程 2.0 校本应用考核指南》，提供了《中小学教师信息化教育教学能力发展框架》，主要内容见表 1.2，以此作为教师信息化教育教学能力提升考核的参考内容。2021 年 9 月，中小学教师信息技术应用能力提升工程执行办公室印发《中小学教师信息化教育教学微能力诊断指引》，该指引对 30 项中小学教师信息化教育教学微能力指标进行了详细阐述，包括利用信息技术进行学情分析、教学设计、学法指导和学业评价等方面，分别适用于多媒体教学环境、混合学习环境、智慧学习环境。该指引为教师信息化教育教学中具体能力的应用与发展提供了坚实依据。

表 1.2 《中小学教师信息化教育教学能力发展框架》的基本内容

维度	信息技术应用环境		
	多媒体教学环境	混合学习环境	智慧学习环境
学情分析	A1 技术支持的学情分析	B1 技术支持的测验与练习	
教学设计	A2 数字教育资源获取与评价 A3 演示文稿设计与制作 A4 数字教育资源管理	B2 微课程设计与制作 B3 探究型学习活动设计	C1 跨学科学习活动设计 C2 创造真实学习情境

续表

维度	信息技术应用环境		
	多媒体教学环境	混合学习环境	智慧学习环境
学法指导	A5 技术支持的课堂导入 A6 技术支持的课堂讲授 A7 技术支持的总结提升 A8 技术支持的方法指导 A9 学生信息道德培养 A10 学生信息安全意识培养	B4 技术支持的发现与解决问题 B5 学习小组组织与管理 B6 技术支持的展示交流 B7 家校交流与合作 B8 公平管理技术资源	C3 创新解决问题的方法 C4 支持学生创造性学习与表达 C5 基于数据的个别化指导
学业评价	A11 评价量规设计与应用 A12 评价数据的伴随性采集 A13 数据可视化呈现与解读	B9 自评与互评活动的组织 B10 档案袋评价	C6 应用数据分析模型 C7 创建数据分析微模型

　　全面提升教师信息技术应用能力是推动教育信息化发展的重要路径；是促进教师转变教学方式，深入推进基础教育课程改革的重要抓手；是实现教师终身学习，有效促进教师专业自主发展的关键路径。教师队伍信息化教育教学能力发展是教育信息化可持续发展的基本保障；信息技术应用能力是信息化社会教师必备的专业能力。

　　国外对于教师信息技术应用能力的培养也非常重视。美国国际教育技术协会（International Society for Technology in Education，ISTE）一直致力于教师专业发展、知识传递、教育创新等方面的研究和标准制定，已先后于 1993 年、1997 年、2000 年、2008 年颁布了四版美国国家教师教育技术标准，[①] 以适应信息技术发展对教师的新要求，这些标准对美国以及其他国家教师专业发展都产生了积极而深远的影响。

拓展阅读

《美国国际教育技术协会教育者标准》（2017年）

　　2017 年，美国国际教育技术协会发布了《美国国际教育技术协会教育者标准》（ISTE Standards for Educators），从教师作为学习者、领导者、公民、合作者、设计者、促进者、分析者七个维度提出了教师信息化专业能力要求。

二、教师教育技术能力结构

（一）TPACK 模型

　　传统的教师知识结构包括学科专业知识和教学法知识，随着信息技术的发展，有关技术的知识和技能已成为信息时代教师知识领域重要的组成部分。21 世纪的教师应能够适应信息时代的发展需要，具备信息技术环境下的教师专业素质。近年来国外研究者针对 21 世纪社会发展对教师的新要求，提出了"技术－教学法－内容知识"

---

① 冯仰存，钟薇，任友群. 美国国家教师教育技术新标准解读与比较研究［J］. 现代教育技术，2018，28（11）：19–25.

（Technological Pedagogical Content Knowledge，TPCK）的新概念。

TPCK 是美国密歇根州立大学的学者马修·J. 科勒（Mattew J. Koehler）和庞雅·米什拉（Punya Mishra）于 2005 年在舒尔曼（A. Shulman）提出的学科教学知识 PCK 的基础上提出的。TPCK 是一种"整合技术的教师知识框架"。在教师知识中，内容知识（Content Knowledge，CK）、教学法知识（Pedagogical Knowledge，PK）和技术知识（Technological Knowledge，TK）这三种主要的知识形态呈交互作用，构成了 TPCK 的技术与教学的整合框架，而处于该框架核心位置的是这三种知识的交集。TPCK 均由辅音字母组成，不利于拼读和记忆，美国教师教育学院协会（American Association of Colleges of Teacher Education，AACTE）创新与技术委员会在广泛征求意见后，决定将其改为便于拼读和记忆的"TPACK"，即在原来的名称中增加一个词 and，使原来的英文名称变为：Technological Pedagogical and Content Knowledge，原意不变，但可读成 T-Pack，意为教师知识的 Total Package（总包装）。这就是 TPACK 整合模式名称的由来，其模型如图 1.4 所示。

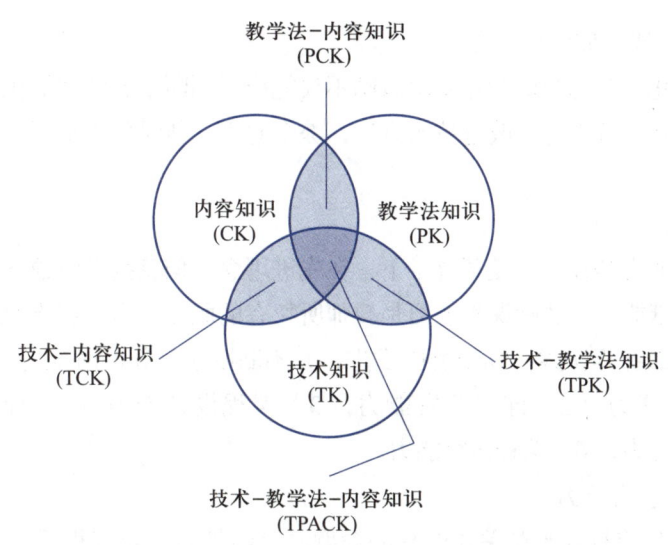

图 1.4　整合技术的教师知识框架（TPACK 模型）

（二）信息时代的教师能力结构

有学者根据 TPACK 模型提出了信息时代的教师能力结构，包括以下三部分[①]：

1. 学科教学能力

学科教学能力是指教师的专业功底和与教学基本环节相对应的教学能力，由"教学法－内容知识"（PCK）形成。具体包括：（1）关于学科内容的知识和能力；（2）对课程标准和教材的理解能力；（3）对学生学习基础和学习困难的诊断能力；（4）对教学过程的规划能力；（5）作业和试卷的设计能力；（6）体现学科特点的教学基本能力。

---

① 刘雍潜. 信息化环境下的中小学教师能力建设研究［J］. 现代教育技术，2010（12）：57–61.

2. 教学设计能力

教学设计是一种以认知学习理论为基础，以教育传播过程为对象，运用系统科学的方法分析、研究教学问题和需求，确立解决问题的方法和步骤，并对教学结果作出评价的一种计划过程和操作程序。教学设计能力由"技术－教学法知识"（TPK）形成。

3. 资源应用能力

资源应用能力是指教师的数字化教学资源应用能力，由"技术－内容知识"（TCK）形成，资源应用能力的进一步发展则是形成资源开发能力。教师的资源应用能力包括：（1）教学资源的收集与鉴别；（2）教学资源的加工与处理；（3）教学资源的设计与开发。对于学科教师来讲，常用的教学资源主要有：演示文稿（PPT）、多媒体课件、专题教学网站、网络课程等。

学科教学能力、教学设计能力和资源应用能力这三项能力综合成为信息技术与课程的整合能力，这就是信息时代教师所必须具备的能力。

（三）新时代的教师能力要求

教育信息化改革的全面深化要求教师不仅能应对不断革新的智能化教育情境，而且能够持续更新教育理念、改进技术方法，综合起来，新时代教师还应具备以下五个方面的能力。

1. 教师课程能力

教师课程能力是在教育变革背景下，在先进理念和信息技术引领下，系统化保证教育质量的关键能力。教师课程能力是教师所特有的职业能力，需要顺应信息时代的要求，在具体的课程实践活动情境中发生，并不断赋予其新的时代内涵，具体包括：（1）课程认知能力；（2）课程开发能力；（3）课程设计能力；（4）课程实施能力；（5）课程评价能力；（6）课程研究能力。

2. 跨学科整合能力

跨学科是当前教育改革关注的核心命题，已经纳入国家课程标准，成为学生学习的重要内容。跨学科教学要求教师具有知识复合能力，教师的"多层复合的知识结构"是开展跨学科教学的前提和基础。教师可以根据学生的个性取向和需求，成为创造学生教育路线的专家，从而让学生打通学科界限，探索同一主题所包含的不同领域知识，获得对世界的整体性认识，提高真实问题解决能力。

3. 数字胜任力

最初对数字胜任力的关注聚焦在教育工作者这一群体上，欧盟于2017年颁布实施《欧盟教育工作者数字胜任力框架》。近些年数字胜任力的概念也在不断完善。数字胜任力拓展了数字素养的概念范畴，不仅包括数字素养强调的知识与技能，还包括知晓在法律、道德、隐私、安全等方面如何合理并健康地使用信息技术的意识。具体来讲，数字胜任力就是教师以最优、最恰当的方式，利用数字技术开展教育教学的综合能力；是促进教师专业发展、赋权学生在数字环境中交际与终身学习的能力；是教师与学习者批判地、自信地、创新地使用数字技术发展的能力。只有掌握了与信息技术相关的新的思维方式，才有可能实现数字信息技术与教育教学的融合，实现教育过程的优化和未来人才的培养。

4. 创新思维能力

教育的目的不仅仅是向学生传授理论知识，更重要的是培养学生的核心素养和知识创造性应用的能力。信息时代下的新课程改革倡导"思维型课程文化"，强调知识抽象性与具体性二者的兼容，教师要引导学生将科学的世界和生活的世界连接起来；强调知识的建构与解构，让学生在认识世界的同时，引导学生敢于质疑、突破并主动地富有个性地学习。这就要求教师具备创新思维能力。

5. 终身学习能力

终身学习能力是社会快速进步和教育发展对教师的必然要求，具备终身学习能力和自觉性是信息时代的教师保持可持续发展的前提。以信息技术为代表的知识经济时代的到来，使人们所掌握的知识加速老化，终身学习成为必需。对于教师来讲，终身学习能力是指教师在飞速发展的社会环境中，为适应不断发展变化的科学技术，能够有意识地不断学习各种最新的教育理论，接受新知识和新技术，不断更新自己的专业知识体系和能力结构的能力。

三、教师教育技术能力发展

随着社会进步和技术发展，教育技术已经成为促进当代教育系统变革与创新的重要因素，它运用教学设计的系统方法分析教学问题，应用技术解决现实问题。教育技术在实践中应用多媒体重构传统课程教学内容，应用网络技术丰富师生的互动与协作方式，为师生提供多样化的教学活动。教育技术能力是一种具有理论性、发展性与实践性的综合能力，是教师必备的专业实践能力[①]。现代教师的教育技术能力包括：教育技术应用的意识与态度、教育技术基本知识与技能、技术教学应用与创新能力等。

教育技术能力是现代教师最基本的教学能力之一，是以促进学生发展为目的，利用信息资源从事教学活动、完成教学任务的综合能力，是教师专业发展的核心能力。教师的教育技术能力是学科专业知识、教学法知识和技术知识多种知识与能力综合发展的结果。

2013年，教育部启动实施"全国中小学教师信息技术应用能力提升工程"，并于2014年颁布了《中小学教师信息技术应用能力标准（试行）》，组织建设了两期课程资源，推动全国中小学教师信息技术应用能力培训，并开展以评促学的活动。2019年，教育部启动实施"全国中小学教师信息技术应用能力提升工程2.0"，提出到2022年，构建以校为本、基于课堂、应用驱动、注重创新、精准测评的教师信息素养发展新机

---

① 王以宁. 教师教育技术：从理论到实践［M］. 北京：北京大学出版社，2010：3-5.

制，通过示范项目带动各地开展教师信息技术应用能力培训，基本实现"三提升一全面"的总体发展目标：校长信息化领导力、教师信息化教学能力、培训团队信息化指导能力显著提升，全面促进信息技术与教育教学融合创新发展。

信息时代的教师教育技术能力发展可以分为四个阶段：起步、应用、融合、创新，如图1.5所示。

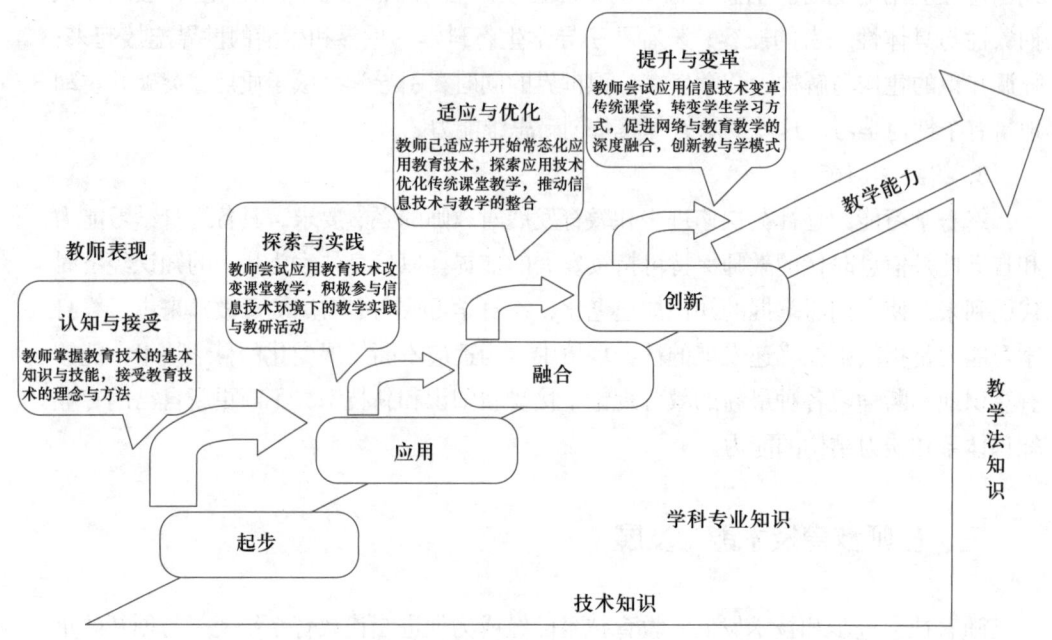

图1.5 信息时代的教师教育技术能力发展阶段

（1）起步阶段：教师开始学习教育技术的基本知识与技能，能简单地运用多媒体课件进行教学，具备基本的信息技术教学应用技能。这一阶段的教师教育技术能力发展途径是教育技术专项培训、教师继续教育网络课程学习、主题教学工作坊、优课案例观摩等。

（2）应用阶段：教师在教学过程中主动应用信息技术改变课堂教学行为，能较好地将信息技术与教学内容进行有效的融合，具备较好的信息技术应用能力。这一阶段的教师教育技术能力发展途径是公开课展示与研讨、网络课程学习、网络教研、优课案例观摩等。

（3）融合阶段：教师开始适应教育技术的常态化应用，能够独立开发部分教学资源，能够运用多媒体、网络教学资源优化课堂教学。这一阶段的教师教育技术能力发展途径是公开课展示与研讨、网络课程学习、网络研修、优课案例观摩、微课教学等。

（4）创新阶段：教师探索应用技术变革传统课堂，构建新型教育教学模式，变革学生学习方式，实现教育教学创新。这一阶段的教师教育技术能力发展途径是公开课展示与研讨、网络课程学习、网络研修、名师工作室等。

信息时代的教师应转变教学观念，不断提高信息素养，探索和实践信息技术与课程整合的教学模式，帮助学生应用信息技术转变学习方式，推动信息技术与教育教学的深度融合，提高人才培养质量。

思考讨论

请学习者对照教育部 2021 年发布的《中小学教师信息化教育教学能力发展框架》，以小组为单位分析如何提升学情分析、教学设计、学法指导和学业评价等信息化教育教学能力。

第三节 教育技术与课程教学

教育技术为课程教学提供了各种手段与工具，拓宽了传统学校的教学时空，促进了中小学课堂的改革与创新。在信息技术环境下，按教学组织的方式划分，多媒体课堂教学模式、网络教学模式和混合式教学模式是三种最常见的教学模式。

视频：教育技术与课程教学

一、多媒体课堂教学模式

多媒体课堂教学是在面对面教学过程中引入以计算机为核心的现代教学媒体和教学工具，丰富课堂教学内容的呈现方式和师生互动方式，为学生提供多样化的刺激手段，有利于激发学生的学习积极性，提高课堂教学效率。

多媒体课堂教学模式充分体现了"以学生为中心"的教学思想，即教师作为教学的引导者，借助信息化教学手段构建教学情境，通过教学活动的组织和安排，让学生在教师提供的学习环境中利用学习资源进行交流学习，帮助学生更好地理解知识并对其进行建构。

（1）案例简介

这是一节典型的基于电子白板的多媒体课堂教学案例，是对广州版小学英语新编教材四年级上册 Module 3 "Occupations" 的综合复习课。教师采用引导讨论法和任务驱动法等教学方法，并使用电子白板结合其他多媒体辅助教学，借助游戏和其他信息技术手段创设教学情境，调动学生的学习积极性。其教学过程（如图 1.6 所示）充分体现了"教师主导－学生主体"的教学理念。

案例：Occupations 课堂教学（上）

（2）案例资源

请扫描二维码"案例：Occupations 课堂教学（上、下）"进行学习观摩。

案例：Occupations 课堂教学（下）

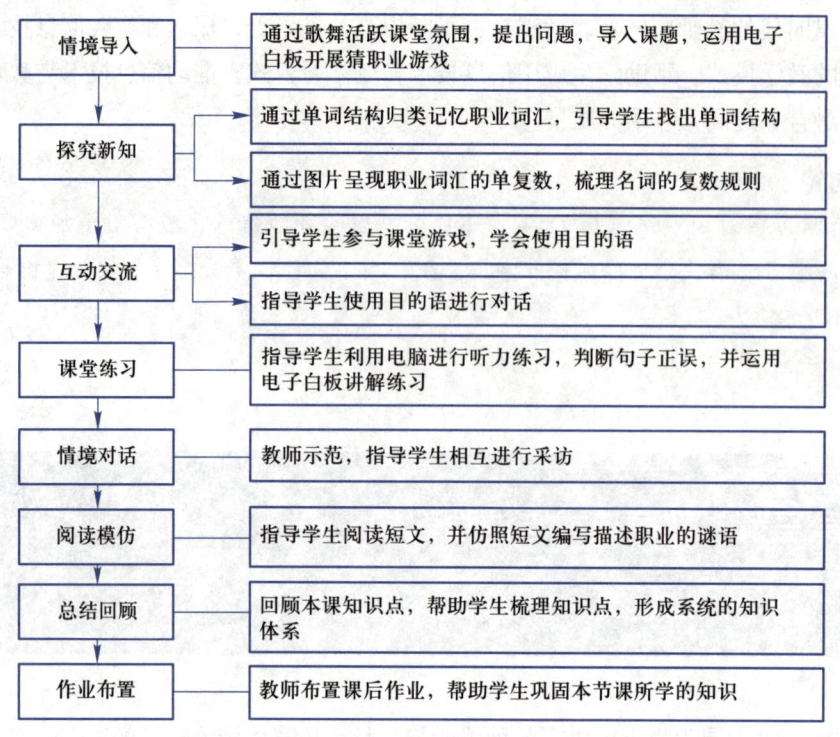

图 1.6 "Occupations" 的教学过程

（3）案例研讨

在观摩案例的基础上，总结多媒体课堂教学的一般特点，分析教师实施有效的多媒体课堂教学应具备的教学方法与技能。

二、网络教学模式

网络教学指在一定的教学思想和理论指导下，应用网络技术拓宽现实课堂的教学时空，为师生提供多样化的教与学协作活动，促进学生知识的协作建构。借助网络技术，教师可以开展不同类型的网络教学活动，主要模式有在线互动教学、在线开放课程教学、专递课堂等。

（一）在线互动教学

在线互动教学指借助互联网，师生通过视频、语音、文字互动开展各种教学活动。2020 年，为阻断新冠肺炎疫情向校园蔓延，全球很多地区都封闭了校园，改用互联网开课，实现"停课不停学"。疫情期间的网络开课方式多种多样，如课堂视频直播、课堂录播点播、学习资源推送与任务驱动结合等。

（二）在线开放课程教学

在线开放课程教学指通过互联网教学平台，向参与者提供某门课程的教学资源，并组织相应的教学活动，帮助师生完成一门课程学习与评价的教学方式。

（1）案例简介

"爱课程"网（www.icourses.cn）是教育部、财政部"十二五"期间启动实施的"高等学校本科教学质量与教学改革工程"支持建设的高等教育课程资源共享平台。该平台面向不同专业、不同学科，汇聚了大量优质在线开放课程，并向全国高校师生和社会大众开放。该平台提供了与教学方法、教学能力、信息化教学相关的课程。图1.7 为"爱课程"网"中国大学 MOOC"频道。

图 1.7 "爱课程"网"中国大学 MOOC"频道

（2）案例资源

请访问"爱课程"网"中国大学 MOOC"频道，选择"教育教学"类课程中的一门课程进行观摩学习。

（3）案例研讨

总结在线开放课程教学的特点，讨论在线开放课程教学的创新之处与未来发展。

（三）专递课堂

"专递课堂"是教育部明确提出的一种网络教学模式，它主要针对农村薄弱学校和教学点缺少师资、开不出开不足开不好国家规定课程的问题，采用网上专门开课或同步上课、利用互联网按照教学进度推送适切的优质教育资源等形式，帮助其开齐开足开好国家规定课程，促进教育公平和均衡发展。

（1）案例简介

2017—2018 年，教育部科技司应用我国的高通量宽带卫星，为没有互联网接入条件的地区开展专递课堂教学试验。偏远地区的小学生通过高通量宽带卫星连入互联网，实现视频实时互动教学。图 1.8 是师生进行"四边形"专递课堂教学的画面。

图 1.8 "四边形"专递课堂教学示范

案例:"四边形"
专递课堂

（2）案例资源

阅读学习文件《教育部关于加强"三个课堂"应用的指导意见》，并扫描二维码"案例:'四边形'专递课堂教学"，观看教学视频片段，进行观摩研讨。

（3）案例研讨

讨论什么是"三个课堂"，总结"三个课堂"的教学特点，讨论"三个课堂"对提升基础教育质量的意义。

三、混合式教学模式

混合式教学模式一般也称作"混合式学习"，核心是面对面课堂教学和网络化教学两种方式有机整合。混合式教学把传统教学方式的优势和网络化教学的优势结合起来，在学习过程中既重视教师引导、启发学生和监控教学过程的主导作用，又发挥学生的积极性、主动性和创造性。混合式教学的核心思想是根据不同的问题、要求，采用不同的方式，如在教学上采用不同的媒体与信息传递方式解决问题；其目的是付出最小的成本，取得最大的效益。

混合式教学模式可以应用于一堂课的教学，也可以应用于一门课程的教学。近年来，基础教育领域广泛探索的"翻转课堂"就是一种混合式教学模式，高校也在大力推动混合式教学实践。2019 年，教育部办公厅发布《关于开展 2019 年线下、线上线下混合式、社会实践国家级一流本科课程认定工作的通知》，鼓励高校建设线上线下混合式一流课程。

混合式教学系统主要由教师、学生、课程和学习环境组成，这四个要素相互联系、相互作用，形成了有机整体，如图 1.9 所示。

教师：混合式教学系统中的教师是教学过程的组织者、学生意义建构的促进者、学生良好情操的培育者。教师要对学生及其学习过程中的教学内容及教学媒体进行总体的指导和把握，根据学生的特点为其选择、设计特定的教学内容、教学媒体和交流方式。

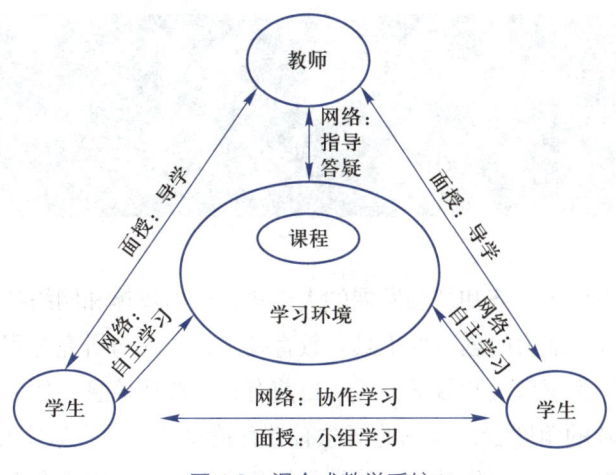

图 1.9　混合式教学系统

学生：混合式教学系统中的学生是学习活动的主体，是信息加工与情感体验的主体，是知识意义的主动建构者，拥有大量经教师选择、设计并控制的学习资源。相比基于传统课堂的教学，网络环境下的学生学习具有更多的自由空间以及更强的自主性。

课程：混合式学习采用的是基于建构主义教学策略的网络课程，它注重为学习者提供个性化的、便利的学习氛围。

学习环境：学习环境是学习活动开展赖以持续的条件。混合式学习环境既包括真实的物理环境，也包括虚拟环境。学习环境中的"条件"包括物质条件和非物质条件。物质条件主要指学习资源；非物质条件包括学习氛围、学习者的动机状态与人际关系，还包括系统常用的教学模式和教学策略。

（1）案例简介

"三角形单元复习"是华景小学马伟豪老师应用翻转课堂教学模式开展实践的一个案例，面向对象是小学四年级学生。在这节复习课中，教师采用了"学生网络自主学习，课堂集中讨论"相结合的混合式教学模式，教学过程如图 1.10 所示。

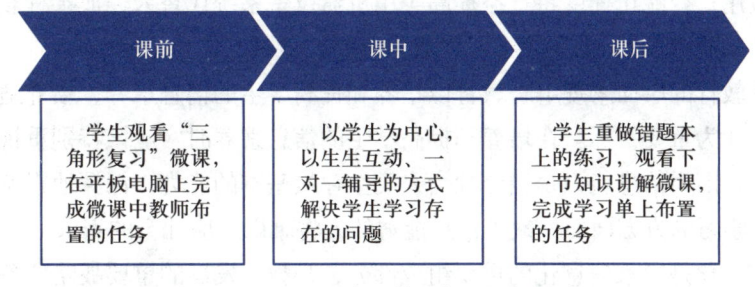

图 1.10　"三角形单元复习"课例

（2）案例资源

扫描二维码"案例：三角形单元复习"，进行观摩学习。

（3）案例研讨

总结本案例的教学特点，讨论教师开展混合式教学应具备的知识与技能。

案例：三角形
单元复习

第四节　教育技术相关概念

　　信息化是当今世界经济和社会发展的大趋势，以多媒体和网络技术为核心的信息技术已成为拓展人类能力的创造性工具。教育技术在实践与研究过程中催生了许多新的教学理念、教学组织形式和教学方式。目前有很多描述信息时代的教与学方式、状态的概念。从实践的角度看，常见的概念有教育信息化、教育数字化、多媒体教学、网络教学、智慧教育、信息化教学；从学习的角度看，常见的概念有数字化学习、网络学习、在线学习、泛在学习、移动学习等。它们都从某个侧面反映了教育技术的理论与实践，反映了信息时代的教育教学变革与创新。在不同的发展阶段，人们喜欢使用不同的术语描述教育实践的变化，随着信息技术在教育教学中的广泛应用，类似的新概念、新术语还会不断涌现。下面选择几个重要概念进行阐述。

一、教育信息化

　　教育信息化是指在教育与教学的各个领域，积极开发并充分应用信息技术和信息资源，不断改进教育教学，培养适应信息社会需求的人才，促进教育现代化，实现现代信息技术与教育深度融合的过程。

　　对教育信息化内涵的理解必须同时从技术和教育两个层面进行：

　　（1）从技术的层面来理解，教育信息化强调信息技术和信息资源在教育与教学各个领域的应用，要求实现教育的计算机化、网络化、智能化；教育要从模拟时代走向数字时代，即在教育教学中，以计算机多媒体与网络为基础的现代信息技术将日益得到广泛的应用；智能化程度将日益提高（用机器设备系统代替人完成某种教育教学任务的现象将日益增多）；数字化学习将成为重要的学习方式。

　　（2）从教育的层面来理解，教育以培养和提高学生的信息素养，培养适应信息社会需求的人才为重要目标。在培养和提高学生的信息素养时，应该特别重视学生信息能力的培养，因为信息能力是当今社会人类生存最基本的能力，深深地影响着人们生活、工作、学习的方方面面，缺乏信息能力的人将难以适应社会的需求。

　　教育信息化是国家信息化的重要组成部分，是教育发展的重要战略任务，是实现教育现代化追求的目标之一。教育信息化充分发挥信息技术的优势，注重信息技术与教育的全面深度融合，在促进教育公平和实现优质教育资源广泛共享、提高教育质量和建设学习型社会、推动教育理念变革和培养具有国际竞争力的创新人才等方面具有独特的重要作用。教育信息化是衡量教育现代化的重要标准，以教育信息化带动教育现代化，有助于促进教育的创新与变革，破解制约我国教育发展的难题，加快我国向教育强国迈进的步伐。

二、教育数字化

教育数字化是利用信息技术对教育进行现代化改造和功能提升，以数据要素为核心，全面推动教育资源数字化和教育数字化治理，进而更新教育理念、变革教育模式、提升治理水平，支撑构建更加公平、更有质量的教育体系的过程。教育数字化既可以表达为数字技术不断渗透和改造教育生态的一个发展过程，也可以表达一种最新特点（发展状态）。党二十大报告明确提出推进教育数字化，数字教育已成为数字中国建设的重要组成部分。

教育数字化是用数字技术变革教育信息的存储、加工、处理以及传播方式，促进教育全要素的数字化转型，构建适应智能时代发展需要的新的教育体系，助力共建智慧教育新生态，培养适应未来数字时代的创新型人才，实现教育公平与支持终身学习。

三、智慧教育

教育技术语境中的"智慧教育"是受"智慧地球"概念的启发而形成的。IBM公司2008年倡导的"智慧地球"指应用物联网、移动通信、智能分析等新一代信息技术，促进世界更全面地互联互通，改变政府、企业和人类的生产、协作与管理方式，让所有事物、流程、运行方式都实现更深入的智能化，最终让人类能够更透彻地感应和度量世界的本质和变化。智慧教育的本意是应用新一代信息技术变革依然停留在工业时代"教学工厂"式的学校教育，提升教育系统的运行效率和智能化程度，为信息社会培养适应时代发展的人才。随着教育信息化的发展，不同国家、不同研究团体赋予了"智慧教育"不同的内涵，研究者现在普遍把"智慧教育"看作教育信息化发展的高级阶段，是网络与人工智能时代的重要教育形态。

四、多媒体教学

多媒体教学在20世纪80年代出现，当时是将多种电子媒体，如幻灯、投影、录音、录像等综合运用于课堂教学，这种教学技术又称多媒体组合教学或电化教学。自20世纪90年代起，随着计算机技术的迅速发展和普及，多媒体计算机已经逐步取代了以往的多种教学媒体的地位。因此，现在所说的多媒体教学通常特指运用多媒体计算机并借助预先制作的多媒体教学软件来开展的教学活动。

确切地讲，多媒体教学是指在教学过程中，根据教学目标和教学对象的特点，通过教学设计，合理选择和运用现代教学媒体，并与传统教学手段有机结合，共同参与教学全过程，以多种媒体信息作用于学生，形成合理的教学过程结构，达到最优教学效果的活动。

五、网络教学

在网络技术普及并进入教育领域后，人们开始尝试应用网络技术呈现课程的教学内容，并通过网络的通信功能实现教学内容的传播与分享、师生互动、教学评价等，这种教学方式统称为网络教学，有时也称为"在线学习"。常见的网络教学实践包括大学网络学院中的学历教育、大学生网络选修课、中小学教师继续教育及终身学习等。

网络教学拓展了学校的教学时空，打破了学校的物理边界，为师生提供了一种超越时空的教学方式。网络教学使学生从传统的封闭课堂走向一个无班级、无年级甚至无国界的广阔学习空间，学生可以在任何时间与任何人进行交流。网络教学的设计往往以建构主义学习理论为基础，强调学习情境创设、学习共同体、协作与对话等要素，注重通过网络学习空间促进学生的有意义学习与知识建构。

六、数字化学习

数字化学习泛指人们应用各种信息技术、信息资源进行的学习，它是信息时代常见的学习状态。数字化学习需要良好的数字化环境作为基础，数字化学习环境经过数字化信息处理，具有信息显示多媒体化、信息传输网络化、信息处理智能化和教学环境虚拟化的特征；数字化学习需要有效的数字化资源作为支撑，数字化资源是经过数字化处理，可以在多媒体计算机上或网络环境中运行的多媒体材料，它能激发学生通过自主、合作、探究的方式来寻找和处理信息，从而使数字化学习成为可能。数字化资源是数字化学习的关键。学生在数字化学习环境下，通过数字化学习资源，应用有效的学习策略，开展数字化学习活动。在数字化学习环境中，学生的学习不再依赖教师的灌输；在数字化平台和数字化资源的基础上，教师、学生之间开展有效的讨论、合作学习，并通过对资源的收集与利用，探究知识、发现知识、创造知识和展示知识。

七、信息化教学

信息化教学是指教育者和学习者借助信息技术、信息资源开展的教与学活动，是对信息时代的教学活动的一种描述。

信息化教学强调现代教学理念的指导，重视多媒体技术、网络技术、卫星通信技术等现代信息技术在教学中的作用，充分利用教育技术手段和现代教学方法，调动多种教学媒体、信息资源，构建良好的教与学的环境，并在教师的组织和指导下，充分发挥学生的主动性、积极性、创造性，使学生真正成为知识、信息的主动建构者，从而取得良好的教学效果。在信息化教学系统中，随着信息技术的迅速发展，媒体的作用越发突出。媒体的介入导致教学内容传递形式、表达形式的变化，引起教学方式革命性的变化。媒体成为信息化教学系统的重要构成要素之一。

本章要点

1. 现代教育技术是运用现代教育理论和现代信息技术，通过对教与学过程和资源的设计、开发、利用、管理和评价，以实现教学优化，促进学习者有效学习的理论和实践。教育技术是随着 20 世纪 20 年代视听技术的发展而发展起来的。

2. 教育部《中小学教师信息技术应用能力标准（试行）》从技术素养、计划与准备、组织与管理、评估与诊断、学习与发展五个方面，对中小学教师提出了"应用信息技术优化课堂教学""应用信息技术转变学习方式"两个不同层次的能力要求。

3. 应用多媒体、网络技术支持课程教学，已成为目前教学实践的常态，并在此过程形成了很多有效的教学模式，多媒体课堂教学模式、网络教学模式、混合式教学模式是三种最常见的教学模式。

4. 与教育技术相关的很多概念，如教育信息化、教育数字化、智慧教育、多媒体教学、网络教学、数字化学习、信息化教学，都是教育技术研究与实践的重要内容。

问题与思考

1. 教育技术与课程教学的关系是什么？

2. 对照教育部 2014 年颁布的《中小学教师信息技术应用能力标准（试行）》，你还需要掌握哪方面的知识与技能？

3. 教育信息化与教育技术是什么关系？

4. 谈谈你所了解的教育技术，分享你对教育技术在未来教育中应用的畅想。

网络学习

请你结合"爱课程"网在线开放课程"现代教育技术应用"第一章的"教学案例"资源，深刻理解本章介绍的三种教学模式。任选一个你感兴趣的教学案例进行分析，指出其优点与不足，并在小组中交流与讨论。

实践训练

实践项目：观摩"一师一优课"部级"小学学科优课"

1. 实践任务

以小组为单位，选择并观摩"一师一优课"网站中的任意一节小学学科优课后，进行"头脑风暴"，讨论教师主要采用了哪些教学方法和技术。

2. 实践要求

（1）在开展"头脑风暴"的过程中，使用纸笔或思维导图软件记录组员的想法。

（2）绘制教学过程图，并说明教学模式。

（3）分析教学过程中每个环节的教学方法和所采用的技术是否合理。

（4）分组汇报展示"头脑风暴"的内容、教学过程图和技术分析。

3. 实践建议

成功的"头脑风暴"需要每个组员熟悉"头脑风暴"的原则，组长还需整体把控时间，保障成员在过程中快速运转大脑，不断涌出设想。

拓展资源

1. 请到教育部官网（http://www.moe.gov.cn）搜索下载《教师数字素养》文件并阅读，了解未来教师应具备的数字素养。

2. 请到中国知网（https://www.cnki.net）搜索下载以下文章并阅读。

（1）徐万胥. 信息技术与课程整合的理念与策略［J］. 电化教育研究，2003（2）：54-57.

文章立足课程理论，全面分析信息技术与课程整合的理念，并提出信息技术与课程整合的基本策略。

（2）柯清超. 疫情后学校线上线下教学的融合与发展［J］. 中小学数字化教学，2020（11）：26-29.

文章基于疫情期间线上教学的实践经验与存在的问题，提出了四种线上线下教学融合的实践模式，以及学校线上线下教学融合的发展路径。

第二章　信息化教学资源

　　信息化教学资源是经过数字化处理，可以在计算机上或网络环境下运行的多媒体教学材料或教学系统。应用信息化教学资源，教师可以更好地呈现教学内容、创设教学情境、激发学生学习兴趣、提高课堂教学效率；也可以为学生的主动学习提供个性化学习内容，促进学生的知识建构与学习方式转变。本章重点讲解在中小学广泛应用的各种信息化教学资源，教学工具、教学环境等内容放在后续的章节讲授。

知识地图

```
                                              信息化教学资源的含义
                          信息化教学资源概述      信息化教学资源的类型
                                              信息化教学资源的特点
                                              信息化教学资源的获取

                                              演示文稿的设计
                          演示文稿设计与制作      演示文稿的基本制作
                                              演示文稿的制作技巧

                                              微课视频的设计
    信息化教学资源          线上教学视频设计与制作   微课视频的制作
                                              交互式微课视频制作

                                              基础教育精品课的制作
                          线上学习资源的制作
                                              在线开放课程的制作

                                              图片的加工处理
                          媒体素材处理基本技能     视频的剪辑加工
                                              音频的编辑加工
```

学习目标

1. 理解信息化教学资源的含义、类型、特点及获取。
2. 掌握演示文稿设计与制作。
3. 掌握线上教学视频设计与制作。
4. 掌握线上学习资源的制作。
5. 掌握媒体素材处理基本技能。

学习建议

1. 学习重点：演示文稿设计与应用技巧、Camtasia Studio 微课视频录制工具的应用、Ispring suite 在线开放课程制作工具的应用、媒体素材的处理技能。

2. 课前活动：观看本章的导学视频，深刻理解信息化教学资源的含义；借助本章提供的软件工具学习微课视频，学习信息化教学资源开发工具的基本操作。

3. 课后活动：以小组为单位，运用本章的有关知识和技能，完成综合实践活动。

导学视频：信息化教学资源

第一节 信息化教学资源概述

信息化教学资源是在现代信息化环境中开展教学的重要基础，信息化教学资源也称为"数字教育资源""数字教学资源"。教育部建设了"国家中小学智慧教育公共服务平台"网站，为中小学的专题教育、课程教学、课后服务、教师研修、家庭教育、教改经验等提供了各种各样的信息化教学资源。随着信息技术的发展与信息化教学实践的深入，信息化教学资源日趋复杂与多样化，提升信息化教学资源获取能力显得尤为重要。

视频：信息化
教学资源概述

一、信息化教学资源的含义

教学资源是一切可以用来促进学生的学习、支持教与学全过程的各种教学材料、教学系统和教学环境的总称。

信息化教学资源是一种特殊的信息资源，是经过选取、组织、有序化的，适合学生发展的有用信息的集合。在本章中信息化教学资源主要指服务于教育教学过程的计算机软件，它是经过数字化处理，可以在计算机上或网络环境下运行的多媒体教学材料或教学系统，如各种数字视频文件、数字音频文件、多媒体课件、计算机教学模拟动画、网络教学资源、学科教学网站、教学素材库、网络教学管理系统等。

二、信息化教学资源的类型

信息化教学资源种类繁多，从不同的角度，如教学用途、技术实现、使用对象等，对教学资源可以有不同的分类，目前信息化教学资源还没有一个非常完整的分类体系。

"国家中小学智慧教育平台"把常用的信息化教学资源分为德育、课程教学、体育、美育、劳动教育、课后服务、教师研修、家庭教育、教改经验等栏目，随着信息技术教育应用的发展，新型的教学资源还会不断增加。表 2.1 列举了"国家中小学智慧教育平台"目前提供的一些典型的信息化教学资源。

表 2.1 典型的信息化教学资源

类型	说明
德育	德育资源是指影响学习者思想、政治和道德等方面的资源，包括党史学习、爱国主义教育、宪法法治教育、品德教育、思政课程、优秀传统文化教育、生命与安全教育、心理健康教育、生态文明教育等资源

类型	说明
课程教学	课程教学资源是指服务于课程和教学开展的教学资源，包括不同年级、不同学科、不同版本的视频课程、学习任务单、课后练习、电子教材等课程教学资源
体育	体育资源是指在体育活动过程中为了更好地帮助学习者掌握运动技能而提供的各种资源，包括体育健康课程、运动技能、体育活动和健康服务等资源
美育	美育资源是指有助于培养学习者认识美、爱好美和创造美的资源，包括艺术课程、艺术特长、艺术展演和专项展示等资源
劳动教育	劳动教育资源是指让学习者树立正确的劳动观点以及劳动态度，养成劳动习惯的教育资源，包括劳动光荣、劳动导航、劳动智慧等资源
课后服务	课后服务资源是指在校内课后开展，满足学生多样化个性化发展需求的资源，包括科普教育、体育锻炼、文化艺术、经典阅读、研学实践、影视教育等资源
教师研修	教师研修资源是指服务于教师个人专业发展的资源，包括师德师风、通识研修、学科研修、作业命题、幼教研修、特教研修、国培示范、院士讲堂、名师名校长等资源
家庭教育	家庭教育资源是指父母等监护人能够用于促进未成年人全面健康成长的资源，包括家庭教育观念、家庭教育方法和家庭教育指导等资源
教改经验	教改经验资源是指各地中小学党建德育、"双减"工作、学前教育、义务教育、普通高中、特殊教育、教学成果、教育信息化、综合改革等典型经验

三、信息化教学资源的特点

从技术的角度看，信息化教学资源的开发以多媒体与网络技术为基础，因此，信息化教学资源普遍具有以下技术特点。

（1）处理数字化：是指将文本、图形、图像、动画、声音、视频等信息经过转换器抽样量化，由模拟信号转换成数字信号。数字信号的可靠性远比模拟信号高，对它的纠错处理也容易实现。

（2）显示多媒体化：指利用计算机多媒体技术存储、传输、处理各种教学信息，通过文本、图形、图像、动画、声音、视频等媒体重现教学内容。

（3）内容组织的非线性化：信息化教学资源往往采用超文本的方式组织信息，这种非线性的网状结构也更加适合人脑的认知思维过程，更有利于促进知识的迁移。

（4）传输网络化：教学资源可以在网络中方便快捷地传输与分享，非常有利于资源的广泛使用。

从教学应用的角度看，信息化教学资源普遍具有以下特点。

（1）媒体性：信息化教学资源往往可以承载、传递教学内容与教学信息，为教学提供可共享、重复加工、重复使用的数字化材料。

（2）工具性：信息化教学资源往往可以作为人类的学习工具，如认知工具、知识探究工具、知识构建工具等。

（3）交互性：传统信息交流媒体只能单向地、被动地传播信息，而交互性的信息化教学资源则可以实现人对信息的主动选择和控制，实现人机互动式教学。

（4）智能化：应用人工智能技术开发的信息化教学资源，可以实现对教学过程的实时监控、数据采集、教学分析，并提供实时的教学支持；同时，也可以支持教师根据学生的不同特点选择最适当的教学内容和教学方法，并对学生进行有针对性的个别指导。

四、信息化教学资源的获取

（一）国家智慧教育公共服务平台

2022年3月28日，国家智慧教育公共服务平台正式上线，平台包括国家中小学智慧教育平台、国家职业教育智慧教育平台、国家高等教育智慧教育平台和国家大学生就业服务平台4个子平台。国家智慧教育公共服务平台是国家教育公共服务的综合集成平台，通过整合各级各类教育平台入口，汇聚政府、学校和社会的优质资源、服务和应用，聚焦于学生学习、教师教学、学校治理、赋能社会、教育创新五大核心功能，整体谋划基础教育、职业教育、高等教育三大基础板块，全面覆盖德育、智育、体育、美育、劳动教育，为师生、家长和社会学习者提供"一站式"服务，努力成为学生学习与交流的平台、教师教育教学与备课交流的平台、学校科学治理的平台、社会教育与服务的平台、推动教育改革发展研究的平台。图2.1展示了国家智慧教育公共服务平台的首页。其中国家中小学智慧教育平台是在总结"国家中小学网络云平台"运行服务经验的基础上改版升级而成的，进一步丰富了信息化教学资源，凸显服务于"双减"工作的需要。下面主要对其进行介绍。

2020年，教育部办公厅、工业和信息化部办公厅联合印发了《关于中小学延期开学期间"停课不停学"有关工作安排的通知》，为支持各地做好"停课不停学"工作，教育部开通了"国家中小学网络云平台"，随着"双减"工作的深入实施和基础教育高质量发展的推进，我国对优质教育资源的共建共享、以信息化助力教育现代化提出了更高的要求，教育部在教育数字化战略行动的总体部署下，将其改版升级为"国家中小学智慧教育平台"，并印发了《国家中小学智慧教育平台建设与应用方案》。

国家中小学智慧教育平台整合国家、省市和学校优质教学资源，为广大中小学校、师生、家长提供专业化、精品化、体系化的资源服务。平台有利于深入服务于"双减"工作，也可以更好地服务于学生自主学习、教师改进教学、城乡共享优质教育资源、家校协同育人、应急"停课不停学"等。其中，课程教学资源主要是由骨干教师录制，覆盖初、高中12个学科，目前已上线了较为普及的教材版本资源，其他教材版本的资源将陆续遴选上线，更多类型的资源与应用软件也将不断得到丰富。

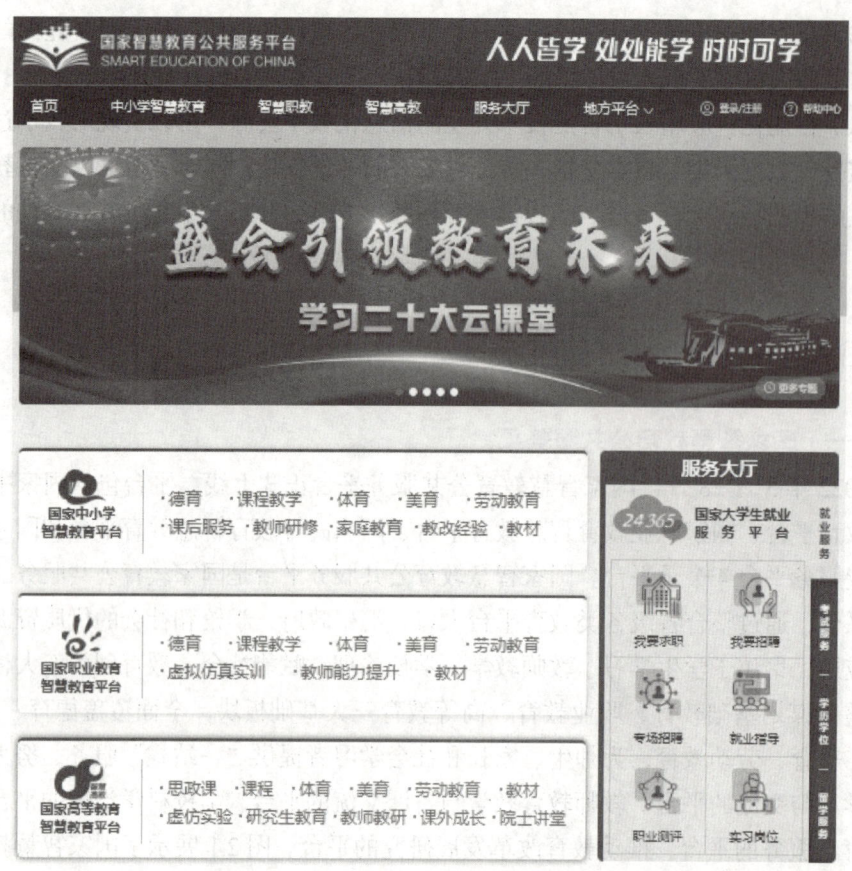

图 2.1　国家智慧教育公共服务平台首页

（二）市场化教育资源网站

除了国家智慧教育公共服务平台外，还有一些比较常用的市场化教育资源网站，学习者可以根据个人需要检索获取资源，下面简要介绍两种。

（1）学科网提供了丰富的中小学课件、教案、试题等教学资源，内容涵盖小学、初中、高中全部学科学段，从中能较为准确地找到相应的教育资源。

（2）菁优网提供各版本中小学教材的试题试卷下载，还包括校本题库、测评、在线作业等资源。

（三）网络搜索引擎

随着网络的飞速发展，网络直接检索成为最简便、最高效地获取教育资源的方式，但网络信息浩如烟海，学习者想要从中快速获得自己需要的信息并非易事，目前常用的网络搜索引擎有百度、搜狗、必应、360 搜索等，这些网络搜索引擎，有助于学习者快速获取所需的教育资源。

（四）素材专题网站

我国数字教育资源供给内容日趋丰富、供给方式日趋多样，学习者不仅可以通过网络搜索引擎检索的方式获取所需资源，还可以通过许多素材专题网站获取所需的教学资源，表 2.2 列举了一些目前常见的素材专题网站及其简介。

表 2.2 常见的素材专题网站

素材专题网站	简介
千图网	提供正版图片、psd 模板、PPT 模板、视频等素材下载
包图网	汇集各种原创图片、办公模板、视频、配乐、动画等素材
豆丁素材	提供背景视频、PPT 模板、Word 模板和配乐音效等素材下载
觅元素	提供背景素材、图片素材、装饰元素、字体元素、图标元素等设计元素下载
第一 PPT	专注于 PPT 制作的网站，免费提供各类 PPT 模板、背景图、素材、图表、课件等下载

思考讨论

请学习者结合自身的学习经历，谈谈自己还可以通过什么途径获取信息化教学资源。

第二节 演示文稿设计与制作

计算机多媒体技术的普及应用，给学校的课堂教学带来了一场革命。基于多媒体课件的教学已成为课堂教学最基本的实践方式。多媒体教学课件能够利用多种媒体呈现教学内容，为学生提供多种感官刺激，有利于提高学生的学习兴趣和课堂教学效率。目前，课堂教学课件一般采用一种类似于幻灯投影胶片的方式进行内容组织，每个页面上集成多媒体素材，使用时逐个页面进行播放，这种课件也被称为演示文稿。演示文稿一般可以使用 PowerPoint、WPS 的演示工具制作。

一、演示文稿的设计

（一）演示文稿的设计原则

演示文稿的设计要求教学内容明确具体，教学思路清晰，模板符合学生认知特点，具体如下：

1. 教学内容明确具体

教学内容切合课程和学生实际，明确、具体，并依据教学目标，分析教学内容结构中各知识点的表达形式，采用合适的多媒体技术，实现教学信息传播的最优化。

2. 教学思路清晰

演示文稿以页为基本单位，每一张幻灯片都是一个相对独立的页面，页与页之间的联系是根据它所承载的知识体系间的逻辑关系体现的，既有知识点的连续性，又有知识点的切换，所以幻灯片的制作应该体现知识体系的逻辑性，保证教学思路清晰。

3. 模板符合学生认知特点

教师选择模板时应该考虑与科目、教学内容以及学生的年龄特征和认知规律等相符合。在一般情况下，一个课件最好使用同一模板，以保证风格统一，避免视觉跳跃。

（二）演示文稿的教学设计

演示文稿的教学设计包括前端分析、教学过程设计、学习评价设计三个环节，其基本结构见图 2.2。

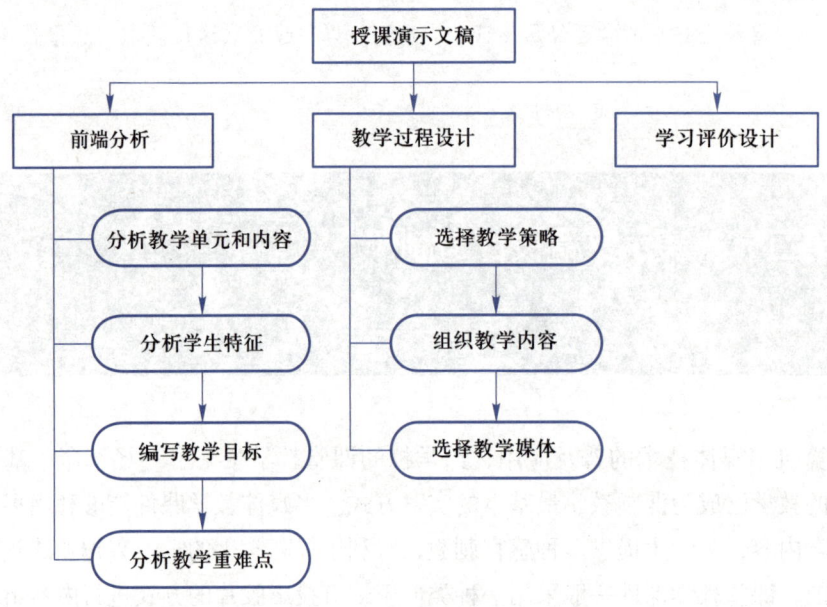

图 2.2　演示文稿教学设计基本结构图

1. 前端分析

前端分析包括分析教学单元和内容、分析学生特征、编写教学目标、分析教学重难点四个部分。

（1）分析教学单元和内容

分析教学单元所涉及的知识点，确定教学的具体内容。分析内容时应遵循从简单到复杂、由浅入深、从已知到未知、由具体到抽象的认知规律。

（2）分析学生特征

· 学生初始能力分析

了解学生在学习学科内容前已经具备的知识、技能基础，以及对有关学习内容的认识与态度，确定教学起点。

- 学生的一般特征

学生的一般特征是指与学科内容无关，但影响学生学习的生理、心理和社会等方面的特点，包括年龄、性别、认知成熟度、学习动机、生活经验等。在教学设计过程中，教师应当分析学生的一般特征，并以此作为制订教学策略、选择教学方法和媒体等工作的依据。

（3）编写教学目标

按照课程标准的要求，在课程的总体目标上落实知识与技能、过程与方法、情感态度与价值观这三个维度的目标，并使用可评价的方式将教学目标描述出来，包括：阐明学习行为的主体；用行为动词和动宾结构短语表述教学目标；说明达到该目标的条件；对和目标相关的行为状况有一个判别的标准。

（4）分析教学重难点

依据教学目标，分析教学主题中最核心的、学生必须掌握的重点内容；分析学生不易理解和掌握的、需特别强调或解释的难点内容。教学重难点的分析必须做到重点突出，难点突破，明确重难点的具体内容以及相应的解决措施。

2. 教学过程设计

教学过程设计包括选择教学策略、组织教学内容、选择教学媒体三个部分。

（1）选择教学策略

应根据教学重难点选择恰当的教学策略，常见的教学策略如下

- 五环节教学策略：激发学习动机—复习旧课—讲授新课—巩固运用—检查。
- 九段教学策略：激发兴趣与动机—阐明教学目标—刺激回忆—呈现刺激材料—根据学生特征提供学习指导—诱导反应—提供反馈—评定学生成绩—促进知识保持与迁移。
- 情境－陶冶教学策略：创设情境—参与各类活动—总结转化。

（2）组织教学内容

分析教学单元内容，按照教学策略对教学内容进行编排。

（3）选择教学媒体

教学媒体的选择需做到：根据教学目标、学生的认知特点、教学内容选择合适的教学媒体；根据教学需要选择多样化的教学媒体；根据最小代价原理和媒体最佳选择范围选择最佳的教学媒体。

3. 学习评价设计

通过课堂形成性练习、提问等评价方式检测学生是否达到教学目标。学习评价应重点检测学生对教学重难点的掌握程度。

二、演示文稿的基本制作

演示文稿一般可以使用 PowerPoint 或 WPS 的演示工具制作。制作演示文稿应注意以下规范。

（一）文字制作

文字是教学信息呈现的主体元素，它不仅是教师传递教学内容的主要载体，也是学生获取知识的重要来源。文字制作包括字体、字号、字形、颜色、行距、字距等内容。文字制作要点如下：

（1）文字的设计要简明扼要，突出要点和重点。重点可以通过文字变化来加以强调。

（2）采用合适的字体、字号，要求醒目、易读。

（3）一页幻灯片中尽量不要使用超过 3 种字体。

（4）罗列要点，切忌长篇大论。

（5）在同一段落中，项目符号与序号不可同时使用。

（6）设定合理的字间距和行间距。

（7）合理运用缩进，展示内容层级关系。

（二）色彩搭配

色彩搭配是对幻灯片的色彩基调、风格等进行设计，使其协调，其主要功能是衬托与突出主体信息、统一风格、增强课件艺术性。色彩搭配应注意以下几点：

（1）充分考虑色彩的象征意义与主题信息内容内在关联的协调，根据不同的主题内容选择合适的色彩。

（2）页面中大块配色一般不超过 3 种。

（3）文字与背景颜色要形成强烈的反差（包括颜色和明度反差）。一般文字颜色以亮色为主，背景颜色以暗色为主；选用对比色搭配时，文字一般应选用暖色调，背景选用冷色调，以保证文字的突出和醒目。

（三）版面布局

版面布局是在版面上合理安排文字、图片、图形等可视化信息元素的位置、大小，使其富有整体性、条理性、艺术性。版面布局应注意以下几点：

（1）教学信息呈现明确。教学信息呈现元素在界面中必须是明确、突出且引人注目的。

（2）界面简明扼要。界面力求简明扼要，最好是一页幻灯片一个中心，保证学生的视点集中。

（3）去除无关内容。在能充分表达教学内容的前提下，去除一切不必要的东西。

（四）幻灯片切换

幻灯片是以页为基本单位呈现信息的，页与页之间既有知识点的连续性，又有知识点的切换。所以，幻灯片的切换应注意以下几点：

（1）按顺序切换时，可适当地运用动画。

（2）目录式幻灯片切换时，可采用超链接实现。

三、演示文稿的制作技巧

不同版本的 PowerPoint 和 WPS 演示工具的操作界面及步骤有所不同，下面以 PowerPoint 2016 为例，讲解演示文稿的制作技巧。

（一）融合多媒体信息

在 PowerPoint 的"插入"菜单下可以实现多媒体信息的融合，包括图片、声音、视频、动画等多媒体信息。

（二）实现交互

利用"动画""超链接""指针选项"等功能可以实现 PowerPoint 课件交互：

（1）在 PowerPoint 的"动画"菜单下，可设置课件中媒体元素的各种进入效果、退出效果、强调效果以及自定义动作路径等。

（2）在 PowerPoint 的"插入"菜单下，有"超链接"功能，可实现演示文稿内的目录跳转以及各种外部环境或文档的跳转。

（3）在 PowerPoint 放映时，可通过右击画面，选择"指针选项"辅助课件内容的教授或标注（如图 2.3 所示）。

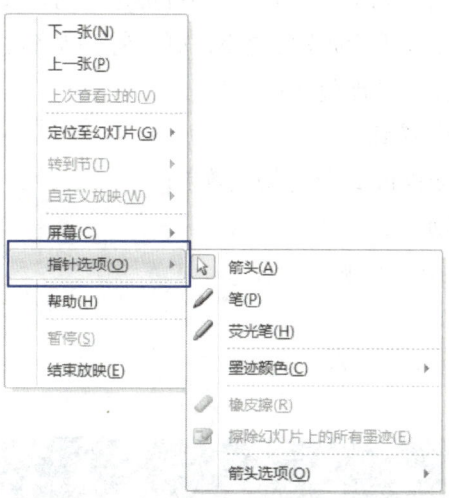

图 2.3 PowerPoint 的"指针选项"功能

（三）插入 SmartArt

PowerPoint 的 SmartArt 功能，为教学课件提供直观的图形化教学内容组织方式，帮助教师阐明复杂的流程、概念、层次结构与关系等。在 PowerPoint 的"插入"菜单下，选择"SmartArt"，可插入 SmartArt 图形（如图 2.4 所示）。

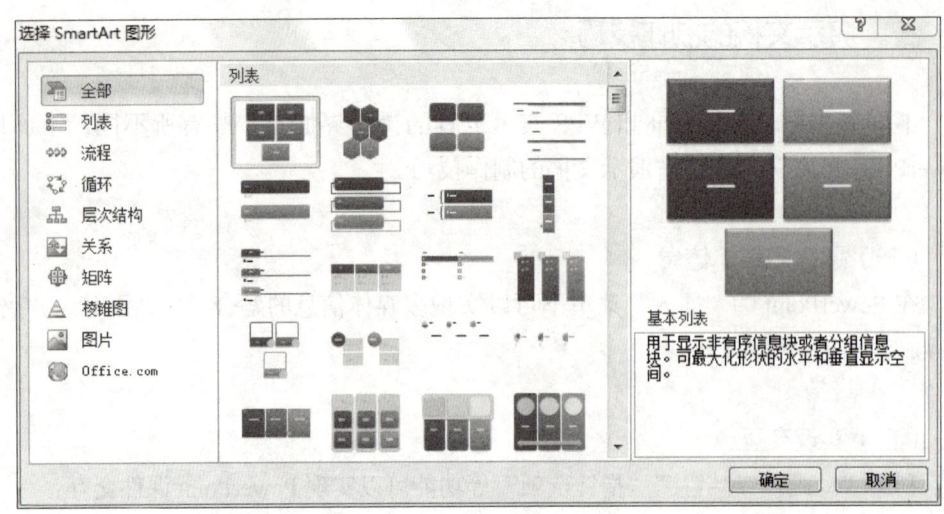

图 2.4　选择 "SmartArt 图形"

（四）PowerPoint 的格式转换

PowerPoint 演示文稿可以使用自身 "另存为" 功能，把 PowerPoint 演示文稿转换为 PDF 格式、MP4 视频格式等。此外，还可借助第三方工具，转换为 HTML5 格式。

iSpring Free 是一款免费的格式转换工具，它可以把 PowerPoint 演示文稿转换为 HTML5 格式，并且在转换过程中保留原有的可视化与动画效果。把 PowerPoint 演示文稿转换为 HTML5 格式，可以使文件更小，更有利于网络发布和版权保护。

iSpring Free 工具的主要功能包括：

- 支持超链接和动作按钮；
- 支持所有的 PowerPoint 幻灯片切换效果；
- 单击即可轻松转换；
- 支持嵌入式的音乐、音频；
- 自动同步动画与声音。

第三节　线上教学视频设计与制作

随着互联网技术与视频技术的快速发展，线上教学视频作为一种新型的学习资源适时出现并蓬勃发展，其中微课视频最为典型。微课视频因其短小精悍、高效易用的特点，被迅速推广应用。本节主要从微课视频的设计、微课视频的制作、交互式微课视频制作三方面展开阐述。

一、微课视频的设计

微课是微型视频课程的简称，是针对某个知识点、例题或习题、实验活动等进行深入、详细、具体的讲授、演算、分析、推理、答疑等的教学视频（微视频），以及配套的微教案、微课件、微练习、微点评、微反思的总和。微课具有短小精悍、目标明确、易于分享和交流的特点。微课是面向学生自主学习的资源，以视频为主，内容以某个知识点或技能点为单位，如知识点讲解微课、操作过程演示微课、例题讲解微课等。每个微课视频的学习时间一般不超过 10 分钟，主要用于帮助学生完成知识建构与发展能力。

微课一般具有以下特点：

（1）微型化，容量小，内容以知识点为单位，便于碎片化学习；（2）视频化，形式上以视频为主；（3）优质化，设计创新，名师授课，制作精良；（4）系列化，可以实现对课程知识点的系统性教学。

微课视频的设计主要包括以下几个方面：

（一）内容设计

教学内容的选择是微课视频设计的第一步，教学内容主要是对一个主题、例题或习题、实验活动等进行讲授、演算、分析、推理、答疑等。教学内容的选择应尽量小（微）而精，围绕某个具体的点，而不是抽象、宽泛的面。另外，教师要将选定的教学内容按照一定逻辑，分解成多个环节，如按教学过程可划分为问题导入、内容讲授、小结回顾。

（二）教学过程设计

微课视频的时长短，教学过程设计应做到：主题切入的方法新颖、迅速；教学过程主线清晰、重点突出，逻辑性强，明了易懂；注重突出学生的主体性以及教与学活动的有机结合；小结要高度归纳内容要点，应精练、科学。

（三）媒体设计

媒体设计决定微课视频最终的表现形式，其优劣直接决定了微课视频的质量。目前使用最多的媒体资源是文字、图形、图像、动画、视频、音频。微课视频媒体设计应根据教学内容选择合适的媒体资源。

（四）时间设计

微课视频的时长一般要求控制在 10 分钟左右，最多不超过 15 分钟，这是因为大部分学生注意力集中的有效时间在 10 分钟左右，超过这个时间范围，学生就有可能出现注意力不集中甚至注意力转移的现象。微课视频还要根据教学环节进行时间分配，一般使用几十秒的时间作课程导入和小结，大部分时间应集中在内容讲解和实例部分，如表 2.3 中可汗学院微课视频的时间设计。

表 2.3　可汗学院微课视频的时间设计

学科	视频标题	总时长	时间分配			
			引入	讲解	小结	实例
数学	圆的半径和直径	10 分	40 秒	2 分	20 秒	7 分
	火车相遇问题	9 分	20 秒	8 分	40 秒	0
	微分方程	11 分	0	6 分	2 分	3 分
科学	DNA	6 分	40 秒	5 分	20 秒	0
	牛顿第一定律	10 分	40 秒	4 分	20 秒	5 分
人文	艺术史介绍	10 分	40 秒	6 分	20 秒	3 分
	古罗马历史	11 分	20 秒	10 分	40 秒	0

（五）形式设计

目前微课视频的呈现形式多样，主要有摄制型、录屏式、软件合成式、混合式等。

1. 摄制型

摄制型是指利用手机、DV 摄像机、录播系统等摄录工具，结合白纸、黑板、白板等演示工具进行的一种微课视频呈现形式，该形式主要针对教学内容演示和操作演示。常用的摄制组合有摄像机 + 黑 / 白板，手机 + 白纸，录播系统教室，等等。

2. 录屏式

录屏式是指只录制教师的讲解声音及屏幕操作演示过程的一种微课视频呈现形式，该形式主要针对逻辑推理和过程演算分析的教学内容。常见的录屏组合有手写板 + 画图工具 + 录屏软件（可汗学院微课），PPT+ 录屏软件，其他教学软件 + 录屏软件，等等。

3. 软件合成式

软件合成式是指运用图像、动画、课件或视频制作软件（如 Flash、PPT、Articulate Studio、会声会影等），在技术合成后输出教学视频的一种微课视频呈现形式。

4. 混合式

混合式是指应用上述提及的多种方式来制作、编辑、合成教学视频的一种微课视频呈现形式。

值得注意的是，获取的这些视频素材都只有经过一定的后期编辑制作后才可发布。

二、微课视频的制作

目前，常用的微课视频制作方式较多，本书介绍以下几种视频制作方式及一般流程。

（一）使用 PowerPoint 录制微课视频

使用 PowerPoint 录制微课视频，即利用 PowerPoint（2010 版本及以上）自带的录制功能进行微课视频制作。利用该制作方式制作微课视频的一般流程如下：

第一步，选定教学主题，收集教学材料和多媒体素材，制作 PPT 课件；第二步，使用幻灯片放映中的"录制幻灯片演示"功能，逐页录制解说；第三步，使用文件中的"另存为"功能，保存为 Windows Media 视频格式。

（二）使用录屏软件录制 PPT 讲解

使用录屏软件录制 PPT 讲解，即利用电脑录屏软件，如 Screencast-O-Matic、Camtasia Studio 等，实时录制 PPT 的演示和讲解音频，最后导出微课视频。这里以 Camtasia Studio 为例，介绍利用该制作方式制作微课视频的一般流程。

第一步，选定教学主题，收集教学材料和多媒体素材，制作 PPT 课件；第二步，在电脑屏幕上打开录屏软件，戴好耳麦，调整好话筒的位置和音量，调出要讲解的 PPT 课件，在调整好 PPT 界面和录屏界面的位置后，单击"录制"按钮开始录制屏幕/PPT，并按照教案，一边放映幻灯片或对其进行各种操作，一边讲解；第三步，利用 Camtasia Studio 对录制的视频进行适当的编辑和美化；第四步，导出微课视频。

技能学习

扫描二维码，观看"视频：Camtasia Studio 的基本操作"，学习 Camtasia Studio 软件工具的基本操作。

视频：Camtasia Studio 的基本操作

（三）使用拍摄设备直接录制微课视频

使用拍摄设备直接录制微课视频是一种传统的录制方式，一般的搭配是数码摄像机加白板或黑板。利用该制作方式制作微课视频的一般流程如下：

第一步，选择微课视频主题，进行详细的教学设计，形成教案；第二步，利用白板或黑板展开教学过程，用数码摄像机实时记录课堂教学过程中教师、学生、板书、多媒体教学信号等教学实景画面；第三步，对微课视频进行后期编辑制作和美化；第四步，导出微课视频。

（四）使用平板电脑录制微课视频

使用平板电脑录制微课视频，即基于平板电脑中的录屏应用工具（如 ShowMe），将平板电脑作为手写板或交互白板，实时录制在平板电脑上的操作及同步的解说，从而生成微课视频。利用该制作方式制作微课视频的一般流程如下：

第一步，选择微课视频主题，进行详细的教学设计，形成教案；第二步，安装基于平板电脑的、具有录制功能的应用程序；第三步，利用平板电脑与安装的应用程序，录制教学过程和同步的解说；第四步，上传微课视频。

三、交互式微课视频制作

微课作为一种新型的网络视频课程，因其视频短小、内容精准、应用灵活，近年来取得了较大的发展，但是在反馈和互动方面尚有欠缺，交互式微课视频的出现能够有效解决此问题。现阶段许多快速课件工具能够使生成的微课视频更有趣味，具有交互性，下面借助 Camtasia Studio 录屏工具的后期编辑功能，以及希沃白板 5 的"知识胶囊"工具，为微课视频增加交互式练习。

（一）使用 Camtasia Studio 录制交互式微课视频

借助 Camtasia Studio 录屏工具的后期编辑功能，可以为微课视频增加交互式的进阶练习。录制交互式微课视频的一般流程如下：

第一步，启动 Camtasia Studio，选择 PPT 录制模式，打开一个 PPT。

第二步，点击 PowerPoint 菜单"加载项"下的"Record"按钮开始录制，按"ESC"键结束录制。

第三步，选择"Editing Recording"进入微课视频编辑状态。

第四步，选择"Tools"下的"Quizzing"增加练习题，如图 2.5 所示。

第五步，选择"Produce and share"生成微课视频。

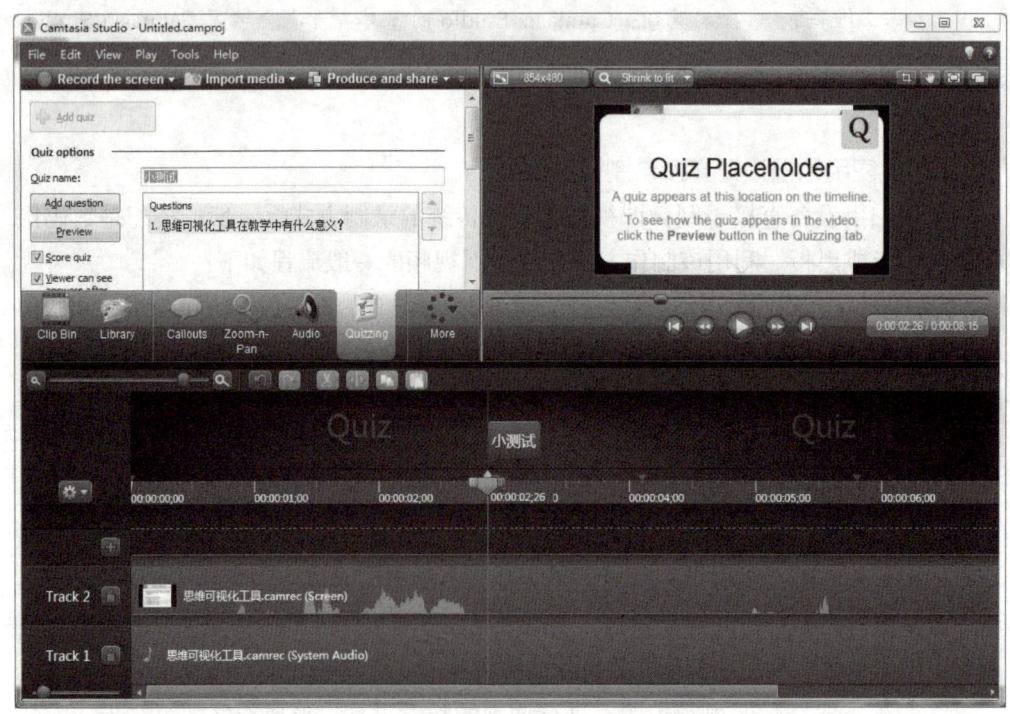

图 2.5 应用 Camtasia Studio 中"Tools"下的"Quizzing"功能增加练习题

（二）使用"知识胶囊"录制交互式微课视频

借助希沃白板 5 的"知识胶囊"工具，可以为微课视频增加交互式的趣味练习。

录制交互式微课视频的一般流程如下：

第一步，启动希沃白板5，打开要录制的文件。

第二步，点击功能菜单下的"录制胶囊"按钮，检查完麦克风等设备后，便可开始录制。

第三步，在录制过程中可以结合"画笔"或其他几何工具进行板书讲解，也可以添加"答题板"，增加交互式练习题。

第四步，选择"结束"键可结束录制。

第五步，预览并生成交互式微课视频。

第四节　线上学习资源的制作

随着通信技术的飞速发展、社交媒体的普及，在线学习已经成为人们普遍采用的学习方式之一。对于在线学习而言，精心制作的线上学习资源，能够减少因缺乏面对面的师生间、学生间的人际交流而带来的对教学质量的影响，还能不受时间、地点的限制，让任何人共享资源。目前存在教学课件、微课视频、在线开放课程等不同形式的线上学习资源，教学课件和微课视频的制作详见前文所述，本节主要介绍基础教育精品课、在线开放课程两类线上学习资源的制作。

一、基础教育精品课的制作

（一）基础教育精品课概述

2021年8月，教育部办公厅发布《关于开展"基础教育精品课"遴选工作的通知》，决定在深入总结新冠肺炎疫情防控期间大规模在线教育宝贵经验及"一师一优课、一课一名师"活动经验的基础上，组织开展基础教育精品课遴选工作，力争以遴选工作调动教师课堂教学资源开发与教学方式创新的积极性，汇聚服务师生的优质数字教育资源，并持续推进优质教育资源有效共建共享。基础教育精品课遴选工作是完善中小学线上教育教学资源建设与应用的重要抓手，对于推进信息技术与教育教学深度融合和教育服务供给方式变革，进一步完善优质教育资源共享共用格局，以信息化推动基础教育公平发展和质量提升等具有重要意义。

1. 基础教育精品课的建设要求

基础教育精品课是指基础教育精品课遴选工作所征集建设的数字教育资源，是一类以微课视频为主要内容，辅以课件、教学设计、学习任务单、作业练习和必要的实

043

验视频的优质资源。基础教育精品课建设需要遵循以下基本要求：

（1）体系化建设

基础教育精品课建设的参与范围覆盖全国所有具备网络和多媒体教学条件的中小学一线教师，内容覆盖符合中小学各年级课程标准的语文、数学、英语、美术、信息技术等多个学科，并以国家中小学智慧教育平台为枢纽形成联通各级的资源平台体系，实现惠及包括农村与偏远山区在内的全国各地学校师生的优质教育资源服务，有效推进优质教育资源的共建共享。

（2）高质量开发

基础教育精品课的相关资源需要遵循严格的制作规范与技术标准，具体包括：第一，资源内容要求科学严谨，教学内容应为教育部审定的中小学各年级、各学科教材中具体一课（节）所含知识，保证知识内容和授课语言科学、准确；第二，资源要求为教师原创，符合我国法律法规和尊重各民族的风俗习惯；第三，资源制作必须按照"精品课制作要求"的相关规定进行，各内容的相关格式应严格按照平台提供的模板进行相应的设置；第四，资源遴选标准要求严格规范，按照"教师自主申报—学校推荐—县级初选—省市遴选—部级遴选"的流程层层筛选，严格把关，优中选优，并在公开透明的标准与制度下形成优质资源，以高标准、严要求的制作规范保证精品课的高质量与借鉴、推广价值。

（3）注重应用实效

基础教育精品课需要体现学科教学改革方向并针对性地解决课堂教学的重难点问题，以"提供优质资源＋推进切实应用"为思路，以"资源服务＋组织机构服务"为内容，为学生自主学习、个性化学习以及教师课堂教学创新提供服务。此外，还需要建立健全优质课程资源遴选更新机制、各级部门与教师激励机制及相关工作机制，充分发挥电教、装备与教研部门的工作合力，为学校教师提供技术支持和应用培训指导，从而强化优质资源的汇聚与推广应用，进而切实提高资源平台和组织机构服务水平与能力，保证基础教育精品课建设与应用的实效性。

2. 基础教育精品课的基本内容

为满足基础教育阶段学生自主学习和个性化学习的需求，同时支持教师课堂教学创新，基础教育精品课资源覆盖小学、初中、高中各个年级的包括语文、数学、英语等在内的多门学科（如表 2.4 所示）。在基础教育精品课平台上，一节基础教育精品课主要由图 2.6 所示的几个部分组成。

表 2.4 各学段覆盖学科表

学段	学科
小学	语文、数学、英语、道德与法治、科学、美术、音乐
初中	语文、数学、英语、道德与法治、历史、地理、物理、化学、生物学、美术、音乐
高中	语文、数学、英语、思想政治、历史、地理、物理、化学、生物学、美术、音乐、信息技术、通用技术

基本信息是对该课时精品课的整体概括，帮助使用者对该节点精品课的基本内容进行整体把握，主要包含主讲教师的姓名、地区与学校，传课时间，学科教材版本及对应册次和章节等信息。

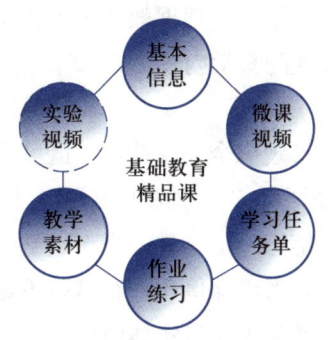

图 2.6　基础教育精品课的基本内容

微课视频围绕教材的具体一课（节），以重难知识点、主题、技能或案例等为主要内容，以"教师讲解＋多媒体大屏"为主要呈现形式，以常用摄录设备和录屏软件等为拍摄与后期制作手段，具有一定的交互性。

学习任务单是为辅助学生在课前或课外明确自主学习的目标要求、内容任务和学习方法而设计的学习指导单，一般以问题导向的方式指引学生把握学习重难点。

作业练习是在与课堂学习目标基本一致的基础上检验、巩固、补充和拓展学生课堂学习内容的一种基本方法。在"双减"政策导向下，基础教育阶段的作业练习应在减少总量的前提下，着重从内容、形式和工具等多个角度进行多样化设计，实现从纸笔习题到趣味实践的跨越。

教学素材是教师在教学过程中，为了清晰、准确地呈现教学内容并实现教学目标所使用的材料，也可理解为与微课视频配套使用的相关资料。在基础教育精品课中，它同时也是教师根据教学实际在基础教育精品课资源基础上进行优化再设计的基本素材，主要包含教学设计、课件，及相关图片、音视频等多媒体素材。

实验视频是指对真实实验操作步骤、过程与现象进行录制与后期加工处理的视频。相较于一般实验视频，基础教育精品课中的实验视频需要突出其"教学"特性，如在视频中介绍实验教学目标和教学融合性分析等。

思考讨论

　　访问基础教育精品课，获取优质微课，围绕"如何设计与制作高质量的基础教育精品课"进行研讨，并提出微课视频的修改建议。

（二）基础教育精品课的制作流程

1. 确定选题，观摩课例

（1）确定选题

基础教育精品课的资源建设采用征集评审的方式，对选题有严格规定，因此对学科和教材版本等选择范围相对明确。尽管学科与授课年级不同，选题内容与类型也不尽相同，教师仍可根据以下思路进行斟酌：第一，根据经验反思与教学数据对教学实际进行判断，选择重点、难点与易错点，并将这些重点、难点与易错点进行聚焦和放大，突破和解决教学疑难问题。第二，根据教学内容体系进行选择，教师应尽量选择有价值、有推广性以及有代表性的教学内容。

（2）观摩课例

选题确定之后，教师可通过观摩个人、校本、区域或各级优课等典型课例明确该节精品课努力的方向。在观摩课例前，教师可围绕自己的精品课主题设定教学目标。在观摩过程中，教师要写观摩笔记，记录教学亮点、学习效果、缺憾之处等，一方面分析该课例的优点，另一方面思考该课例还存在哪些不足，以客观的态度对课例做出总体性的评价。在观摩之后，教师可通过集体研讨的方式对课例进行分析，并为其制订改进方案。最后，教师通过剖析、梳理、研究，归纳出一定的规律性或理论性内容，为自己的精品课制作提供帮助。在分析过程中，教师还可以留意课例中出现的问题，并在后续实践中尽量规避。

2. 教学设计，准备资源

（1）教学设计

教学设计是教学实施前的必要准备，是精品课制作的"灵魂"。按照精品课制作规范，教师需要根据确定好的精品课对应节点，划分出 1~3 个时长为 10~15 分钟的课时，并按各课时撰写教学设计。精品课的教学设计可以从教学目标设计、学习者特征分析、教学内容设计、教学流程设计、教学资源设计和教学评价设计六个方面展开。

（2）准备资源

在拍摄微课视频之前，教师需要提前准备好教学素材和课件等教学资源。教师首先需要收集生动灵活的素材进行支撑，并根据教学主题对素材进行加工，而后在内容方面注重课件内容的层次性，对重点内容、非重点内容与拓展内容进行合理的分配。在设计方面尽量简洁美观，颜色搭配合理，选择的动画应当简洁明快，避免花哨复杂的动画分散学生的注意力，影响教学效果。

此外，教师需要准备录制场地和相关设备。录制场地需光照充足、均匀，具有良好的隔音效果。在对场地进行布置时，除了用于展示课件的多媒体大屏之外，尽量不要出现其他与授课无关的物品。在设备方面，教师需按要求准备摄像机、数据存储设备、三脚架、触摸屏等，并在录制开始之前根据现场情况对设备进行调试，如调整摄像机参数、保持三脚架水平放置、确认麦克风拾音情况等，确保录制过程顺利进行。

教师作为精品课的主讲人，需要精心准备。教师应当注重自身的整体形象，发型自然大方，服装简约端庄。教师在拍摄前应再次熟悉教材、课件与教学设计等相关内容，准备需要的教学用具，调整自己的声音，以保证录制效果良好。

3. 拍摄微课，后期剪辑

（1）拍摄微课

基础教育精品课要求适当呈现授课教师画面，采用"教师讲解＋多媒体大屏"的形式录制，为了将教师授课的内容客观真实地表现出来，微课视频的拍摄必须做到内容清晰、画面稳定、声音清楚、回顾检查等。在拍摄时，摄像师需整体掌控场景的光位和设备的布置，以确保演示屏幕无反光、授课教师面部打光充足以及整体画面主次分明。授课教师一边讲解一边进行 PPT 演示时，既要确保监视器中教师授课的整体画面干净，也需确保 PPT 演示内容清晰。为了保持画面水平和稳定，应将三脚架安置在平坦地面上，并调整摄像机的角度，使水平仪中的气泡居中，以确保监视器中的画面水平不倾斜；拧紧三脚架固定旋钮，避免在录制过程中，摄像机因重力而产生水平或垂直角度抖动，影响成像画面的稳定性。除了成像画面，还需要控制现场环境音的干扰以及拍摄现场的人为噪声的干扰，以保证采集的声音清晰。拍摄完成后，需要回顾检查录制画面是否清晰，有无失焦、过曝、掉帧等问题，检查人声是否录入，是否存在授课教师的口误和内容遗漏，若出现上述问题必须重录对应片段，方便在后期修改替换。

（2）后期剪辑

在拍摄完微课视频后就要进行后期的剪辑工作，授课教师和课程设计教师应积极参与后期剪辑，因为授课教师了解微课视频录制的具体情况，课程设计教师了解课程的基本信息和体系。微课视频的剪辑包括视频剪辑、音频剪辑、课件插入、字幕添加、增加测试题、视频输出等步骤。在剪辑时，首先确保微课视频呈现的信息清晰无误。其次，适时切换由不同机位和景别录制的视频，但需注意画面的切换不要有跳动感。为避免微课视频景别切换的跳动感和一镜到底造成的单调枯燥，需适时插入 PPT画面，展示具体教学信息，并在不同画面转场之间添加"淡入、淡出"效果。如果出现 PPT 内容的错放或内容更改等问题，可将新的 PPT 页面插入，以替换效果不佳的讲解画面。在音频剪辑中，授课教师在录制过程中产生的口误，可通过补录替换片段的方式解决，并注意在音频的"波形编辑"界面，将补录的音频音量调整到与原音频和片头音量一致，避免出现声音忽高忽低的现象。在字幕添加上，要根据微课视频的内容在主要教学环节添加文字并设置文字属性，应避免与课件画面呈现的文字重复。可以借助一些录屏工具为微课视频增加交互式的测试题。最后，根据基础教育精品课制作标准中的格式要求导出视频，并进行最终检查。

4. 多方研讨，迭代优化

（1）多方研讨

完成基础教育精品课初稿后，教师还需要与同行、教研员或专家进行教学研讨。多方研讨是教师为了更好地完成教学任务，在教学设计、精品课制作、反思评价活动中共同研究、共同探讨制作中出现的问题，并在后续逐步改善的教学研究活动。研讨的内容可以集中于贯穿精品课整个制作过程的评价与反馈，其来源可以是教师从个人角度参考精品课评价标准，对精品课进行的个人反思，也可以是有丰富微课设计与制作经验的同行教师、教研员或专家进行的评价与指导，还可以是学生的试用反馈，以此获得多主体、综合且全面的改进建议。

（2）迭代优化

在基础教育精品课开发的过程中，教师要不断地对微课视频和其他教学辅助资源进行迭代优化，这是基础教育精品课开发的重要环节，也是教学资源质量的保证。通过多方研讨，教师能够获取来自专家、教研员、同行教师、学生等多方的意见与反馈，并再次进行教学反思，明确精品课制作的改进方案，并及时修改包括教学设计在内的多项教学资源，然后再进行一轮研讨与优化，通过如此的迭代打造出一门优质的基础教育精品课。

5. 合成课例，上传资源

（1）合成课例

合成课例是指依据基础教育精品课的相关要求，将教学设计、教学课件、微课视频、学习任务单、作业练习、实验视频等资源合理地组织起来，形成一个规范完整的资源结构。教师需要留意，其中实验视频是非必要的选传项，教学设计与教学课件需合成为一个"教学素材"压缩包。课例合成之后，即可按要求准备上传。

（2）上传资源

教师成功注册基础教育精品课的平台账号后，即可报名参加基础教育精品课的遴选活动，上传资源流程如图 2.7 所示。首先进入选课环节，点击"我要传微课"，选择并确定要上传的学科、版本、年级和课，再点击"我要上传"，按照《基础教育精

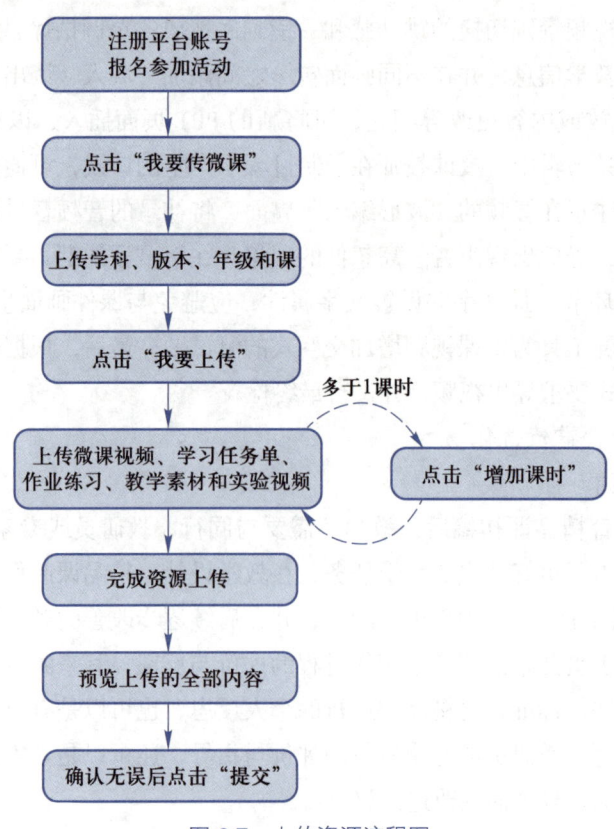

图 2.7　上传资源流程图

品课操作指南》逐一上传微课视频、学习任务单、作业练习、教学素材和实验视频。多于 1 课时时，还需要点击"增加课时"按钮依次添加课时。完成所有课时资源的上传后，教师可进入"预览提交"界面，查看全部上传内容，若有误可返回上一步对上传资源进行修改完善，确认无误后点击"提交"按钮，完成基础教育精品课的提交。

技能学习

　　扫描二维码，观看"视频：基础教育精品课的制作"，学习制作高质量的基础教育精品课。

视频：基础教育精品课的制作

二、在线开放课程的制作

在线开放课程作为一种新兴的课程形态，是推动和实现在线学习的有效途径。在线开放课程不仅能拓展教学时空，增强教学吸引力，激发学生的学习积极性和自主性，扩大优质学习资源的受益面，还能促进教学内容、教学方法、教学模式和教学管理体制机制发生变革，给高等教育教学改革发展带来新的机遇和挑战。

（一）在线开放课程概述

在线开放课程随着慕课的兴起发展而来，是指把教育扩大到课堂以外，免费为所有能够上网的人提供优质课程，由主讲教师负责，支持各种学习群体在线参与，由讲课视频、作业练习、论坛互动和考试相互交织的开放式网络课程。

1. 在线开放课程的特点

在线开放课程的特点主要表现为以下五个方面：

（1）内容免费开放。在线开放课程内容具有开放的特性，课程资源没有使用限制，对所有人免费开放且不限人数。

（2）资源在线共享。在线开放课程的学生利用网络平台、手机通信软件等可以自主地在线学习。

（3）平台交互性强。在线开放课程平台能与课程、课件紧密结合，为学生提供交互性较强的学习体验，且重视基于平台大数据的学习分析。

（4）视频形式多样。在线开放课程资源录制形式生动多样，如课堂实录、演播室录制、实地拍摄、采访式、录屏式等；课程视频具有碎片化的特点，一般不长于 15 分钟；课程视频互动性强，视频内嵌互动、在线测试反馈、在线讨论等。

（5）课程学分认证。授课教师通过平台发布课程内容、学习活动和讨论主题，学生通过选课、课程学习、讨论、考试，最终获得课程证书。

2. 在线开放课程平台

国内著名的在线开放课程平台有：中国大学 MOOC、网易云课堂、学堂在线等；国外知名的在线开放课程平台有：Coursera、Udacity、edX 等。下面主要介绍中国大学 MOOC 和网易云课堂。

（1）中国大学 MOOC

中国大学 MOOC 平台（http://www.icourse163.org）是当前国内最有影响力、使用人数最多的 MOOC 平台之一。目前，中国大学 MOOC 平台免费提供计算机类、外语类、文史类、教育类、医学与保健类、考研类、求职就业类等几十个门类的课程。

中国大学 MOOC 平台的课程都采用大规模在线开放课程的组织方式。大规模在线开放课程（MOOC）是通过社会化网络学习环境向参与者提供围绕某个主题的分布式开放教育资源和活动，允许参与者在领域专家指导下通过自组织学习方式参与课程资源建设与分享、建构个人学习与概念网络，形成个性化意义与观点的关联式课程。每一门课程均以周为时间单位提供课程内容，每周一个主题，每个主题包括多节内容，每一节内容包括多个微课视频、主题讨论、配套文档等。每门课程都提供辅导答疑、测试、作业或考试。顺利完成课程学习，参与测试、提交作业或进行考试之后，根据学员学习情况，评出优秀、良好、及格、不合格四个等级。学员达到及格以上等级，可以向平台申请获取 MOOC 课程结业证书，获取证书需要支付少量费用。

（2）网易云课堂

网易云课堂（http://study.163.com）是由网易公司开发的一个在线开放课程平台，是国内较早的在线开放课程平台之一。网易云课堂平台以技能类课程著称，提供了大量网易公司自己开发的计算机技能类课程，同时聚合了大量来自社会、高校等多种渠道的优质技能类课程资源，包括 IT 互联网类、设计创作类、职业考证类、职场提升类、外语类等多个类别的课程。

网易云课堂平台的课程与中国大学 MOOC 不同，它更接近视频公开课，每门课程提供几个到十几个不等的主题，每个主题包括多个微课视频，提供师生之间的异步交流互动，学员完成平台设定的由几门课程组成的系列课程后，可以获取微专业证书，如高级前端开发工程师。网易云课堂的多数课程都是付费课程，学员需要先交费再学习。

（二）在线开放课程的制作流程

1. 在线开放课程的设计

在线开放课程的设计主要包括课程目标的设计、课程内容的设计、课程结构的设计、课程资源的设计、学习支持服务的设计以及课程评价的设计。

（1）课程目标的设计

课程目标是对整门课程学生要达到的知识目标和技能目标的描述。与传统的面对面教学相比，在线开放课程的教学对象具有多样性、不可预测性的特点，教学对象范围更广，课程目标的设计要考虑教学对象的范围。

（2）课程内容的设计

在线开放课程内容是在线开放课程教学中学生最主要和最直接的学习对象，课程各个章节内容依次呈现，同时还包括各个章节的测试题、期末测试等。由于在线开放课程受众的多样性，学生的知识基础不尽相同，在线开放课程内容应该具有一定的拓展性和弹性，即同一内容提供多种可选择的方案以适应不同层次学生的需求。

（3）课程结构的设计

课程结构是指课程上线后的组织模块，体现了课程完整的教学流程，通常包括课程信息、课程资源、讨论区、测验作业、评分标准、考试六大基本模块，也可以根据学科特点，适当增减模块。例如，中国大学MOOC平台的主要模块包括学习帮助、教学计划安排、公告、评分标准、课件、测验与作业、考试以及讨论区。

（4）课程资源的设计

课程资源形态与课程目标、性质、特征是有关联的。在线开放课程资源从形态上可以分为非结构化、开放式，确定的、结构化、系统化，半结构化、半开放式三种形态。课程资源形态不同，其内容、资源、活动组织也各不相同，各有特色。总体而言，在线开放课程资源的设计包括对演示文稿、知识点讲授视频、随堂测验、富文本、课堂讨论等的设计。而视频作为在线开放课程资源的核心，具有录制形式生动多样、碎片化、互动性的特点。视频的表现形式有多种，包括纯手写勾画、PPT录屏、PPT录屏＋手写勾画、画中画、采用近景或中景的课堂实录，还有演播厅录制、绿幕抠屏、实地拍摄、专家对话、专题访谈、讨论课式等。

（5）学习支持服务的设计

学习支持服务的作用是指导、帮助和促进学生自主学习。学习支持服务的设计直接影响学生的学习效果。借鉴《中国MOOCs建设与发展白皮书》，我们将在线开放课程学习支持服务分为导学、督学、助学三种类型，每种类型分别包括不同的资源。

（6）课程评价的设计

课程评价是衡量在线开放课程建设质量和学生学习效果的重要手段。每个课程都需选择、设置评价类型与标准以引导激励学生学习。在线开放课程学习的评价依赖在线评价系统实现。评价有定性指标和定量指标，包括形成性评价和总结性评价，而且更加关注形成性评价的促教与促学作用。例如，一门课程按百分制计算，单元测验和课程作业各占30%，在线讨论和期末考试各占20%，也可以根据学科特点适当增删或调整比例。由于在线开放课程的学生数量巨大，因此评价方式通常以学生自评和学生互评为主，教师评价为辅。

2. 在线开放课程的制作工具

技能学习

扫描二维码，观看"视频：Ispring suite的基本操作"，学习Ispring suite的基本操作。

视频：Ispring suite的基本操作

我们可以借助在线开放课程的制作工具如Ispring suite制作精良的在线开放课程。Ispring suite是一套内置于PPT的内容创作工具包，包含音频视频录制、摄像头录像、视频编辑器、交互式测验评估等一系列专业功能，可以制作出趣味交互式的在线开放课程。

应用 Ispring suite 进行在线开放课程制作的一般过程如下：

第一步，打开 Ispring suite 程序，选择想要创建的类型，新建一个课程；

第二步，在熟悉的 PPT 界面，准备授课课件；

第三步，应用 Ispring suite 的录制音频视频功能，逐页录制讲解课件，并加入旁白内容；

第四步，加入互动活动元素，如练习题、测试、互动元件等，保存并返回课程；

第五步，生成在线开放课程并发布。

第五节　媒体素材处理基本技能

视频：媒体素材处理基本技能

　　媒体素材是传播教学信息的基本材料单元，是信息化教学资源的重要组成部分。信息化教学资源的良好教学效果和较高的作品质量，一定程度上取决于各种媒体素材的加工处理技术。在所有媒体素材中，除了文本这一最基本的素材之外，图片、视频、声音也是信息化教学资源中非常重要和广泛应用的素材。因此，对图片、视频、声音的加工处理是信息化教学资源制作的重要一环。

一、图片的加工处理

　　图片是帮助分析、理解教材，解释概念或现象常用的媒体元素。图片素材能够直观、形象地呈现教学内容，呈现知识之间的逻辑关系，弥补学生生活经验的不足，提升教学内容的表现力。

（一）图片的类型

1. 位图

位图，也称为点阵图像或绘制图像，是由称作像素（图片元素）的单个点组成的。

2. 矢量图

矢量图，也称为面向对象的图像或绘图图像，矢量图在数学上被定义为一系列由线连接的点。

（二）常见的图形图像格式

　　常见的位图格式有 BMP、JPG、GIF、PNG 等，常见的矢量图格式有 WMF，如表 2.5 所示。

表 2.5 常见的图形图像格式

媒体类型	扩展名	说明
位图	BMP	Windows 位图文件格式，无压缩、质量高、数据大
	JPG	JPEG 压缩文件，压缩比高、应用广泛
	GIF	图形交换格式，具有良好的透明和交错效果
	PNG	与 JPG 格式类似，压缩比高于 GIF，支持图像透明
矢量图	WMF	Windows 矢量图格式文件

（三）图片处理技巧

1. 尺寸小、失真小

为了确保资源运行流畅，应在保证图片失真程度小的情况下，尽量缩小图片的存储量。

2. 使用适当的文件格式

图片的文件格式是用来帮助程序识别图片信息的。图片以及图片的应用范围不同，对图片格式也有不同的要求。

（1）BMP 格式

BMP 无压缩，质量高，数据大，但文件不受 Web 浏览器支持，适用于 Windows 中的墙纸。

（2）JPG 格式

JPG 格式是目前广泛使用的图片格式，压缩比高，对色彩的信息保留较好，适用于大部分静态图片。

（3）GIF 格式

GIF 格式可以存多幅彩色图像，经过压缩后文件比较小，适用于保存动感闪图。

（4）PNG 格式

PNG 格式支持高级别无损耗压缩，支持 alpha 通道透明度，适用于透明背景图片、高质量图片的保存。

（5）WMF 格式

WMF 格式可同时包含矢量图信息和位图信息，是 Windows 标准格式，适合在 Office 中使用。

3. 图片缩放、背景透明、旋转处理

可根据需要，对图片进行缩放裁剪、锐化、透明、翻转、旋转等处理。

（四）图片的制作工具

图片制作最常用的是 Photoshop 软件（简称 PS），它主要用于处理由像素构成的数字图像。使用 Photoshop 众多的编修与绘图工具，可以有效地进行图片编辑工作。利用 Photoshop 软件对图片进行简单处理主要包括以下几个方面：

1. 调整图像尺寸

当图像素材的尺寸不符合需要时，可以选择 Photoshop 软件菜单栏中的 "图像—图像大小"，对图像的宽度、高度、分辨率等进行调整。

2. 裁剪图像

有些图像素材由于内容、尺寸、色彩等不符合教学需要，不能直接应用于教学。可以利用 Photoshop 软件进行图像裁剪。利用 Photoshop 软件中的选框工具，选取需要的图像内容，选择菜单栏中的 "图像—裁剪"，裁剪掉不需要的图像内容。

3. 抠取图像

有些图像素材在使用过程中只需要选取图像中的不规则部分，以便后期加工和整合。可利用 Photoshop 中的魔棒工具和磁性套索工具抠取图像，如图 2.8 所示。

- 魔棒工具：可以通过调整容差，选取图像窗口中颜色相同或相近的区域。当背景相似或一致时，可先选取背景色，然后选择菜单栏中的 "选择—反选"。

- 磁性套索工具：可以在边界颜色对比度较大的图像中，快速、准确地选取所需图像。

图 2.8　抠取图像

4. 合成图像

可以将多个图像素材合成在同一个图像文件中，如图 2.9 所示。

图 2.9　合成图像

视频：
Photoshop 的
基本操作

技能学习

　　扫描二维码，观看 "视频：Photoshop 的基本操作"，学习 Photoshop 软件的基本操作。

二、视频的剪辑加工

视频素材的合理运用可以有效表现、演示有关活动变化的教学内容，模仿运动技能，较直观地传播概念。视频在时间上的扩展或压缩，使其善于演示与时间有关的一些原理，展现生活中难以看到的事物变化过程，从而取得特定的教学效果。

（一）常见的视频格式

常见的视频格式如表 2.6 所示。

表 2.6　常见的视频格式

媒体类型	扩展名	说明	课件应用条件
视频	AVI	Windows 视频文件，质量好、数据大	一般使用 WMV、MP4 格式的视频文件，码流率 256 Kbps 以上
	WMV	微软开发的视频文件格式，高压缩，传输快	
	MPEG	MPEG 视频文件，有损压缩，最大压缩比达 200：1	
	DAT	VCD 中的视频文件	
	RM	流媒体视频文件	
	ASF	微软开发的流媒体视频文件	
	MOV	苹果公司开发的流媒体视频文件	
	MP4	目前广泛使用的通用视频格式	
	FLV	FLASHVIDEO 的简称，广泛应用于网络视频，需要 Flash 回放插件支持	

（二）视频的制作工具

1. Adobe Premiere

Adobe Premiere 是一款应用广泛的视频编辑软件，用于视频段落的组合和拼接。它提供了采集、剪辑、调色、美化音频、字幕添加、输出、DVD 刻录的一整套流程，并能和其他 Adobe 软件高效集成。

2. 会声会影（VideoStudio）

会声会影是一个功能强大的视频编辑软件，具有图像抓取和编修功能，并提供了 100 多种编制功能与效果，可制作 DVD、VCD 光盘。会声会影操作简单，具有从拍摄到分享完整的影片编辑流程解决方案。

（三）会声会影的使用

利用会声会影软件，可对视频进行叠加、转场效果设置、音频编辑、字幕制作、导出等处理。

1. 视频的叠加

使用视频叠加可以起到"画中画"的效果，操作步骤如下：

- 选择时间轴模式，显示覆叠轨（如图 2.10 所示）；
- 将素材拖到覆叠轨，确定位置及出入点；
- 选中素材，在显示窗口中调整大小、位置、形状；
- 选择"应用覆叠选项"。

2. 视频转场效果设置

操作步骤如下：

- 选择"效果"选项卡；
- 选择合适的转场效果，并将其拖到时间轴上两个素材之间；
- 设置持续时间。

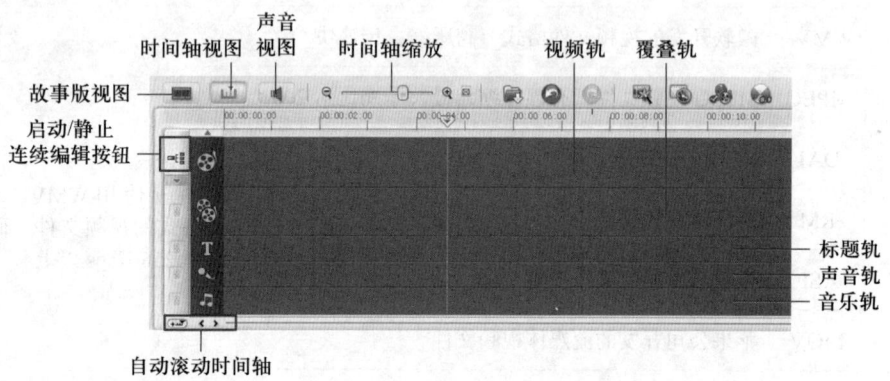

图 2.10　时间轴视图

3. 音频编辑

（1）音频的分割与删除

- 分割：右击视频素材，选择"分割音频"；
- 删除：在声音轨道上选中该声音，点击右键"删除"。

（2）解说

- 录制：点击"录制"按钮试音；
- 点击"开始"，自动录制到解说轨道。

（3）配乐

- 插入音乐，编辑出入点；
- 添加淡入淡出。

4. 字幕制作

（1）标题静态字幕

- 选择"标题"选项卡，进入编辑界面；
- 双击显示器输入标题；
- 设置字的属性——样式、字体、位置等；
- 设置效果——持续时间、淡入淡出。

（2）滚动字幕

- 输入文字，设置字的属性；

- 设置动画。

5. 视频的导出

- 选择"分享"选项卡；
- 单击"创建视频文件"，在下拉菜单中选择文件格式；
- 保存视频文件。

技能学习

扫描二维码，观看"视频：会声会影的基本操作"，学习会声会影软件的基本操作。

视频：会声会影的基本操作

三、音频的编辑加工

声音是教学中常用的一种素材，在语言类和音乐类的教学课件中，通常需要用声音媒体来发挥有效的示范作用。

（一）常见的音频格式

常见的音频格式如表 2.7 所示。

表 2.7　常见的音频格式

媒体类型	扩展名	说明	课件应用条件
音频	WAV	标准 Windows 声音文件，质量高、数据大	一般用 WMA 或 MP3 格式的音频文件，流量控制在 16~128KB/S
	MID	乐器数字接口的音乐文件，文件数据紧密	
	MP3	MPEG Layer 3 标准压缩编码文件格式，高压缩率	
	WMA	微软用于代替 MP3 的音频格式	
	RA	流媒体音频	

（二）音频的制作工具

Cool Edit Pro 是一款功能强大、效果出色的多轨录音和音频处理软件，是一款非常出色的数字音乐编辑器和 MP3 制作软件，提供放大、降低噪音、压缩、扩展、回声、失真、延迟等多种特效，并且可同时处理多个文件，在几个文件中进行剪切、粘贴、合并、重叠声音操作。这里主要介绍使用 Cool Edit Pro 软件进行音频处理的常用操作。

1. 音频的录制

- 单击"切换为波形编辑界面"按钮，进入单轨编辑界面；
- 点击控制区域的录制键"R"，空两秒后再开始录制音频；
- 点击控制区域的停止键停止录音，点击播放键即可试听录制效果；
- 单击"另存波形为"按钮，将录音保存为声音文件。

2. 消除噪音

- 在单轨波形编辑界面，用鼠标拖动选择噪音区域；
- 选择菜单"效果—噪音消除—降噪器"，在"降噪器"对话框中，单击"噪音采样"按钮，然后单击"关闭"按钮，完成噪音采样；
- 选中全部音频波形，再次执行菜单"效果—噪音消除—降噪器"，在"降噪器"对话框中，单击"确定"按钮，消除所有噪音。

3. 背景音乐的编辑

- 进入"多音轨编辑界面"，在第二轨中单击右键，选择"插入—音频文件"，选择背景音乐文件；
- 在第二轨上右击，选择"调整音频块音量"，降低背景音乐的音量；
- 淡入处理：单击第二轨，切换到"波形编辑界面"，选中音乐的开始部分，选择菜单"效果—波形振幅—渐变"，在"预置"中选择"Fade In"；
- 淡出处理：选中音乐的结束部分，选择菜单"效果—波形振幅—渐变"，在"预置"中选择"Fade Out"。

4. 音频的输出

在多音轨界面，选择"文件—混缩另存为"，即可将两个音轨的音频混缩输出为一个音频文件，完成音频的输出。

视频：Cool
Edit Pro 的基
本操作

技能学习

扫描二维码，观看"视频：Cool Edit Pro 的基本操作"，学习 Cool Edit Pro 软件的基本操作。

本章要点

1. 信息化教学资源是经过数字化处理，可以在计算机上或网络环境下运行的多媒体材料或教学系统。"国家中小学智慧教育平台"把常用的信息化教学资源分为德育、课程教学、体育、美育、劳动教育、课后服务、教师研修、家庭教育、教改经验等栏目。

2. 演示文稿能够利用多种媒体呈现教学内容，为学生提供多种感官刺激，有利于提高学生的学习兴趣和课堂教学效率。演示文稿的设计，要求教学内容明确具体，教学思路清晰，模板符合学生认知特点。

3. 微课视频是一种面向学生自主学习的新型资源，是针对某个知识点、例题或习题、实验活动等微内容的教学视频，学习时间一般不超过 10 分钟，主要用于帮助学生完成知识建构与发展能力。微课视频的制作可以使用 PowerPoint 或录屏软件来完成。

4. 基础教育精品课是指基础教育精品课遴选工作所征集建设的数字教育资源，是一类以微课视频为主要内容，辅以课件、教学设计、学习任务单、作业练习和必要的实验视频的优质资源。

5. 在线开放课程作为一种新兴的课程形态，是推动和实现在线学习的有效途径。在线开放课程不仅能拓展教学时空，增强教学吸引力，激发学生的学习积极性和自主性，扩大优质学习资源的受益面，还能促进教学内容、教学方法、教学模式和教学管理体制机制发生变革，给高等教育教学改革发展带来新的机遇和挑战。

问题与思考

1. 你接触过哪些信息化教学资源？
2. 信息化教学资源与教学过程之间有何关系？
3. 微课与翻转课堂教学模式之间有何关系？

网络学习

请你结合本章推荐的网站，深刻理解不同类型课件的特点。任选一个你感兴趣的教学案例进行分析，指出其优点与不足，并分小组进行交流与讨论。

实践训练

综合实践一：

实践项目：演示文稿改进

1. 实践任务

结合学科特点，以小组为单位，在国家智慧教育公共服务平台中选择现有的课件资源，进行改进与完善。

2. 实践要求

（1）从课件的教学设计、媒体整合、交互设计、版面色彩等方面进行研讨。

（2）根据以上几个方面的研讨结果，提出课件的改进方案。

（3）根据课件需要，选择合适的制作工具。

（4）对课件制作过程中的有关问题进行研讨并解决。

3. 实践建议

对演示文稿的研讨与改进可参考本章第二节"演示文稿设计与制作"的内容，结合演示文稿的基本制作技巧完成该实践项目。

综合实践二：

实践项目：微课的设计与制作

1. 实践任务

结合学科特点，选择小学某学科教材中的一课，设计制作面向学生学习的微课。

2. 实践要求

（1）选题符合学科特点，体现专业特色；

（2）具备完整的结构，包括学习内容、学习活动、学习评价等环节；

（3）课件的素材丰富（包括解说、图文动画等多种媒体）；

（4）交互方式多样，操作界面友好，简洁大方；

（5）内容结构清晰。

3. 实践建议

微课的设计与制作可参考本章第三节"线上教学视频设计与制作"的内容，完成该实践项目。

拓展资源

1. 请到国家智慧教育公共服务平台（https://www.smartedu.cn）、教育部官网（http://www.moe.gov.cn）等获取更多类型的信息化教学资源。

2. 请到中国知网（https://kns.cnki.net）搜索下载以下文章并阅读。

（1）杨宗凯. 建设国家智慧教育平台 推动高等教育高质量发展［J］. 中国教育信息化，2022，28（4）：3.

这篇文章梳理了国家智慧教育平台的主要功能，提出了从支撑教学模式创新、优化教育资源供给、改进教育评价方式、监管和应用过程评价四个方面加强国家智慧教育平台应用，推动教育高质量发展。

（2）柯清超，鲍婷婷，林健. "双减"背景下数字教育资源的供给与服务创新［J］. 中国电化教育，2022（1）：17–23.

这篇文章分析了"双减"对教育教学改革的新要求，阐释了数字教育资源如何赋能"双减"落地，提出了扩大优质资源供给的基本方向，并探索了如何应用数字资源服务课堂教学、服务个性化学习、服务分层作业等的基本策略，为数字教育资源赋能"双减"改革提供理论依据。

第三章　信息化教学工具

信息时代的教育变革与创新给教师的教学实践带来了前所未有的挑战，新课程的实施也对教师的教育技术能力提出了更高的要求。信息时代的教师不仅要具有现代教育理念、良好的信息素养，还要具备利用信息技术解决教学实践问题的能力。学习和掌握针对学科教学的信息化教学工具，在教学应用中有效地支持和促进学生主动学习、协作式探索、意义建构，培养学生的问题解决能力，是现代教师必备的基本技能。本章重点讲解：信息化教学工具的概念、功能特点、分类，以及课堂互动教学工具、线上视频教学工具、学科辅助教学工具、教学管理工具的应用。

知识地图

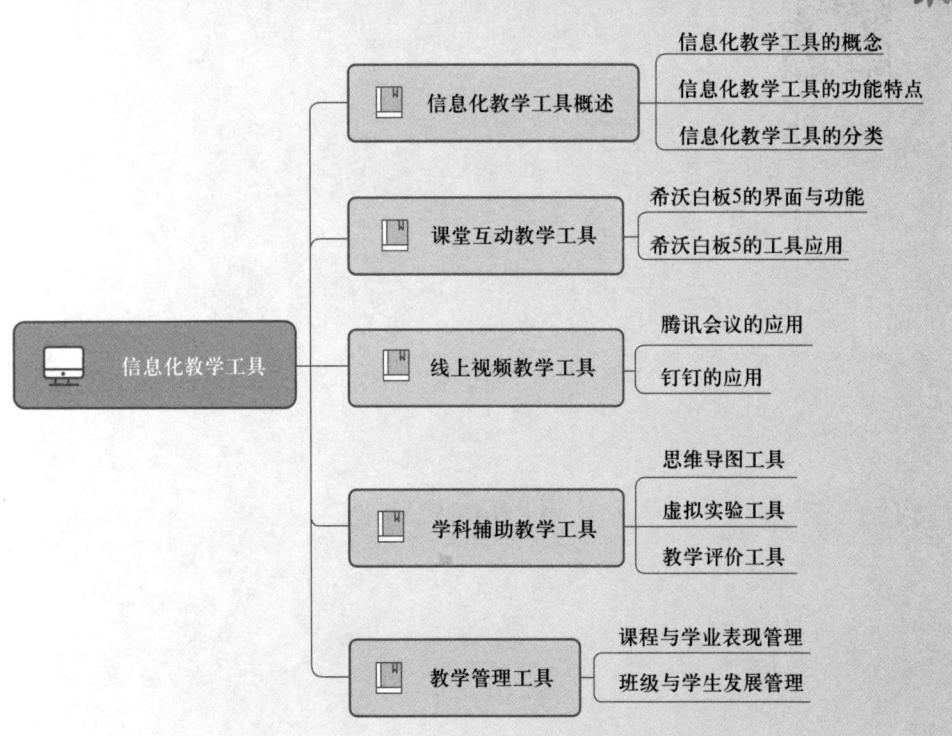

学习目标

1. 了解信息化教学工具的概念、功能特点、分类。
2. 掌握课堂互动教学工具的基本操作及其教学应用。
3. 掌握线上视频教学工具的基本操作及其教学应用。
4. 掌握学科辅助教学工具的基本操作及其教学应用。
5. 掌握教学管理工具的基本操作及其教学应用。

学习建议

1. 学习重点：课堂互动教学工具、线上视频教学工具、学科辅助教学工具、教学管理工具的应用。

2. 课前活动：学习本章的导学视频；观看各种教学工具的操作演示微课视频，熟悉各类教学工具的操作。

3. 课后活动：深刻理解本章介绍的各种教学工具，指出其特点与适用性；完成本单元的综合实践活动。

导学视频：信
息化教学工具

第一节　信息化教学工具概述

信息技术已成为拓展人类能力的创造性工具，信息时代的教育教学活动需要各种信息工具的介入与支持。信息工具为教学情境创设以及学生深度互动、合作建构、协同创作等提供了基础，有效地运用各种信息化教学工具，可以帮助教师降低教学难度，激发学生的学习兴趣，提高教学质量。

视频：信息化
教学工具概述

一、信息化教学工具的概念

信息化教学工具是教师和学生为了与学习环境要素进行有效互动而使用的手段，是为了学习活动有效进行而参与到学习活动中并在其中担负一定认知支持功能的计算机软件。

信息化教学工具往往表现为学科教学工具软件、学习工具软件，是为了帮助学生理解、分析、建构知识而设计的各种学习支架、建模工具、仿真模拟软件等。与一般的教学课件不同，信息化教学工具一般不直接呈现教学内容、提供教学策略，而是为教学活动提供功能性的支持。

二、信息化教学工具的功能特点

有效应用信息化教学工具能够改进教学效果，尤其是在促进学生高阶思维能力发展和有意义学习方面，具有非常积极的作用。信息化教学工具主要具有以下功能特点：

（1）方便快捷，具有较强的针对性。信息化教学工具是针对某一学科、某一方面知识甚至是某一知识点而设计的，具有针对性强的特点，使用方便快捷。

（2）生动形象，具有较强的趣味性。信息化教学工具画面美观，声图并茂，能为学生的学习创造良好的情境，有助于激发学生的学习兴趣，使学生很容易进入学习状态。

（3）交互性强，支持知识建构。信息化教学工具具有很强的交互性，能够让学生充分地参与对整个学习过程的自我控制和安排，并帮助学生实现知识建构。

三、信息化教学工具的分类

信息化教学工具种类很多，从教学功能的角度分，常见的信息化教学工具主要包括以下几类：

（一）知识建构工具

建构主义认为学生掌握的知识不是由教师传授或灌输的，而是通过同化、顺应、平衡，在与学习伙伴的交流、对话、协商和讨论过程中，运用意义建构的方式获得的。在信息化环境下，有助于学生建构知识的工具平台非常多，如概念图工具可以培养学生的信息组织、意义建构能力，"作图""作曲"工具可以培养学生创作作品的能力，信息"集成"工具可以培养学生的信息组织、表达能力，网页开发工具有利于培养学生对信息的获取、甄别和组织能力。

（二）信息检索工具

在信息化社会中，学生能否占有信息、如何占有信息、占有信息的及时程度如何，直接影响其学习的效果。学生发现所需信息，是其获取及加工信息的基础与前提。在信息化学习环境下，信息正以惊人的速度增加，且日益复杂，学生需要借助信息检索工具如万维网、智能的信息搜索引擎获取信息和处理信息。

（三）协作交流工具

随着网络通信技术的发展，各种基于网络和计算机的同步和异步交流工具在学校中得到广泛运用，特别是 Web2.0 工具的涌现和不断发展，为协作学习提供了强有力的支持。利用这些强大的 Web2.0 工具，学生可以在个人自主学习的基础上，通过参与对话、讨论、协商等不同形式的协作学习活动，进一步完善和深化对研究问题的意义建构，从浏览者转变为主动参与者，培养独立思考能力、求异思维、创新能力和团队合作精神。

（四）情境探究工具

一定的社会行为总是离不开行为发生所依赖的情境。情境探究工具能为学生提供质疑的空间，把问题引向纵深，引导学生在问题情境中探究、发现，有助于加强学生对学习内容的理解，提高学生的学习能力。

（五）虚拟实验工具

很多概念的形成和规则的确立都是以具体的实验为基础的。在科学课程教学中，教师可通过虚拟实验工具，营造三维、逼真的实验情境，把具体的现象和抽象的概念联系起来，让学生在虚拟实验环境中动手操作、观察现象、读取数据、科学分析，培养学生的科学研究态度和能力，帮助学生掌握科学探索的方法与途径。

（六）统计评价工具

数字化学习资源提供各种类型的试题库，学生通过使用一些随机出现的、不同等级的测试题目，利用 SPSS 统计分析软件和学习反应信息分析系统，借助统计图表或 S–P（student–problem）表，可进行学习水平的自我评价。

思考讨论

　　应用搜索引擎搜索思维导图的教学应用案例（文科专业）或电子白板的教学应用案例（理科专业），了解这两个教学工具的特点，并分小组交流与讨论。

　　随着教育技术的发展与应用，目前中小学已经有很多实用性强的教学工具，如用于思维组织的思维导图工具 MindManager、用于概念教学的知识可视化（概念图）工具 Inspiration、用于几何教学的几何画板、用于科学实验探究的虚拟实验工具 PhET、各学科用于备课的教案编辑工具等。本章下文从教学实际需要出发，介绍一些常用的信息化教学工具的应用。

第二节　课堂互动教学工具

　　课堂互动能有效地调动课堂气氛，增加学生的课堂参与度。随着互联网教学的迅速发展，课堂互动形式越来越丰富多彩，这要求教师能利用各种课堂互动教学工具，构建能让学生更好地理解和掌握知识、提高学习兴趣的高效互动课堂，提高课堂教学效率。本节主要介绍电子白板。

　　电子白板是一种常用的备课、学习软件，操作简单，功能丰富、齐全，使用者可根据需要，自由选择语文、数学、英语、化学、物理、生物的教学工具及资源素材。电子白板提供课件制作、素材加工、页面管理、演示、互动等多种教学常用功能。常见的电子白板有希沃电子白板、智慧黑板电子白板等，下面以希沃白板 5 为例进行介绍。

一、希沃白板5的界面与功能

　　希沃白板 5 安装完毕，启动希沃白板 5，注册登录后即可进入电子白板开始使用界面。

　　点击 +新建课件 按钮，进入课件模板设置页面。用户可填写课件名称，挑选默认背景模板，将已有 PPT 导入，完成后即可直接进入希沃白板 5 的备课模式。具体操作为：在课件名称输入框右侧显示"√"时可设置课件名称，单击选中所需背景后，点击右下角的"新建"按钮，即可进入希沃白板 5 备课模式；点击左上角"导入

PPT"，可导入本地 PPT。

希沃白板 5 的备课界面主要由标题栏、工具栏、侧边栏、白板区域、属性面板构成，如图 3.1 所示。标题栏提供了新建课件、导出课件、帮助、关闭等功能；工具栏提供了文字、形状、多媒体、表格、课堂活动、思维导图等多种通用工具及学科工具；侧边栏显示页面的缩略图，可进行页面顺序调整、复制、粘贴、删除、修改页面布局等操作；白板区域展示课件内容；属性面板可对课件中的所有素材进行编辑，包括设置动画等。

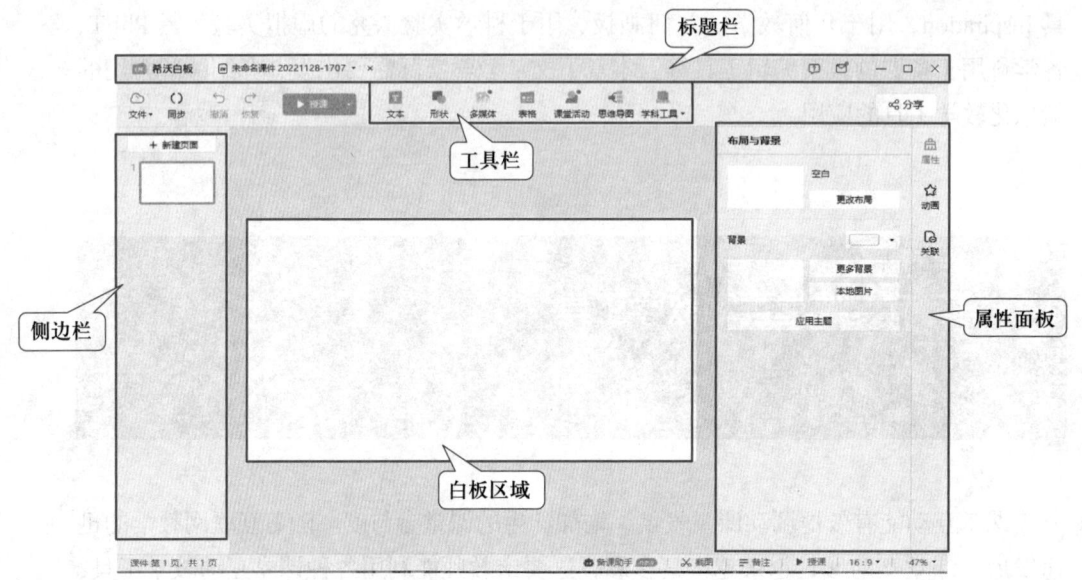

图 3.1　备课界面

希沃白板 5 具有以下功能：

（1）支持云课堂直播，实时分享知识。教师在电脑端创建直播课程，一键分享课程海报到微信；学生收到海报后，利用微信扫码就能立即进入在线课堂；通过答题、互动、操作课件，师生远程互动教学，实现知识无界传播。

（2）提供丰富的学科教学工具，包括拼音与古诗词、几何图形、数学公式与函数、化学方程式、星球、乐器等多学科内容的展示与互动教学工具。

（3）提供海量学科资源库，包括 5 000 多个课程视频、30 多万道题库、800 多个仿真实验等学科资源及互动游戏，覆盖小学、初中、高中主要学科近 20 000 份精品学科系列课件，支持电脑端及移动端一键预览及获取课件。

（4）支持双屏互动，多终端无缝切换。更新软件版本后，登录同一账号即可连接；手机可控制课件，进行打开、翻页、批注等操作，大屏同步显示画面；手机还可实现投屏、拍照上传、实时直播等功能，教师可灵活展示和点评学生的学习成果，呈现课堂细节。

二、希沃白板5的工具应用

希沃白板 5 是一款针对信息化教学需求设计的互动式多媒体教学平台，以多媒体交互白板工具为应用核心，提供云课件、素材加工、学科教学、课堂活动、思维导图等多种备课、授课的常用功能，并基于 K-12 各个学段提供了诸如汉字、拼音、几何、函数、公式、英汉字典、化学方程式、星球、画板等对应的学科工具。希沃白板 5 提供的功能模块包括以下几类：

（一）应用模式

1. 备课模式

教师在电脑端打开希沃白板 5，默认进入云课件界面；点击课件列表中的任一课件，进入该课件的备课模式，并可根据需要对课件进行编辑。教师将鼠标悬停到课件列表的课件上，该课件右侧出现"下载""分享""更多"图标，可点击进行操作。

下载：点击 ⬇ 下载按钮，打开保存路径选择弹框，在选中保存路径后点击保存，即可将云端课件下载到本地。

分享：点击 ⬗ 分享按钮即可实现课件的云分享，可以选择通过手机号码分享，进行一对一的课件发送，或通过提供链接实现一对多的课件分享。

更多：点击 ●●● 图标将弹出选项弹框，使用者可以对课件进行重命名、删除等操作。

2. 授课模式

点击备课模式下菜单栏的 ▶ 开始授课 ▾ 按钮可进入授课模式。教师在授课模式下可以移动元素对象、批注、手势擦除、使用放大镜、调出板中板、使用英汉字典、调用反馈器进行课堂点名及组织趣味抢答、插入本地文件、调用希沃授课助手等。

3. 桌面模式

在授课模式主界面点击 ↙ 最小化按钮，可将软件最小化到任务栏，进入希沃白板 5 桌面模式。在桌面模式下可以通过画笔工具 ✎ 和橡皮擦工具 ✐ 直接对打开的网页、文档、图片进行即时批注书写及擦除，同时也可通过左下角 ☰ 中的返回按键 ⬚ 实现 PPT 播放界面和希沃白板 5 板书界面的快速切换。

（二）课堂活动

希沃白板 5 的课堂活动工具涵盖分类题、填空题、配对题、判断题等趣味游戏场景题型。点击上方工具栏"课堂活动"，在弹出来的界面中选择教学需要的课堂活动，开始制作，然后点击应用即可，如图 3.2 所示。

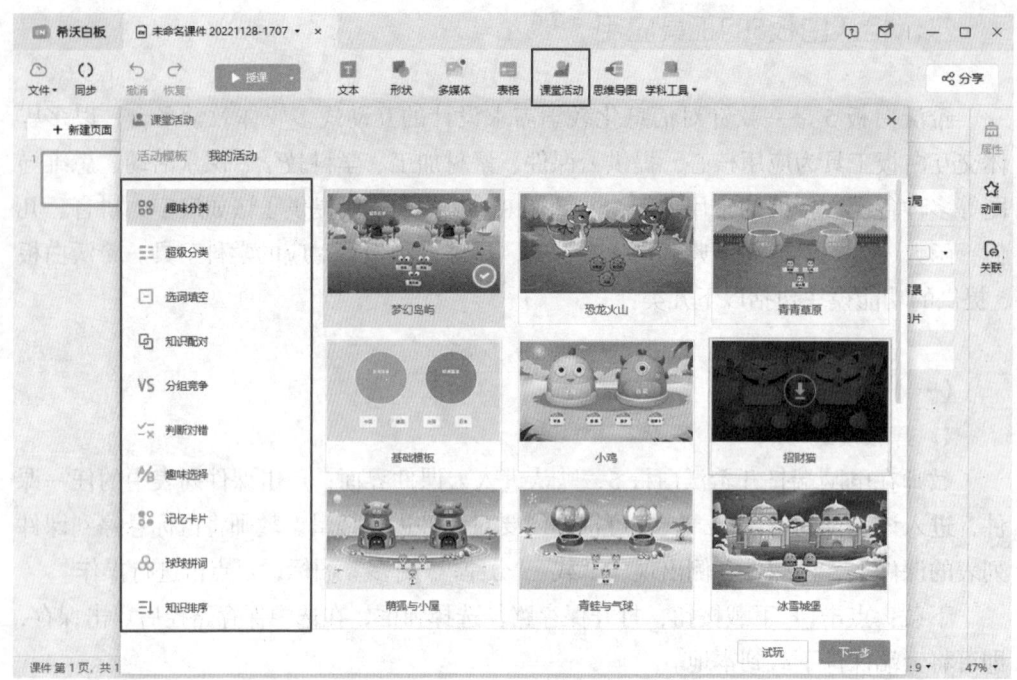

图 3.2　课堂活动工具

（三）思维导图

　　希沃白板 5 中的思维导图工具，可以帮助教师将思考的过程变得可视化，让学生跟上教师的思路，快速理解知识。选择思维导图工具，可直接在页面导入思维导图，选择树状图，直接在框内输入主题以及分支概念，可以在节点上下、左右任意添加分支主题，也可以点击鼠标右键选择删除主题。

（四）学科工具

　　希沃白板 5 根据不同学科的特点，充分考虑教师的教学需求，在工具栏中提供了覆盖大部分学科学段的工具。例如，语文学科工具包括"汉字""拼音""古诗词"，如图 3.3 所示，教师点击下载后可以直接使用。其中，选择"汉字"工具，可以直接输入所要教授的汉字，就能呈现该汉字的拼音、笔画、部首，并能连续或者分步呈现书写顺序；选择"拼音"工具，可以直接输入所要教授的拼音，并点击"声调"进行拼音声调的选择；选择"古诗词"，可以搜索并插入所要教授的古诗词作品，除呈现古诗原文外，还可以展开显示译文、作者介绍、古诗背景介绍等。

　　除语文学科工具外，还有数学、英语、化学等学科的工具，包括：几何、公式、函数、统计图表、听写、四线三格、化学方程式、元素周期、星球等。这些学科工具有利于减轻教师的备课负担，提升教师的备课、授课效率。

图 3.3　语文学科工具

第三节　线上视频教学工具

线上视频教学工具以互联网为基础，打破教学时空限制，提供多种教学手段与工具，为教师实现远程教学、学生开展网络学习提供有力支持，进一步推动互联网环境下的教学创新。本节重点介绍腾讯会议与钉钉两个软件的教学应用。

视频：线上视频教学工具

一、腾讯会议的应用

（一）腾讯会议介绍

腾讯会议是腾讯公司提供的一个基于互联网络的视频会议软件，单场会议支持最多 500 人在线，会议数量不限，使用者可以通过手机、平板电脑、个人电脑等终端使用，支持安卓、iOS、Windows、MacOS 多种系统，在开会过程中可播放 PPT、PDF、WORD 等多种类型的文件，实现桌面画面共享，有效支持在线教学的开展。

（二）腾讯会议的功能

1. 灵活的入会方式

腾讯会议支持全平台多终端运行，手机、平板电脑、个人电脑等均可接入会议。

2. 高清智能的会议体验

腾讯会议提供高清画质，智能降噪处理视频，支持对教师美颜和背景虚化等操作，能够为师生营造自然流畅的在线学习环境。

3. 互动高效的分享与直播

腾讯会议提供屏幕共享、白板等功能，便于教师播放课件、进行书写演示，也支持多种格式文档的在线协作。

4. 多样化的交流互动

在视频会议进行中，使用者可以同时使用文字在线交流、举手申请开麦、发送表情弹幕等功能，实现多途径的交流互动。

5. 安全有序的会议管理

会议主持人可以通过禁言、聊天设置等多个会议管控功能维持会议秩序。

（三）腾讯会议的基本操作

1. 下载安装并注册登录

在启动腾讯会议软件后，可使用手机号或微信号进行注册登录；登录成功后，可看到登录后的界面。点击头像，可以编辑修改自己的名称，名称将显示在会议成员列表中，建议认真准确地填写。

2. 快速创建会议

点击初始界面中"快速会议"按钮，可立即发起一场会议，不需要填写各种会议信息，教师可随时开展在线教学、在线辅导。在创建会议后，教师可点击"邀请"，在弹出会议邀请对话框后，即可复制并分享会议邀请链接，邀请他人加入会议。

3. 预定会议

教师在填写预定信息后就可以发起一个比较正式的会议了。教师可根据课程安排提前预定会议，在预定会议界面填写"会议主题""开始时间""结束时间""入会密码"等信息，如图3.4所示。当会议到达设定的"结束时间"时，系统并不会强制结束会议。

4. 参加他人组织发起的会议

点击初始界面中的"加入会议"按钮，或点击登录后界面中的"加入会议"按钮，进入"加入会议"页面，输入9位会议号、入会名称及密码，就可以快速加入会议了。

5. 开展会议授课

教师进入自建的腾讯会议，可以查看学生进入会议室的情况，与学生确认音视频、共享桌面的效果，并开展在线教学；课程结束后，点击"结束会议"即可下课。

（1）视频/音频直播功能。上课开始后，教师可开启摄像头、开启语音，与学生"面对面"交流讨论。

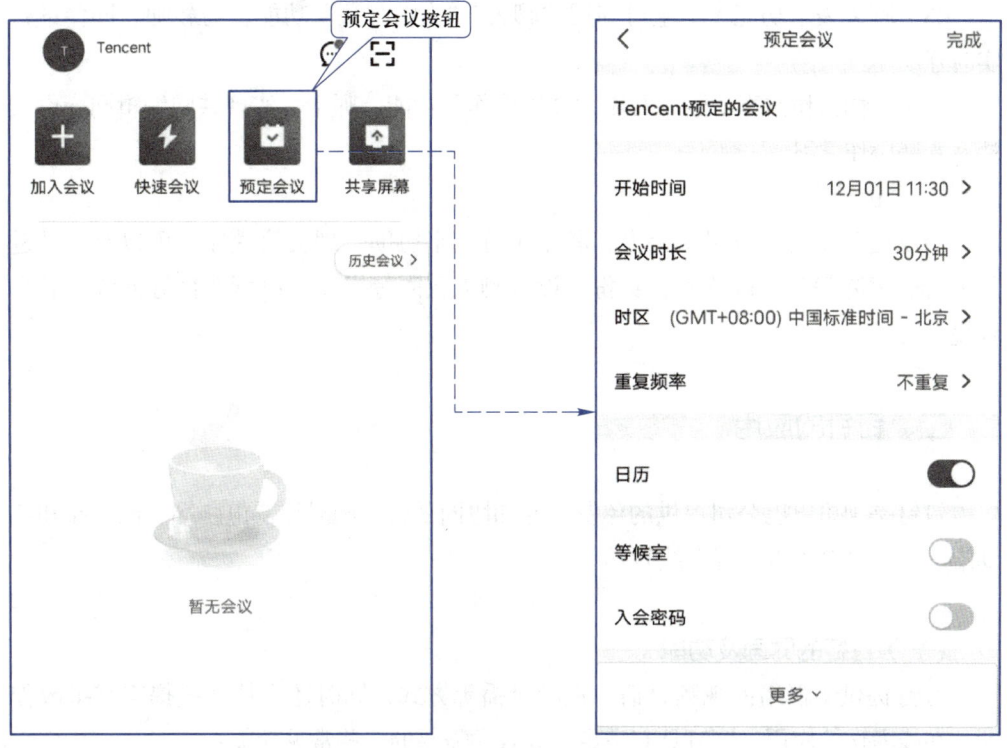

图 3.4　预定会议

（2）共享屏幕功能。在教学过程中教师可以使用"共享屏幕"功能，选择与学生共享的界面，将教师端的 PPT 页面实时传递到学生端，并可以使用"白板"进行实时批注。如图 3.5 所示。

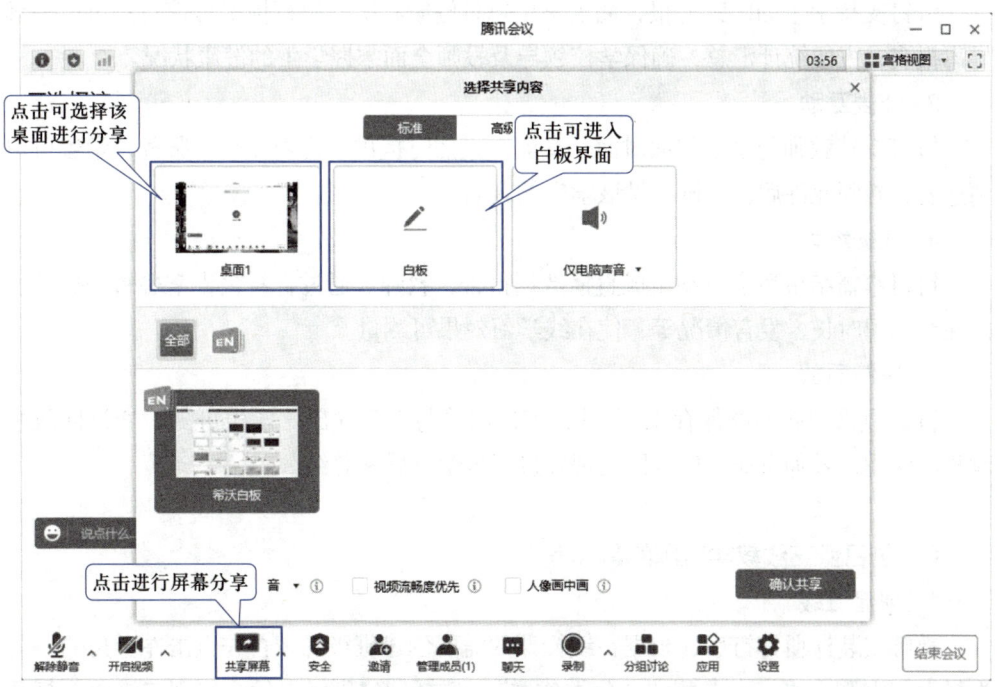

图 3.5　共享屏幕

（3）聊天表情功能。学生可利用"聊天""表情弹幕"功能，与教师、同伴进行实时互动。

（4）文档协作共享功能。利用"文档协作"功能，师生可实现共同编辑同一份文档，开展协作学习。

6. 会议管理

会议创建者可以设置主持人、联席主持人来协助管理会议秩序，可以对成员进行静音、解除静音、确认入会身份、设置聊天权限等操作，以营造良好的线上教学环境。

二、钉钉的应用

钉钉是阿里巴巴公司提供的免费沟通和协同平台，同时提供电脑端、网页端和移动端。应用钉钉可以实现在线教学。

（一）钉钉的界面及功能

钉钉提供了群组的视频直播、视频录播等方式，同时还支持在线提交与批改作业、在线考试等应用。钉钉具有满足在线教学需要的一些常见功能：

1. 应急通知

钉钉具有班级公告、全校通知、多渠道强提醒和查阅已读与未读功能，能够确保教学信息高效传递和统计，避免学生错过教师发布的通知。

2. 健康上报

钉钉支持学生的健康上报，涵盖学生每日健康状况、出行情况等信息；可以一键导出报表，方便统计汇总，确保学校领导及教师全面掌握学生的健康状况。

3. 连麦互动

钉钉支持教师与学生"面对面"交流，直播时提供"连麦互动"服务，学生可申请连麦，教师允许后，全班可见该学生的画面。

4. 数据统计

钉钉直播结束后会自动生成直播数据报告，教师可通过查看报告掌握每一位学生的在线学习时长、发言情况等，使在线学习效果可测量。

5. 录制回放

钉钉直播视频能够保存 12 个月，支持回放与下载导出。学生可随时通过回放视频复习课程，教师可通过反复回放视频进行教学反思和总结。

（二）钉钉在线教学应用的具体操作

1. 创建班级

教师安装注册钉钉后，根据在线授课的需要创建班级群。首先点击左上角的 ⊕，选择发起群聊，再点击右侧的"分类建群"；选择创建班级群后会出现二维码，打开手机端扫描二维码，设置班级基本信息、学段、年级、群名称以及所在学校等信息。在完成创建后，教师可通过发送链接、二维码等方式邀请学生或家长加入班级。

2. 创建直播

（1）选择群聊，发起直播。教师先在左侧选择对应班级群后在聊天界面及功能区中点击"直播" 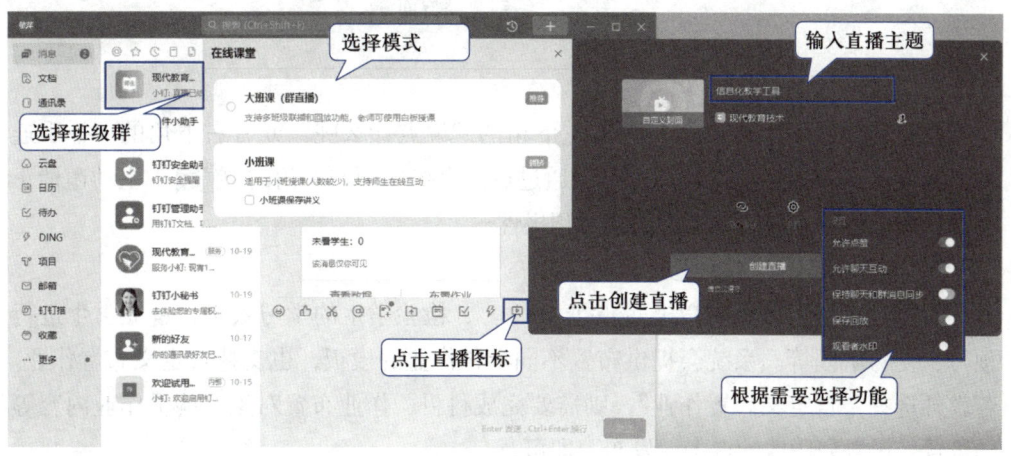 图标，发起直播。

（2）输入直播主题，选择模式。在发起直播后，教师需要选择直播模式，钉钉支持三种直播模式：一是摄像模式，适用于展示手写白板、纸质板书、教师讲课画面等；二是屏幕分享模式，适用于演示多媒体课件；三是专业模式，适用于同时展示多个窗口（摄像画面+课件+视频等）。

（3）选择直播功能。在选择合适的模式后，教师可根据需求选择相应的功能。钉钉提供三种直播功能：一是直播视频保存、回放，支持学生随时回放视频，复习课程；二是支持连麦，学生可申请连麦，教师允许后，全班可见该学生的画面；三是禁用点赞，开启后学生不可以对教师的直播进行点赞。在完成设置后，教师点击下方的 创建直播 即可完成直播创建。如图 3.6 所示。

图 3.6 创建直播

3. 直播准备

在创建完直播后，教师需要点击上方工具栏中的 摄像 和 声音设置 ，设置好摄像头以及麦克风，根据需要选择是否打开"多群联播""白板""互动面板"等工具，在选择完毕后点击"开始直播"，学生才能观看到画面，如图 3.7 所示。

4. 发起签到

直播时，教师可以在直播界面中发起签到，对学生进行考勤。发起签到的方式有两种：一种是点击"更多"，在下拉菜单中选择"发起签到"；另一种是在右侧的聊天区域，点击"发起签到"即可。

5. 直播授课

教师在直播中，可以点击界面左上方的工具，选择直播共享方式，如选择打开摄像头、屏幕分享、共享窗口、白板等方式进行直播共享；在左上方，可以再次对摄像头、麦克风等设置进行调整；在右上方，可以查看直播基本数据，如多少人在观看直播；在右下方，可以发送文字与学生进行互动，聊天信息会出现在信息显示区。

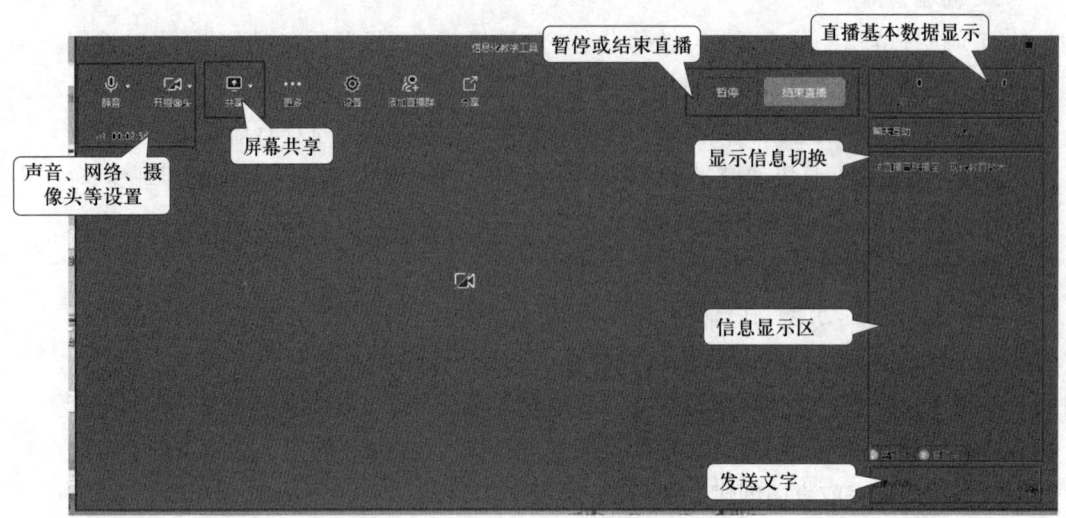

图 3.7　钉钉直播界面

6. 直播互动

在直播中，学生可以选择点击左下角的"说点什么呢"或者右下角的"举手连麦"等方式与教师互动；教师也可以通过点击直播界面右上角的 观看1 ，主动邀请正在观看的学生连麦，激发学生的学习积极性。

7. 布置任务

直播结束后，教师可以通过点击 布置作业 ，检验学生的学习效果，督促学生进行预习、复习巩固等。系统会提供布置不同学科作业的模板，也支持自定义布置作业。若教师选择"自定义布置作业"，则需要完成科目、作业布置对象、编辑作业内容等的设置，设置完毕后，点击"发布"即可。

8. 统计直播数据与回放视频

（1）统计直播数据。在直播结束后，系统会自动统计直播时长和观看人数等数据。教师点击 查看数据 ，系统会呈现详细的直播数据。

（2）回放视频。在直播结束后，教师和学生还可以在钉钉界面右侧方的便捷工具区中选择"群设置－直播回放"，回放视频。

第四节 学科辅助教学工具

学科辅助教学工具也是一种重要的、特殊的学科信息化教学资源，是实现信息技术与课程整合的重要基础。它是信息技术与课程整合的黏合剂、催化剂和加速剂。本节重点介绍思维导图工具、虚拟实验工具和教学评价工具。

一、思维导图工具

（一）思维导图的概念

思维导图又称心智图，由英国记忆之父托尼·巴赞（T. Buzan）发明，是一种革命性的思维工具。它是表达发散思维的有效图形思维工具，简单却极为有效。思维导图运用图文并茂的优势，把各级主题的关系用相互隶属与相关的层级图表现出来，把主题关键词与图像、颜色等建立记忆链接，充分运用人的左右脑的机能，利用人的记忆、阅读、思维的规律，协助人们在科学与艺术、逻辑与想象之间平衡发展，从而开启人类大脑的无限潜能。

思维导图常被教师应用于现代教学活动中，在教学应用中发挥着重要的作用，具体表现如下：

1. 作为选择、呈现教学内容的工具

思维导图可以帮助教师选择、深入分析教学内容，使教学内容更加全面，知识结构更加合理。教学内容的呈现与传递是教学过程中的关键环节，教师借助思维导图可以制作出结构清晰、形象生动、图文并茂的知识表征图形；可以在备课时厘清自己的构思，令教学过程更具有组织性，教学思路更加清晰。

2. 作为促进知识结构化的工具

思维导图可以用来支持学生对知识结构的分析，促进学生知识结构化，使学生更容易记住关键知识、概念之间的联系与区别。在总结或复习时，灵活使用思维导图可以帮助学生巩固知识。

3. 作为发散、创新思维能力培养的工具

思维导图呈现的是一个思维过程，学生可以借助思维导图来提高思维能力。学生运用思维导图的放射性思考方法，除了加速资料的累积外，还可以依据关联性将数据分层、分类管理，使各种信息的储存、管理及应用更加系统化，从而提高大脑运作的效率。

4. 作为促进学生意义学习的工具

利用思维导图可以把隐性知识显性化，用图直观地呈现知识，使学生看到知识、

概念之间的关系，在新知识与旧知识之间建立联系，通过同化和顺应过程实现认知结构的发展。

5. 作为学习评价的工具

利用思维导图可以检测学生的知识结构以及学生对知识之间相互关系的理解情况。教师通过学生绘制的思维导图可以了解学生对知识的意义建构，诊断学生是否有误解的概念，了解学生对知识的理解情况，进而分析影响教学效果的因素并提出改善措施。

（二）思维导图工具

常见的思维导图工具有 MindManager、XMind、Freemind、MindMapper、iMindMap 等，下面我们以 MindManager 9 为例介绍思维导图工具的应用。

1. MindManager的界面及功能

MindManager 9 安装完毕后启动，即进入工作界面。在该界面中可以新建一个空白图表，此时 MindManager 会使用默认的图标模板新建一个思维导图。Mindmanager 9 为用户提供了更多的模板，我们可以选择最合适的模板建立所需要的思维导图。

MindManager 9 的操作界面主要由标题栏、快速访问工具栏、菜单选项卡及其对应的工具栏、绘制区、素材库等部分组成，如图 3.8 所示。

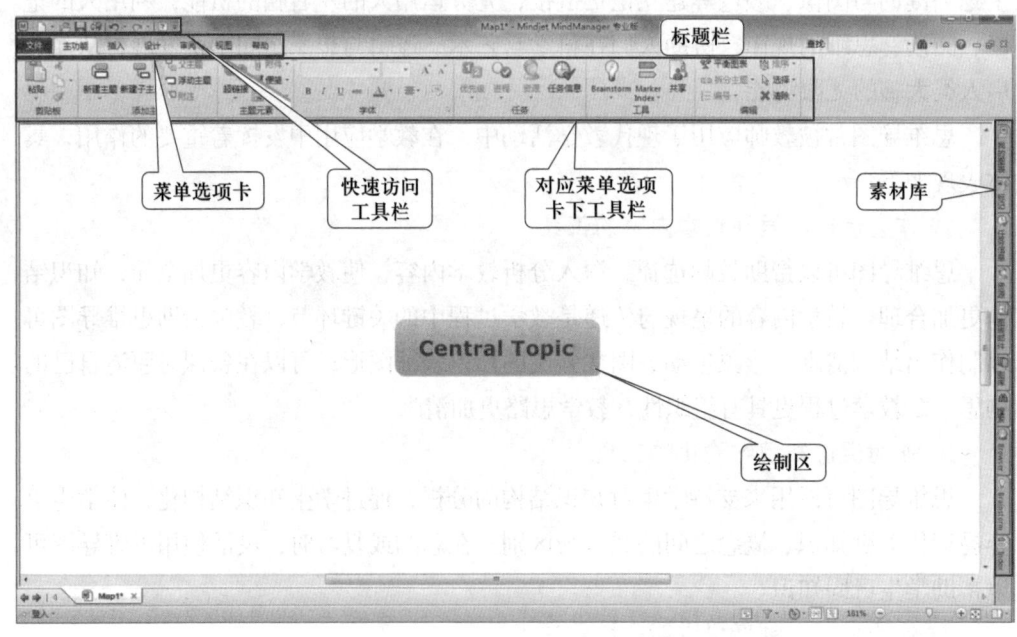

图 3.8 MindManager 的操作界面

MindManager 具有以下功能：

（1）可以插入图片、表格、多媒体、超链接等，运用 MindManager 设计好的思维导图能够以 JPG、DOC、PPT、PDF、HTML 等多种格式输出。

（2）界面直观，操作简单，初学者容易上手。只需在符号框中输入文字或者插入图片就可形成一个节点，节点之间自动连接。插入同级节点只需按"Enter"键，增加下一级节点按"Insert"键即可。

（3）提供丰富的素材库，包括各种基本图形、数字，涉及艺术、科学、文化、地理、食品、人物、技术以及娱乐等多个领域的多种彩色静态或动态图形符号。另外，用户也可以自己将新的素材导入素材库中。

（4）各个节点模仿人脑模型链接。用鼠标右键单击节点可以创建节点的超链接、设定图标等。各个节点可以超链接到不易被导入的媒体形式、程序或者互联网资源上。

2．MindManager教学应用案例

（1）用于整合教学资源

网络提供了海量教学资源，如何将众多的资源形成一个有效的体系，系统、有条理地呈现给学生，是信息化教学需要解决的一个基本问题。将资源归类、条理化，能够减轻学生的认知负担，在一定程度上消除学生对海量资源的畏怯感。思维导图工具可以作为一个资源的组织工具。借助 MindManager，可以通过节点创建与超链接功能，生动地呈现知识点之间的联系，并整合与知识点相对应的媒体资源，实现教学设计与教学素材整合，这在课堂教学中很实用。

例如，翻转课堂教学案例"三角形复习课"就可以用思维导图的方式建立相应的教学资源框架，然后链接对应的资源文件。如图 3.9 所示。

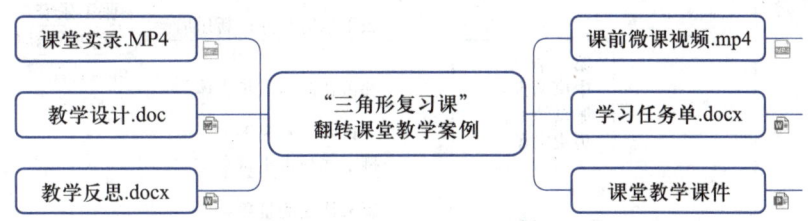

图 3.9　"三角形复习课"教学资源整合

（2）用于设计教学流程

思维导图工具能够将教学活动过程图形化、直观化，这有利于教师展示教学思路，把握教学过程和教学节奏。例如，"朦胧的灵魂之窗"一课的教学过程包括 6 个主要阶段：新课引入、概念形成、诠释关系、学习评价、总结反思、布置作业。借助 MindManager 设计的教学流程，如图 3.10 所示。

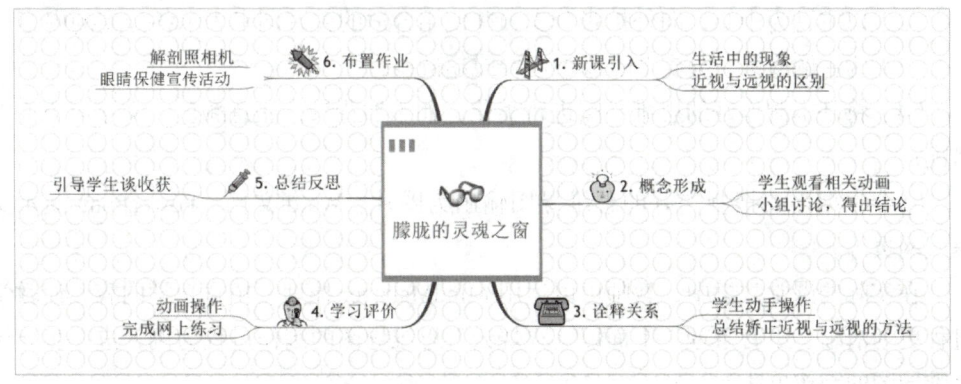

图 3.10　"朦胧的灵魂之窗"教学流程

（3）用于组织教学内容

思维导图具有图形化、直观化特征，可以应用于复杂教学内容体系的组织。如"唐诗鉴赏"一课的教学内容包括四节：步入顶峰的初唐诗、精彩纷呈的盛唐诗坛、中唐两大诗派及诸家的历史沿革、晚唐诗坛的余晖。借助 MindManager 对教学内容进行组织，如图 3.11 所示。

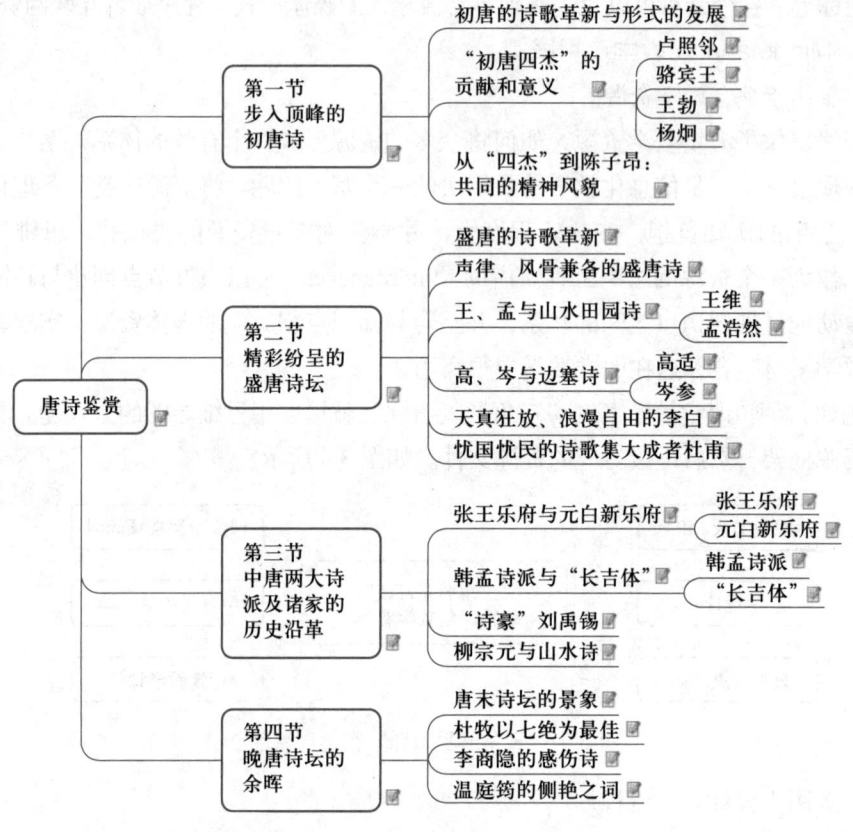

图 3.11 "唐诗鉴赏"教学内容组织

3. MindManager的具体操作

运用 MindManager 制作思维导图的基本步骤如下：

（1）确定主题，将主题置于中心位置，整个思维导图将围绕主题展开；

（2）以主题为中心，向外扩张分支，并使用合适的关键词来表示各分支的内容；

（3）为主题或某一分支节点添加注释或超链接；

（4）将基本制作好的思维导图进行美化，如添加背景，注意颜色、文字等方面的搭配；

（5）根据需要把制作好的思维导图输出为图片、Word 文档、PowerPoint 演示文稿或网页等。

在实际的课堂教学中，教师可以运用 MindManager 梳理、拓宽教学内容，使教学过程更为清晰、更有条理。下面以《火烧云》思维导图的制作过程为例，进一步介绍思维导图的制作方法。

《火烧云》是一篇描写傍晚景象的文章，作者以细致的观察、丰富的想象，生动地描绘火烧云颜色、形状的变化，展现大自然奇妙的景观。运用 MindManager 制作的《火烧云》思维导图应用于教学中，既可简化教学步骤，又能将精彩多样的资源形象地、有条理地呈现给学生。

（1）前期准备

确定主题为"火烧云"，根据教学流程设定四个子节点，即火烧云简介、作者简介、课文讲解、练习思考。依照课文内容与教学需要，大量搜集资源，包括图片、文本、音频、视频等素材和相关的课件。

（2）添加主题

运行 MindManager 软件，选择"文件—新建"命令，点击"New Blank Map"后，即可创建一个新的思维导图，并进入 MindManager 操作界面。选中 Central Topic ，输入"火烧云"字样后按"Enter"键，即可在绘制区完成主题的输入。

（3）以主题为中心，添加一级节点

以"火烧云"为中心向外扩张添加分支。选中 火烧云 后，按"Enter"键添加一级节点，在"Topic"里输入"1.火烧云简介"字样后，按"Enter"键确定输入。选中 火烧云 ，再次按"Enter"键添加下一个一级节点，在"Topic"里输入"2.作者简介"字样后，同样按"Enter"键确定输入。依此类推，直到完成四个一级节点的添加。最后，调整四个一级节点与主题节点的位置，建立初步的思维导图结构，如图 3.12 所示。

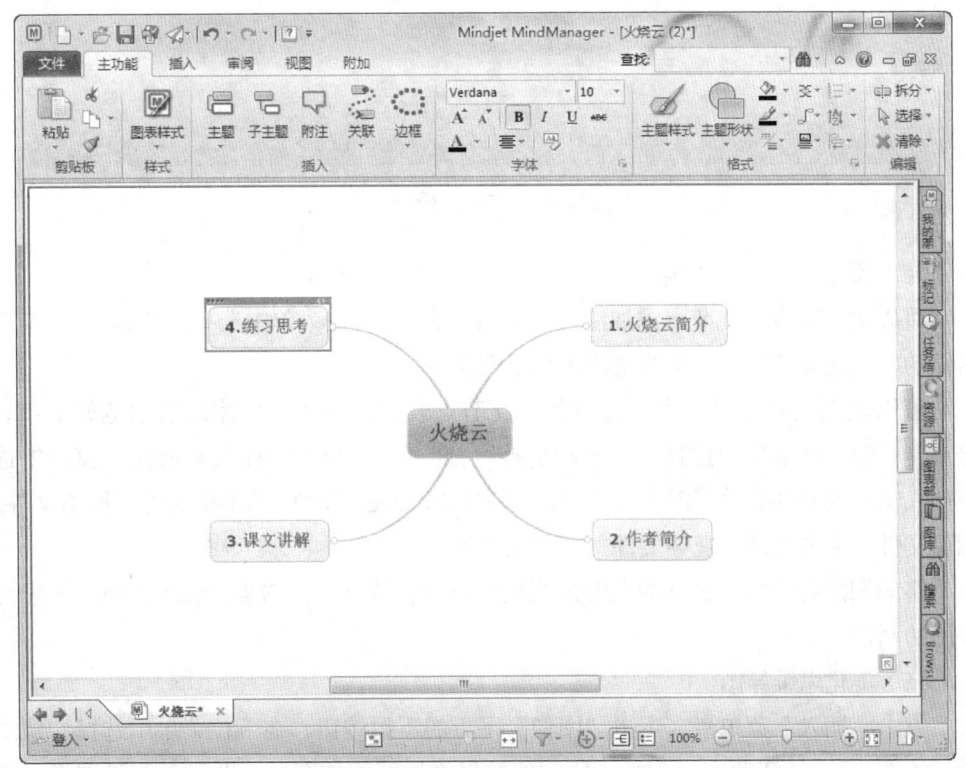

图 3.12　建立基本结构

（4）添加次级节点

选中 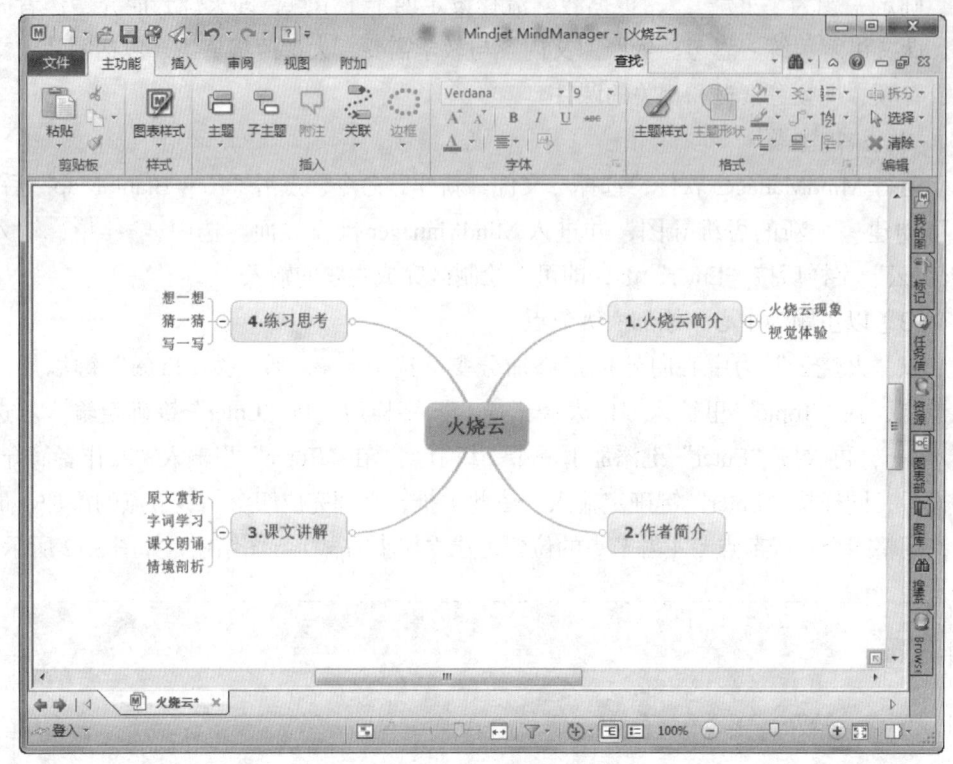，按键盘上的"Insert"键，增加第一个二级节点，在"Topic"里输入"火烧云现象"字样后，按"Enter"键确定输入。选中"火烧云现象"，再次按"Enter"键添加同级节点，在"Topic"里输入"视觉体验"字样，按"Enter"键确定输入。依此类推，直到将所有的二级目录添加完毕，如图 3.13 所示。

图 3.13　添加次级节点

（5）添加注释或超链接

可以为主题或各支节点添加注释。如右击 火烧云 ，在菜单中选择"便签"，在窗口右侧的"主题便签"窗口中为主题添加说明文字。

可以根据实际需要，为主题或各分支节点设置超链接。具体做法示范如下：右击 1.火烧云简介 ，在菜单中选择"插入超链接"，即可在弹出的"插入超链接"窗口中选择插入文件或文件夹等资源，文件可以是 MindManager 文件、Office 文件、网络文件、图像文件、文本文件、视频文件、音频文件等。

将前期准备阶段搜集到的资源恰当地整合到各节点上，初步完成《火烧云》思维导图的制作。

（6）美化思维导图

点击"插入"菜单栏，点击"图像"下方的下拉按钮，在下拉菜单中选择"从图库插入图像"，从资源库中为初步绘制好的思维导图添加图标、图像、背景图像、形状，使思维导图更生动、形象，如图 3.14 所示。

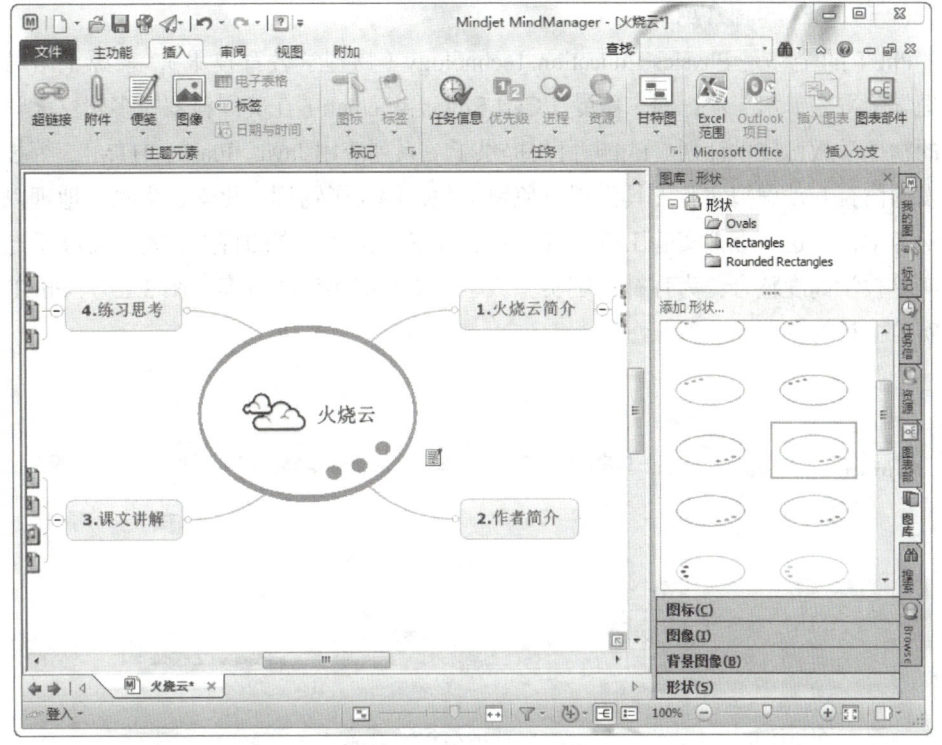

图 3.14　美化思维导图

右击任一节点，在菜单中选择"格式化主题"，可以改变思维导图中连线的颜色，调整图像与文本的位置。

（7）导出文件

绘制好的思维导图可以多种文件形式导出，如 PPT、JPG、DOC、HTML 等，导出的文件可以直接用于教学。选择"文件—另存为"命令，选择所需导出的格式，如 JPG、GIF、BMP 等，即可保存为图片。

技能学习

扫描二维码，观看"视频：MindManager 的基本操作"，学习 MindManager 软件的基本操作。

视频：MindManager 的基本操作

二、虚拟实验工具

运用基于计算机的虚拟实验工具，如虚拟实验室、模拟仿真工具、游戏化学习工具等开展教学活动是近些年来非常流行的一种教学方式，其目的是通过计算机的模拟环境使学生能够接触到知识的整个形成过程。应用虚拟实验工具开展教学，学生在教师的指导下开展探究与自主学习，有利于提高学生的探究能力。针对不同学科的虚拟实验工具很多，下面重点介绍虚拟实验工具 PhET 的应用。

（一）PhET 界面介绍

PhET 的全称是 Physics Education Technology（物理学教育技术），来源于诺贝尔物理学奖得主卡尔·埃德温·威曼（Carl Edwin Wieman）在美国科罗拉多州立大学发起的物理学教育技术计划。PhET 目前提供了一系列应用 Java、Flash、HTML5 等技术开发的仿真互动虚拟实验工具供用户免费下载，涵盖了物理、化学、生物、地理以及数学等学科。这些虚拟实验工具以其逼真、准确、交互性强的特点，将信息技术与课程实验教学高度整合，为弥补传统实验教学的不足提供解决方案。图 3.15 为 PhET 虚拟实验工具的界面。

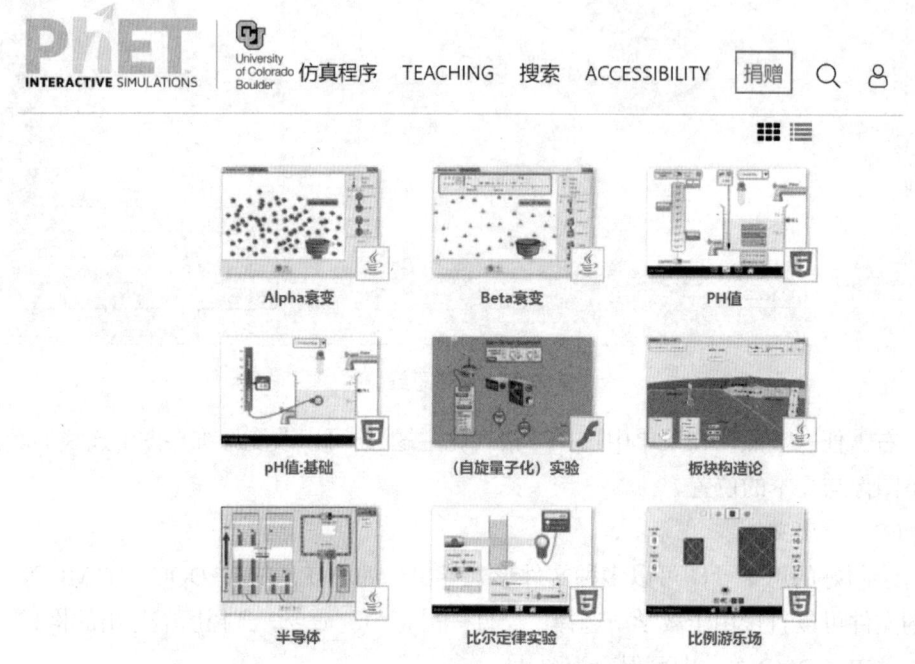

图 3.15　PhET 虚拟实验工具

（二）PhET 的功能

PhET 虚拟实验工具采用动画、图片、表格等方式呈现教学内容，使教学内容更加直观，更有利于学生的自主学习。如能量滑板竞技场实验工具展现的是人在滑板运动过程中因摩擦力而出现的动力能量变化的知识。学生可利用该工具进行自主探究，直观地观察能量变化的过程。

PhET 虚拟实验工具提供仿真的实验器材、近似真实的实验情境和真实的实验效果，便于师生进行实践操作。图 3.16 为 PhET 的仿真电路实验工具，该工具提供了导线、电阻、电池、灯泡、开关等一系列与电路实验相关的实验器材，师生可以利用这些器材进行各种直流、交流电路实验，并直观形象地观察直流电和交流电的电流流向。

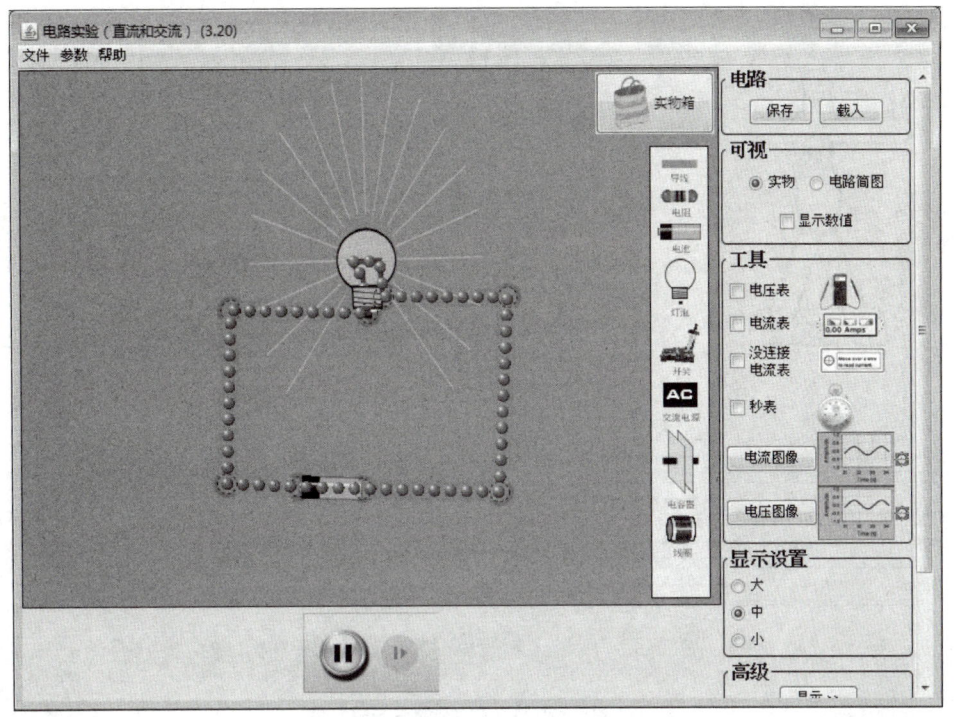

图 3.16　PhET 的仿真电路实验工具

　　PhET 虚拟实验工具提供的趣味互动可增强学生学习的积极性、主动性和参与度，促进学生对抽象知识的理解和应用，特别适合帮助学生理解枯燥抽象的概念和规律，观察天文现象，重复不同参数条件的实验等。如 PhET 的力和运动实验工具，该工具趣味性强，通过形象而富有趣味的动画增强学生参与的主动性，帮助学生理解"力"和"运动"等抽象知识。

（三）PhET 虚拟实验工具应用案例

　　PhET 虚拟实验工具提供了仿真的实验器材和近似真实的实验情境，便于师生的实践操作和趣味互动，有助于促进学生对抽象知识的理解和应用，增强学生学习的积极性与主动性。下面我们通过介绍"营养标示看仔细"案例，讲解 PhET 虚拟实验工具的教学应用。[①]

1. 案例简介

　　"营养标签看仔细"这个案例面向六年级学生，所属科目为科学与体育，采用的是互动学习工具支持的主题式探究教学模式（图 3.17）。

　　健康是人们生活中关注的重要主题之一，而饮食对健康有显著的影响。本案例来源于教学单元"吃得更健康"，其教学目标是"让学生了解营养标示的内容及意义、了解运动习惯和健康饮食的重要性，并能够运用营养标示的信息，选择营养、安全的食物以及合理的健身方式"。

――――――――――
① 陈江涛. 基于互动学习工具的探究教学模式研究［D］. 广州：华南师范大学，2012.

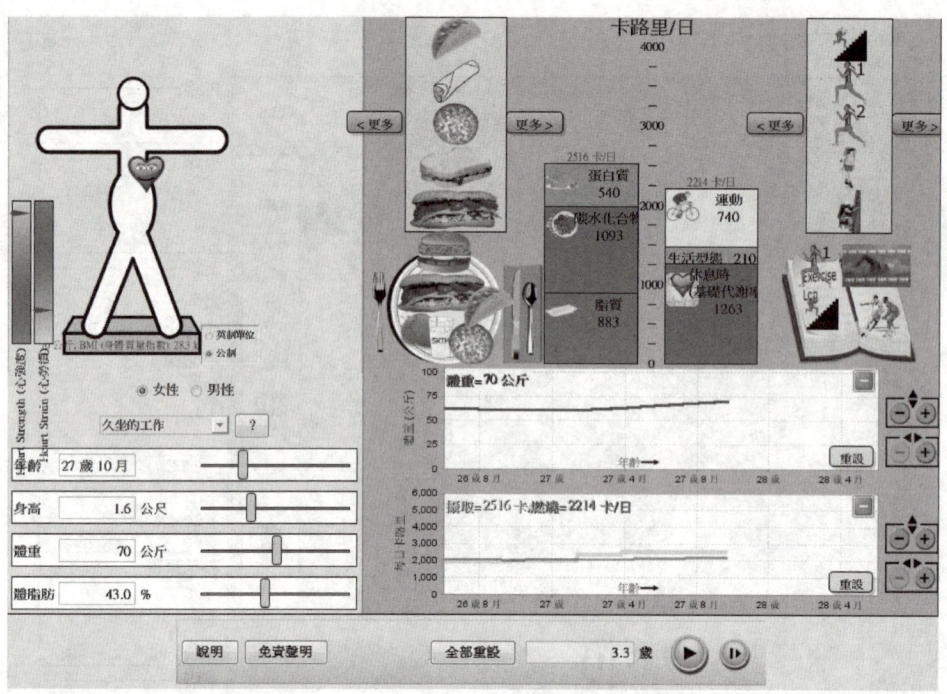

图 3.17　PhET 饮食与运动

2. 案例观摩

（1）创设情境，激发兴趣。在准备活动阶段，教师为学生展示带有"营养标示表"的饮料和食品，引起学生的注意。教师针对"营养标示表"的具体含义进行提问，激发学生的探究兴趣，紧接着教师进行小结：许多人买食品已养成看标示的习惯，但只看"制造日期""保存期限"，对营养标示却很少注意。

（2）确定主题，制订计划。在学生了解了营养标示表的基本含义之后，教师确定此次探究学习的主题为：健康饮食，快乐运动。围绕主题，确定要了解包括热量、蛋白质、脂肪、碳水化合物、钠在内的五项营养信息，并在此基础上进行食物热量的计算和运动消耗量的估算，形成科学严谨的探究计划。

（3）搜集信息，开展探究。有了明确的计划之后，学生利用网络就"每天该吃多少""如何避免摄入多余热量"等问题展开相关信息的搜集。接着，学生利用 PhET 虚拟实验工具"饮食与运动"（https://phet.colorado.edu/zh_CN/simulations/eating-and-exercise/credits）进行探究，教师与学生一起讨论生活饮食和运动习惯，找三位同学模拟一年后的情形。

（4）成果交流，评估反思。在针对主题开展丰富的探究活动后，学生对"健康饮食，快乐运动"这个主题已经有了较为全面的了解，也取得了不同形式的探究成果。一方面，教师引导学生对成果进行展示、讨论和交流，进一步加深对"健康饮食，快乐运动"主题的认识；另一方面，教师让每一位学生配合学习单和互动学习工具软件"饮食与运动"尝试拟定自己每天理想的饮食搭配与运动量。最后，学生进行本单元抢答测验游戏，对此次探究学习进行评估和反思。

3. 案例评析

"营养标示看仔细"这个案例的主题源于学生的真实生活情境，与学生的生活密切相关，所以有效地激发了学生的探究兴趣。该案例以学生现有的知识经验为基础，利用"饮食与运动"这一虚拟实验工具开展一系列的主题式研究，在"做"中学，打破了传统"满堂灌"的教学方法，充分体现了学生的主体地位，并且探究主题明确、流程清晰。"饮食与运动"虚拟实验工具知识点针对性强，虚拟实验情境生动、有趣，为学生的实验探究提供了便利。

三、教学评价工具

教学评价是教学过程中的一个重要环节，指依据一定的教学目标，借助一定的技术与工具，采用相应的评价方法，对教学过程及其结果进行测量，并作出价值性判断。教学评价对教学有导向、激励、诊断、调控等作用，它有助于引导评价对象朝理想目标前进；能激发学生的主观能动性；支持教学问题的发现、分析与诊断，促进教学相长；有助于教学的循环修正，进行及时有效的调控。

常见的教学评价工具有问卷星、Free Quizmaker、SPSS、电子档案袋等。SPSS是目前国际上流行的统计分析软件，具有强大的数据管理和分析功能，可以帮助教师进行科学有效的教学评价。电子档案袋以数字化的形式记录学生的学习档案，是对教育教学过程进行真实评价，注重评价发展性、反思性功能的一种有效的质性评价方式。下面主要通过介绍问卷星和 Free Quizmaker 来认识网络问卷工具和互动练习工具的应用。

（一）网络问卷工具的应用

利用网络问卷工具进行现状调查与在线考试已成为教育者开展教学评价的重要手段。目前市面上有问卷星、腾讯问卷等多种网络问卷工具，下面以问卷星为例，简单介绍其功能和操作应用。

1. 问卷星的界面及功能

问卷星是一个在线问卷调查、测试、投票平台，与传统调查方式相比，问卷星具有快捷、易用、低成本的优势，目前已被广大用户接受。

问卷星具有以下功能：

（1）支持多样化问卷类型的创建。目前问卷星支持创建的问卷类型有六种，其中包括教师常用的在线考试、线上投票以及网络调查。同时各类问卷均能多渠道推送与回收，并适配手机、平板电脑、个人电脑等终端，满足不同群体的多样化需求。

（2）提供便捷的问卷录入与编辑功能。问卷星支持题目批量添加、问卷文本导入等，能有效节省手动逐一录入题项的时间，提高工作效率；同时，针对每一类题型提供多种属性设置，如添加图片、说明文字，上下移动选项，按需增删选项等，提供的逻辑题目设计还能实现跳题、题目关联等功能。

（3）数据分析功能强大。问卷星提供实时、详细的数据反馈，其统计结果高度数量化与可视化，支持用户按需分享、下载和导出分析数据。其中，在线考试系统能实现系统自动阅卷、自定义成绩单等功能，减轻教师的工作量。

2. 问卷星的具体操作

《××小学教育信息化教学现状与需求调查问卷（教师问卷）》是一份为了对某校信息化教学现状与需求进行评价而设计的调查问卷。下面以该问卷为例，按照"问卷设计—问卷发布—数据分析"的流程，介绍利用问卷星制作调查问卷的基本步骤与要领。

（1）问卷设计

一是创建调查问卷。在问卷星首页界面点击 ✚创建问卷，选择问卷类型为"调查"。

二是添加并编辑题项。题项编辑界面主要分为五大区域（如图 3.18 所示），其对应的功能如下：题目类型区，按需选择所需题型；题目编辑区与选项编辑区，对题目与选项的内容、属性进行编辑；题目预览区，用户可在此区域实时查看题目设计情况；逻辑设置区，设置题与题之间的逻辑关系，如跳题、题目关联等。

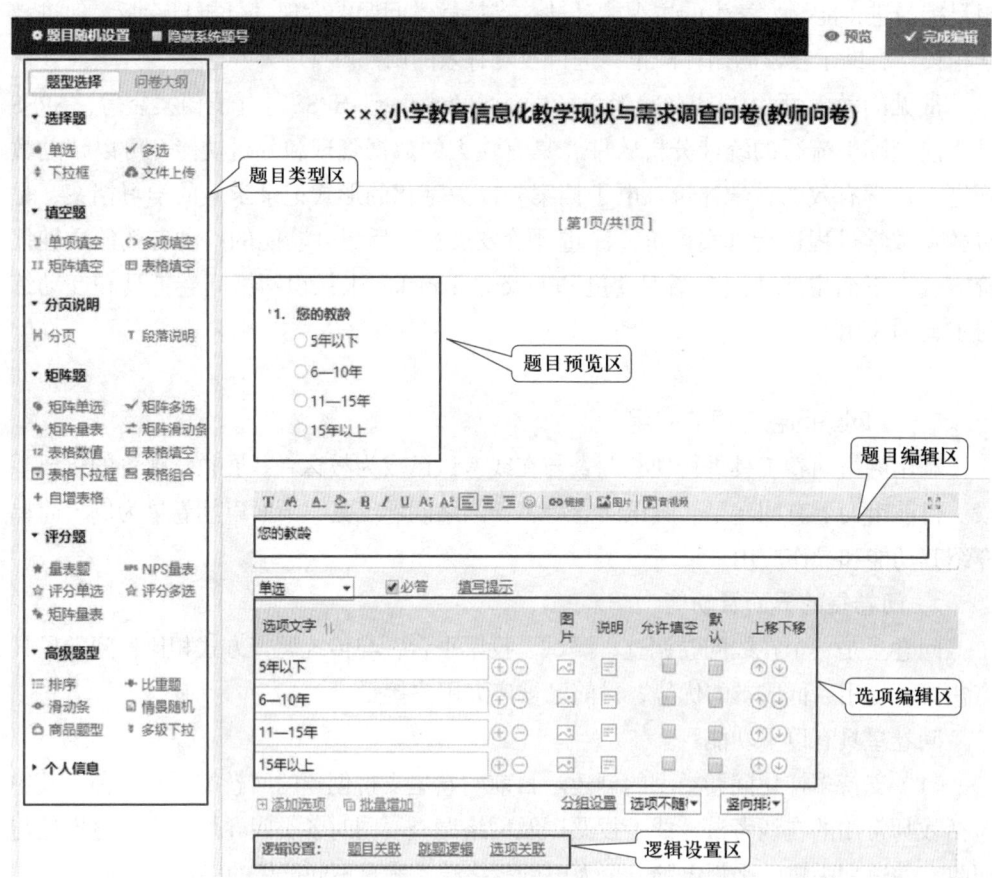

图 3.18　题项编辑页面

问卷星支持用户通过"批量添加"或"手动录入"的方式添加题项。

批量添加题项是一种快速录入问卷的方法，用户只需按照一定的格式要求，把相关题目与选项复制到"批量添加"面板中，系统就会自动识别内容，实现快速录入题项的效果。

若题目数量较少或未提前编辑好题项，用户也可以通过手动录入方式逐一录入题项。

问卷星支持创建的题型有选择题、填空题、矩阵题、评分题和高级题五类。

- 创建选择题

在题目类型区添加一道选择题，在题目编辑区编辑题目与选项内容。接着，根据需求对每一选项的属性进行修改，包括上传图片、添加说明、增加填空和移动选项顺序等。

- 创建填空题

在题目类型区选择填空题，在题目编辑区输入题目与选项内容；点击"属性验证"，针对每个空的属性进行验证。此外，可勾选"必答"框，确保参与者作答该题项。

- 创建矩阵题

在题目类型区选择矩阵题，输入题目内容，分别对竖向标题和横向标题进行编辑。在调查问卷中，一般以竖向标题表示不同的维度，以横向标题表示各维度的应用程度。

- 创建评分题

在题目类型区添加评分单选题，输入题目与选项内容，接着在分数下拉框中设置各个选项分值。同时，用户可在 5级量表 ▼ 下拉框中，按需改变量表级数。

- 创建高级题型

问卷星支持的"高级题型"类型较多，如排序题。在"高级题型"中选择排序题，输入题目与选项内容，并注意合理设置最少及最多可选项数。

三是完成编辑并预览。完成编辑后，点击 ⊙ 预览 查看问卷，用户可预览手机端和电脑端的界面情况。问卷检查无误后，点击 ✓ 完成编辑 ，进入问卷发布环节。

（2）问卷发布

在问卷星管理后台，找到相关问卷并点击 ⤴ 发送问卷 ▼ 。发布以后的问卷将生成问卷链接，将链接发送给填写者作答即可。

（3）数据分析

问卷填写结束后，在问卷星管理后台点击 ● 分析&下载 ▼ ，可对数据进行分析（如图 3.19 所示）。下面是常用的数据分析类型。

- 默认报告

点击"默认报告"，可查看各道题目的频次分析结果。点击页面下方的"柱状图"等按钮，按需选择数据呈现方式；点击左侧功能栏，可分享、下载报告或导出原始Excel 数据。

- 分类统计

点击"分类统计"，选择问卷中任意一道或多道选择题的选项作为分类依据。如以"您任教的学科"中的"语文"作为分类依据，可以得到关于语文学科教师的教育信息化教学现状与需求调查报告。

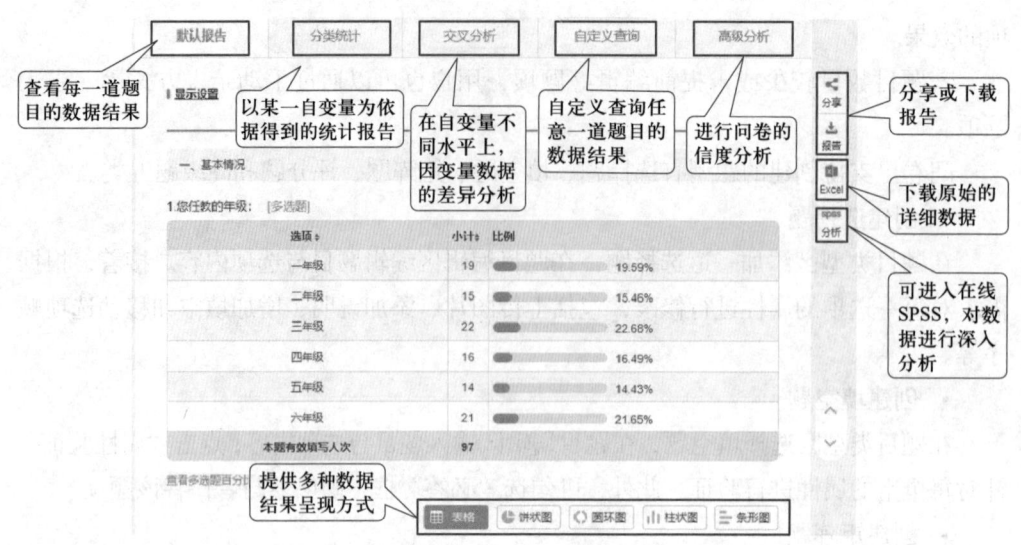

图 3.19 数据分析

- 交叉分析

进入"交叉分析"页面，分别选择自变量与因变量，点击 交叉分析 ，即可得到在不同自变量水平上因变量数据的差异分析结果。

- 自定义查询

点击"自定义查询"，在题目框输入题目名称，可快速查找相关题目及其数据结果。

- 高级分析

点击"高级分析"，可查看该问卷的信度系数值。问卷星以 Cronbach α 系数作为信度分析依据，一般此值大于 0.7 即表明问卷的信度较高。

（二）互动练习工具的应用

基于计算机的互动练习与即时反馈，是开展形成性评价的常见方式。通过互动练习工具，用户只需要把测试题目、答案按要求输入软件界面，经过简单的设置即可生成具有互动反馈功能的练习测试文件，文件的格式可以是 HTML 格式或 Flash 格式等。常用的互动练习工具有 Free Quizmaker。

1. Free Quizmaker界面及功能特点

Free Quizmake 是一款免费软件，能够用于制作交互式测试文件。图 3.20 为 Free Quizmaker 的操作界面。

Free Quizmaker 具有以下功能：

（1）管理和自定义测试

Free Quizmaker 能将问题整理放入问题库中，并随机从问题库里选择问题，打乱作答顺序，以保证每个测试者有不同的测试题；可根据测试者的回答组织分支结构情景，为每一个问题设置以结果为基础的自定义反馈信息，使问题和答案随机化；可控制测试时间和测试次数；支持快速浏览一个问题或整个测试，并可自定义文本标签和选择播放器配色方案；可为每一个测试者制作独立的 Flash（.swf）动画，也可将测试题打印出来以便用于纸质测试。

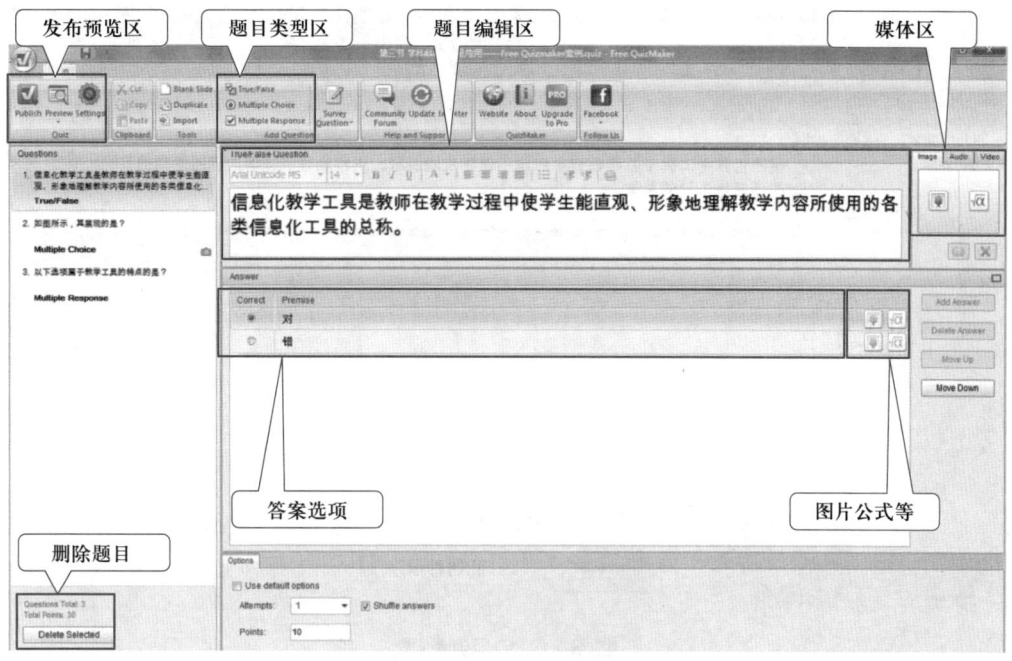

图 3.20　Free Quizmaker 的操作界面

（2）集图像、公式、音频和视频为一体

Free Quizmaker 允许加入图像、公式、音频和视频等文件，使每一个问题内容更为丰富，并支持在保存时自动将这些文件打包到问题中。

2. Free Quizmaker的具体操作

运用 Free Quizmaker 制作教学评价测验，不仅能很好地检测学生对课程内容的学习效果，同时因图片、音频、视频等素材的加入，问题变得更为灵活、丰富。下面以第三章"信息化教学工具"的教学评价为例，介绍利用 Free Quizmaker 制作测试题的基本步骤与要领。

（1）创建测试题

打开 Free Quizmaker，选择"Creat a New Graded Quiz"（创建一份新的测试题）。

（2）创建判断题

点击 Add Questions 上方的 True/False 按钮，创建一道判断题（如图 3.21 所示）。在题目内容区选择合适的字体、字号，编辑题目内容，接着在答案选项栏中编辑选项内容并设置问题的正确答案。Free Quizmaker 的设置是圆点所在选项为此题目的正确答案，该案例中的正确答案为"对"。

（3）创建单项选择题

点击 Add Questions 上方的 Multiple Choice 按钮，创建一道单项选择题。在题目内容区编辑题目内容，接着在答案选项栏中编辑选项内容并设置问题的正确答案，点击界面右边的 按钮，可插入图片，如该案例中插入一张运用概念图工具绘制的植物的图片，点击该图片可进行预览。Free Quizmaker 的一大功能是可在每一道题目以及选项中插入图片、音频、视频等媒体素材，使题目的呈现形式灵活丰富。

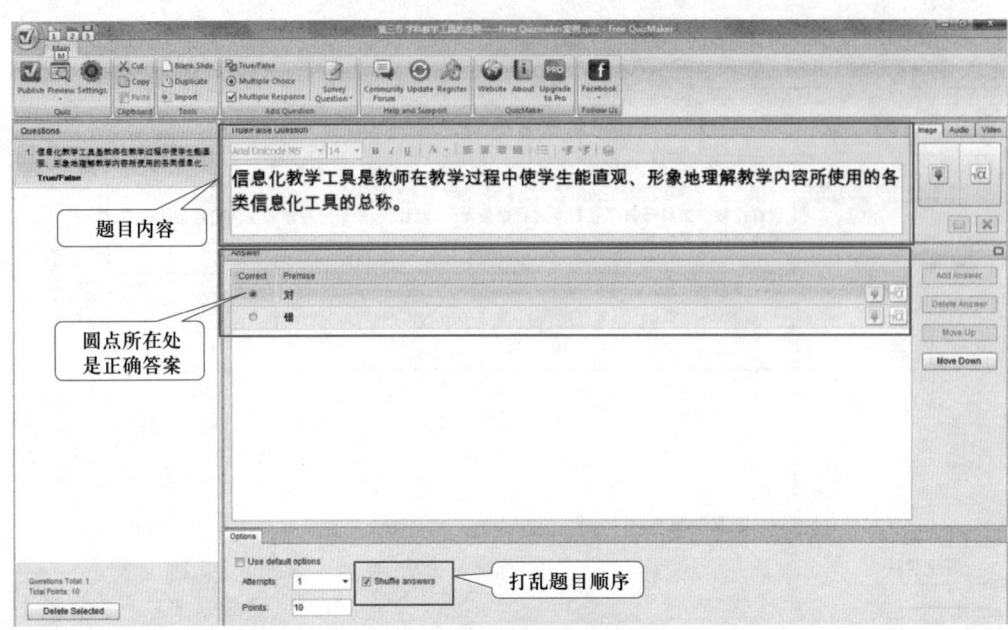

图 3.21 创建判断题

（4）创建多项选择题

点击 Add Questions 上方的 ☑ Multiple Response 按钮，创建一道多项选择题。在题目内容区编辑题目内容，接着在答案选项栏中编辑选项内容并设置问题的正确答案。

（5）发布测试题

点击 Add Questions 上方的 🖪 按钮，在弹出的窗口中，选择发布类型，编辑测试题名称并选择输出路径，最后点击 Publish 按钮，发布试题（如图 3.22 所示）。打开输出的 .swf 文件，便可进行测试。Free Quizmaker 会根据测试结果提供及时反馈。

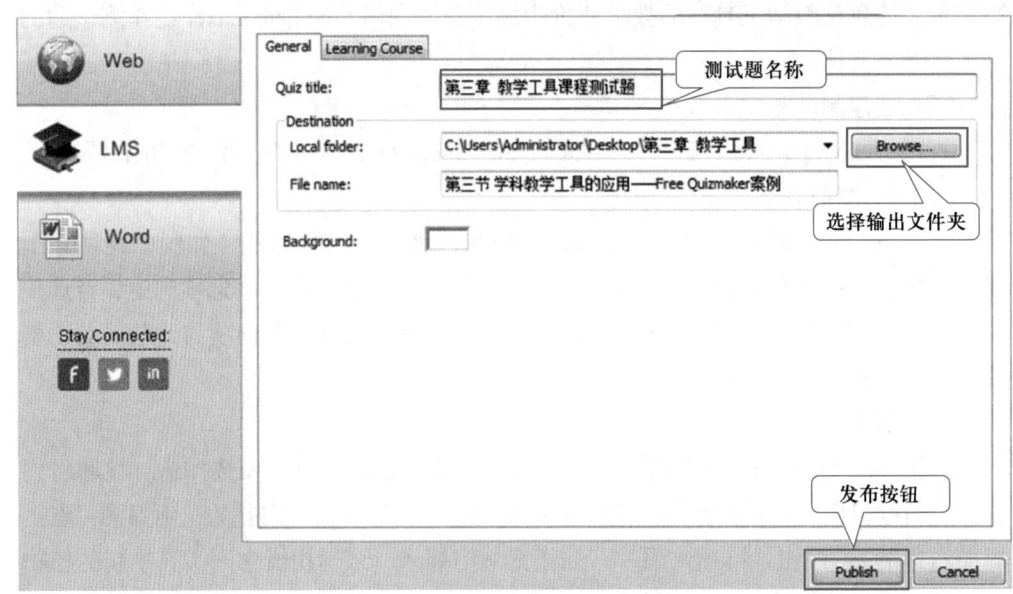

图 3.22 发布测试题

技能学习

　　扫描二维码，观看"视频：Free Quizmaker 的基本操作"，学习 Free Quizmaker 软件的基本操作。

视频：Free Quizmaker 的基本操作

第五节　教学管理工具

　　信息化教学管理作为教育信息化的重要组成部分，是以信息系统、数据资源、基础设施为基本要素，利用信息技术转变教学管理理念、创新教学管理方式、提高教学管理效率，支撑教学决策、管理和服务，推进教学变革的过程。本节重点介绍信息化教学管理工具支持的课程与学业表现管理、班级与学生发展管理。

一、课程与学业表现管理

（一）课程管理

　　课程管理一般指在现代课程理念和管理理念的指导下，充分结合课程内外需求，有目的、有计划地进行建设和实施，对各种要素妥善安排，使之达到预定教学目标的过程，管理范围包括课程目标、内容、实施、评价等全过程，以优质高效地达成课程目标。

　　信息时代的校本化课程管理在管理者角色、管理方式、课程设置和教学理念等方面都发生了转变，虽然在一定程度上给学校和教师等主体带来更大的工作压力和负担，对教师的专业素养提出更高的要求，但对学校创新课程实施、促进教师专业发展和学生综合素质的提高等都起到助推作用。

（二）学业表现管理

　　学业表现是学生在课业学习中表现出来的学习能力、学习行为、考试成绩、作业完成情况等可测量的行为结果，综合反映出学生知识、技能、情感、态度与价值观等方面的发展情况。有效的学业表现管理能够促进学生更好地进行学习活动，增强学习动机，提升学习质量，改善个人学习行为。本章主要介绍以下两类学业表现管理：学生作业管理、学生学习动机管理。

1. 学生作业管理

　　作业是学校课程教学的必要环节，是帮助学生巩固课堂所学知识、检测教学效果，提升学生认知诊断、问题解决、创新实践等学科素养的重要手段。

　　信息时代的平板电脑、点阵纸笔等技术融入课堂教学，为学生作业的信息化管理提供了良好的技术支持。这些信息化作业管理工具一方面能够支持教师自定义文字、语音、视频等多媒体形式的作业布置与可视化管理，突破了传统纸笔作业的形式，使作业更具个性、多样性与趣味性；另一方面能够突破时间与场地限制，兼顾个人与班级整体学习进度与学习能力，帮助教师提高作业设计水平，支持教师更加实时化、自动化、智能化、大规模地进行作业设计、布置、批阅、反馈与优化，大大提高工作效率，帮助学生提高完成作业的效率，定制更加贴近个人需求的作业。

2. 学生学习动机管理

学习动机是指学生引起并维持学习行为及其倾向的心理状态，它是学生学习需要、学习倾向、学习兴趣的根源。学生的学习动机包括兴趣、好奇心、学习归因、求知欲等因素，这些因素驱使学生从事学习活动。学习动机管理通过预判、维护、激发和监管学生的学习动机，探究学生学习动机的影响因素，采取一定的措施强化学生的积极学习动机，以提升学生的自主学习和终身学习能力。

传统的学生学习动机测量方法多以量表或者注意力检测任务来实现，随着脑电技术的进步，基于脑机接口（BCI）的认知负荷、注意力水平、情绪状态等高级思维的测量技术逐渐成熟，从而更好地支持对学生的学习动机管理。

（三）课程与学业表现管理工具

常见的课程与学业表现管理工具有课堂派、微助教、班级优化大师等，本节重点介绍课堂派的教学应用。

1. 课堂派的界面及功能

课堂派是一个高效在线课堂管理平台，为教师及学生提供便捷的课程管理、班级管理、作业在线批改、成绩汇总分析、课件分享、在线讨论等服务，帮助教师通过组织投票、测试等，进行随时的课中互动、考勤以及课堂表现的记录等，实现教师对课堂的随时掌控。课堂派具有以下功能：

（1）"听课"与"互动"无缝融合。课堂派支持课件在线讲解、标记疑问、在线发言、开启弹幕、抢答、提问、话题讨论、黑板、画笔标注课堂要点等，帮助实现高互动性的课堂教学；支持投票、拍照、评价等十一种互动题型，提供多种形式的互动测评，实时分析互动答题情况，实现教学效果的实时检测；支持多种课堂表现奖励方式，全过程记录学生参与课堂活动情况。

（2）混合教学全过程管理。课堂派支持作业在线批阅查重，提供单选、多选、填空、简答等十余种考试/测试题型，支持题库随机抽题组卷、限时考试、选项随机等，防止作弊。课堂派支持互动数据、平时成绩、期末成绩等各类学业表现数据的统计与汇总，并个性化配置成绩权重占比，形成可一键导出下载的数据报表，可视化实时监测教学质量，把控整体教学进度，进行学业预警分析，提升教学效果。

2. 课堂派的具体操作

（1）创建课程，开启课程

选择教师身份注册，登录后进入课堂，点击 `+ 创建/加入课程` ，选择"创建课程"，填写课程基本信息，完成课程创建，即可开启课程。

（2）课程管理

一是添加章节和内容（图3.23）。进入课程界面后，在"课堂教学"模块，点击 ＋添加章节 和 ＋添加内容 ，设置课程章节结构，选择授课模式，添加课程内容，完善课程。

二是上传课件，添加互动。在"互动课件"功能模块，点击 ＋添加互动课件 ，上传课件；点击互动课件中的 编辑试题，增加即时互动内容，让课堂互动起来；然后点击 发布课件，点击 开始上课。

图 3.23　添加课程章节

（3）课堂教学管理

一是课程内容和活动管理。授课时可点击课程授课界面（图3.24）右上角"课程内容"模块中的 ＋添加 ，可即时添加课程内容和课程活动，同时还可随时穿插教学资料、切换互动课件。

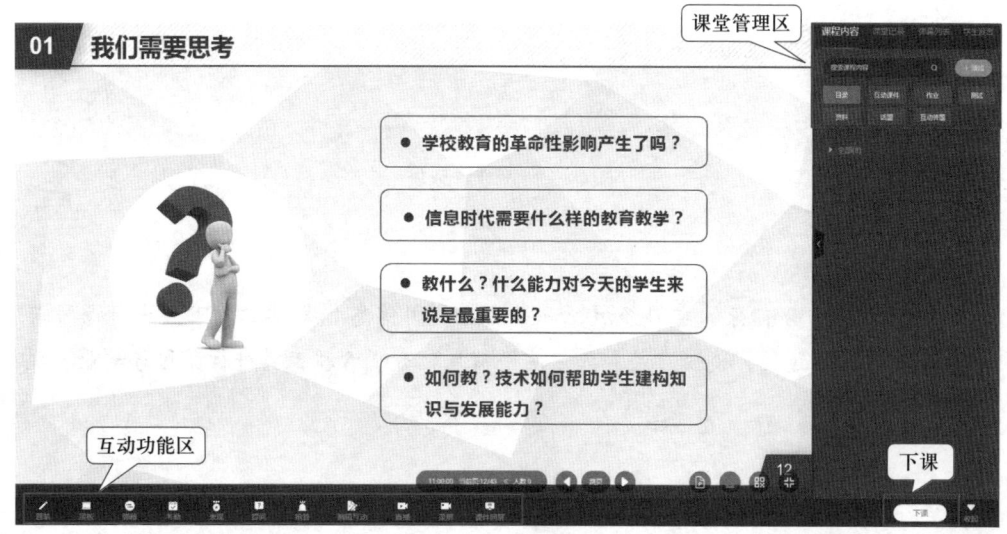

图 3.24　授课界面

二是课堂互动管理。授课时可充分利用授课界面下方的互动功能区，随时发起抢答、提问、考勤，进行随堂测验、投票、评价等，丰富课堂形式、激发学生动力；随时分析学生作业，测试，及时把握学生的知识掌握情况，让问题在课堂解决。

三是课堂表现管理。在授课界面下方的互动功能区点击 ，查看学生表现记录，对学生进行星星奖励，并查看学生的课堂表现统计情况，把握整体课堂教学情况及效果。

（4）成绩管理

"成绩管理"模块中包含作业成绩、测试成绩、平时成绩、期末成绩等各项学业成绩，可点击"总成绩"模块中的 ⚙ 总成绩加权设置，调整各项学业成绩的权重设置，一键生成总成绩；同时还可点击各成绩模块中的"下载 ×× 成绩"，下载成绩统计表，全方位了解学生的学业表现。

（5）课程达成度分析

在"课程达成度"模块（图 3.25），可以点击 ＋ 新增目标 ，设置本课程的各项课程目标，并在完成课程教学后，及时查看"达成度分析"结果，了解课程目标达成度情况，以便教师了解教学效果，反思教学过程。

图 3.25 课程达成度

思考讨论

请学习者结合自身的学习经历，分享教师利用信息化教学管理工具进行课程与学业表现管理的过程，谈谈自己会如何使用信息化教学管理工具进行课程与学业表现管理。

二、班级与学生发展管理

（一）班级管理

班级管理是一个动态过程，即教师根据教学目标和管理要求，对班级中的各种资源及活动等进行计划、组织、协调、控制，以实现育人目标的组织活动。班级管理既涉及课堂教学活动、课后实践活动、班级组织的课外活动、学生安全保障等显性因素，也包括学校校风、班级班风、学生心理健康、人际关系等隐性因素。[①] 其目的是凝聚班级力量，帮助学生从班级集体生活走向社会公共生活，融入公共生活场景，以实现学生身心全面健康发展。

随着信息技术的快速发展，信息化班级管理模式在信息技术的加持下实现了班级管理的数字化、智能化，极大提高了班级管理的效率，也为传统班级管理带来新的思路。本章主要介绍以下两类班级管理模式：班级评价管理和班级学生行为表现管理。

1. 班级评价管理

以往的班级评价管理多为班干部、班委会成员决策，评价的公平性难以保证。而在大数据的技术支持下，学生科目学习的强弱以及学习的喜好、兴趣和其日常活动表现等丰富的、多元的过程性数据能够被记录下来，智能算法能够对班级评价数据进行精准分析，从而更客观、全面地反映班级个体与整体的真实情况，为班级提供透明的、公平的、个性化的评价与管理方案，有效提升班级评价管理水平和效果。

2. 班级学生行为表现管理

传统的班级学生行为表现管理大多依据教师对学生平时的行为观察和班级活动记录，这种管理具有一定的主观性。教育管理者借助信息化管理平台，可以全面记录学生的日常行为活动，定期统计学生行为表现数据，及时发现班级管理的盲点，有效改善班级管理的策略，提高班级学生行为表现管理的水平和效率。

（二）学生发展管理

学生发展管理是在教师进行教学活动的过程中，对学生的学习、生活等发展方面进行系统监测与管理，对学生的学习情况、身心发展情况进行评估，分析影响学生发展水平的因素，提出改进方案，监测学生各学科领域的发展水平及核心素养，系统挖掘影响学生发展质量的关键因素，提供精准服务，提升教育质量。《国家义务教育质量监测方案（2021 年修订版）》等文件指出，要"围绕学生全面发展要求，重点监测学生德智体美劳教育质量状况"。

为更有效地对学生发展进行管理，很多地区的学校引入了学生电子成长档案，通过记录学生在校学习成长数据，包括考试成绩、作业情况、课堂表现、课程学分、考勤记录、个人健康情况及社会实践综合活动等，为教师针对学生实际情况进行因材施

---

① 张林. 小学班级管理的现状分析及改进对策［J］. 教学与管理，2017（3）：80-82.

教提供数据支持，同时也为家校互通提供参考数据①。

（三）班级与学生发展管理工具

信息化工具为班级与学生发展管理提供了新的思路。下面以希沃云班牌为例介绍班级与学生发展管理工具的应用。希沃云班牌具有满足班级与学生管理需要的一些常见功能：

1. 支持班级文化展现

"云班牌"作为新型的信息化设备能够代替传统的黑板报与橱窗展板等形式，成为班级文化建设的一扇重要窗口和动态信息化旗帜。教师可以引导或与学生共同根据班级需要，从新闻列表、相册轮播、学生课表等二十多种功能模块中，任意选择模块组建界面，制作个性化云班牌，如图 3.26 所示。同时，"云班牌"还支持班级风采照片上传、班级海报设计发布等，从而打造班级特色。

2. 提供实时、可视的班级评价

"云班牌"支持通过数据可视化和评价实时化来创新评价形式，随时随地开展教师评价与学生自评互评等多角色评价，并由系统自动汇总评分数据，将评分结果推送给学校管理者、教师、学生等，从而可视化地针对班级情况进行管理的查漏补缺与学生的行为改善。同时，"云班牌"还可支持班级荣誉榜单自动生成，通过评选优秀班级，让学生在积极的氛围下共同为班级争夺荣誉。

图 3.26　希沃云班牌界面

① 黄利华，周益发，程晓杰. 智慧校园 IS 服务平台应用探索与分析：以南昌大学附属中学 IS 平台为例 [J]. 中国电化教育，2017（9）：98-103，110.

3. 支持对学生发展进行管理

"云班牌"可以实时对接学校相关的数据管理系统，将学生的成长动态数据、学生的德育行为数据等上传到班级荣誉榜，从而营造积极、热烈的德育氛围，鼓励、引导学生向榜样看齐。

思考讨论

请学习者结合自身的学习经历，分享教师利用信息化教学管理工具进行班级与学生发展管理的过程，谈谈自己会如何使用信息化教学管理工具进行班级与学生发展管理。

本章要点

1. 信息化教学工具的应用有利于帮助学习者理解、分析、建构知识。常见的教学工具有知识建构工具、信息检索工具、协作交流工具、情境探究工具、虚拟实验工具、统计评价工具等。信息化教学工具的功能特点：方便快捷，具有较强的针对性；生动形象，具有较强的趣味性；交互性强，支持知识建构。

2. 各种课堂互动教学工具的应用，如电子白板，能有效地调动课堂气氛，增加学生的课堂参与度，构建能让学生更好地理解和掌握知识、提高学习兴趣的高效互动课堂，提高课堂教学效率。

3. 线上视频教学工具以互联网为基础，打破教学时空限制，提供多种教学手段与工具，为教师实现远程教学、学生开展网络学习提供有力支持，进一步推动互联网环境下的教学创新。

4. 学科辅助教学工具也是一种重要的、特殊的信息化教学资源，是实现信息技术与课程整合的重要基础。学科辅助教学工具主要包括思维导图工具、虚拟实验工具和教学评价工具。

5. 常见的教学管理有课程与学业表现管理、班级与学生发展管理。信息化教学管理工具的应用有利于教师、学生便捷、高效、精准地管理课程、学业表现、班级、学生发展等。

问题与思考

1. 信息化教学工具与一般教学课件有哪些异同点？
2. 如何结合线上视频教学工具与教学评价工具，有效开展基于网络的班级课堂教学？
3. 你认为虚拟实验工具能够替代真实的实验教学吗？你的理由是什么？

网络学习

请你结合"爱课程"网在线开放课程"现代教育技术应用"的教学视频资源，深刻把握本章介绍的各种信息化教学工具的功能，指出它们各自的优缺点与适用性，说说你的应用建议，并在小组中交流与讨论。

实践训练

综合实践一：

实践项目：应用希沃白板 5 实现课件制作

1. 实践任务

使用希沃白板 5，并结合本章所学的其他信息化教学工具，选择任一学科主题，制作一个教学课件（内含至少一个课堂互动教学游戏）。

2. 实践要求

（1）根据教学主题需要，至少选择 2 种本章介绍的信息化教学工具进行课件制作。

（2）设计科学合理的教学过程，清晰展现内容、教学游戏活动和教学评价活动。

（3）从如何选择合适的信息化教学工具进行教学设计等方面进行研讨，要求整合的教学资源丰富，符合学生的认知水平与兴趣。

（4）对任务完成过程中的有关问题进行研讨并解决。

3. 实践建议

课件制作可参考本章第二节的相关内容，教学活动设计可参考第五章第二节的相关内容。

综合实践二：

实践项目：应用问卷星设计一份调查问卷

1. 实践任务

使用问卷星设计一份调查问卷，调查主题自定，并对问卷调查数据进行分析。

2. 实践要求

（1）题型丰富，包括选择题、填空题、矩阵题、评分题、排序题等题型。

（2）完成问卷调查数据的收集，并对数据进行分析。

3. 实践建议

问卷星的操作和问卷设计可参考本章第四节的相关内容，完成该实践项目。

拓展资源

1. 信息化教学工具的使用网页 / 下载路径：

希沃白板 5：http://easinote.seewo.com

腾讯会议：https://meeting.qq.com/download-center.html?from=1001

钉钉课堂：https://www.dingtalk.com

MindManager：https://www.mindmanager.cn

Xmind：https://xmind.cn

PhET：https://phet.colorado.edu/zh_CN

问卷星：https://www.wjx.cn

Free Quizmaker：https://quizizz.com/home/quiz-maker?lng=zh-CN

微助教：https://portal.teachermate.com.cn

课堂派：https://www.ketangpai.com/#/homePage

班级优化大师：https://care.seewo.com/app/activity/guide

2. 请到中国知网（https://kns.cnki.net）搜索下载以下文章并阅读。

夏琪，曹梅，沈书生. 信息化工具切入教学的有效方式［J］. 现代教育技术，2017，27（7）：61-67.

这篇文章通过教学案例研究分析了师生运用信息化工具的方式、教师设计意图、学生认知层级之间的关系，指出信息化工具切入教学的有效方式包括三种：基于现实选择工具、教学并重活用工具、变革结构巧用工具，以期为中小学教师提供信息化教学设计的新思路。

第四章 信息化教学环境

当前，以多媒体与网络技术装备为基础的各种信息化教学环境已成为现代学校建设中不可或缺的组成部分。教育部明确要求学校的信息化教学环境建设要做到"三通"——宽带网络校校通、优质资源班班通、网络学习空间人人通。基于平板电脑、点阵纸笔和虚拟仿真环境等的新型信息化教学环境，突破了现实校园的时空限制，创新了课堂教学方式，成为现代教育实践与创新的重要内容。

知识地图

信息化教学环境
- 信息化教学环境概述
  - 信息化教学环境的含义
  - 信息化教学环境的特点
  - 信息化教学环境的组成
  - 典型的信息化教学环境
- 基于平板电脑的智慧课堂教学实践
  - 基于平板电脑的智慧课堂教学功能
  - 基于平板电脑的智慧课堂教学案例
- 基于点阵纸笔的互动教学实践
  - 基于点阵纸笔的互动课堂教学功能
  - 基于点阵纸笔的互动课堂教学案例
- 基于虚拟仿真环境的教学实践
  - 基于虚拟仿真环境的创新课堂教学功能
  - 基于虚拟仿真环境的创新课堂教学案例

学习目标

1. 理解信息化教学环境的含义、特点及组成。
2. 了解典型的信息化教学环境类型。
3. 掌握基于平板电脑的智慧课堂教学功能。
4. 理解基于点阵纸笔的互动课堂教学功能。
5. 了解基于虚拟仿真环境的创新课堂教学功能。

学习建议

1. 学习重点：基于平板电脑的智慧课堂教学实践、基于点阵纸笔的互动教学实践、基于虚拟仿真环境的教学实践。

2. 课前活动：学习本章的导学视频，了解本章的主要内容；在学习过程中，可以通过章节提供的教学案例来开展案例分析与问题研讨，理解和把握信息化教学环境对教学的支持。

3. 课后活动：复习巩固本章所学内容，完成实践项目，进一步加深对信息化教学环境与教学关系的理解。

导学视频：信息化教学环境

第一节 信息化教学环境概述

学校的信息化教学环境指运用现代教育理论和现代信息技术所创建的现代教学环境，是信息化教学活动赖以持续开展的前提与条件。目前，中小学普遍建设了多媒体教室、计算机教室、多功能阶梯教室、数字校园网等不同层次的信息化教学环境，为信息化教学活动的开展奠定了良好的基础。

视频：信息化教学环境的基本概念

一、信息化教学环境的含义

环境是指主体周围与其密切相关的一切要素所构成的体系。《教育大辞典》将教学环境定义为：影响教学活动的各种外部条件。教学环境一般可以看成影响教学活动的各种情况和条件的总和，包括物质基础环境、教学资源环境和人文性环境三部分。物质基础环境主要包括教学仪器、设备、教室内外等物理设施；教学资源环境包括教学资源、教学工具、教学媒体、教学网络平台、资源库和题库等；人文性环境包括教育理念、教学氛围、学习习惯、管理规范、人际交往氛围以及心理适应等。

信息化教学环境是在现代教育理论指导下，充分运用现代信息技术建立起来的现代教学环境，它能实现教学信息获取途径和呈现方式的多样化，有利于学生开展自主学习及协作学习。信息化教学环境是开展多媒体教学、网络化教学的基础条件。

随着新技术的普及与应用，新型的教学环境不断涌现。例如，借助物联网、传感设备等技术，形成能够为教学过程提供更加人性化与智能化的智慧教室、智慧校园，形成能够提供虚拟仿真、增强现实教学功能的实验室，等等。

二、信息化教学环境的特点

信息化教学环境不仅提供了现代化的教学手段、教学工具，还赋予了教学实践活动新的内涵与特征，变革了教学内容呈现、教学进程、师生互动、教学组织管理等环节。信息化教学环境具有以下基本特点。

（一）教学内容呈现多媒体化

信息化教学环境中的教学资源种类丰富，除文本信息外，还包括大量的非文本信息，如图形、图像、音频、视频和动画等。它们以非线性方式有效地整合在一起，为教师提供更加生动、直观和形象的教学信息，为学生提供更加丰富的感官刺激。

（二）师生互动多样化

信息化教学环境能够为师生提供多渠道、多方式的交互途径。通过网络交流工具，学生可以在学习过程中与教师进行实时交流或非实时交流，交流方式还可以是除文字以外的语音或视频等。

（三）教学空间网络化

网络化的教学空间让教学活动不再局限于课堂和学校，师生可以随时、随地开展教学与互动。网络化教学空间的建设，为学习者提供了一个基于建构主义的学习环境，有利于创设学习情境、加强协商与对话、促进知识建构。因此，教育部在推进教育信息化工作中明确提出，各中小学的信息化环境建设要做到"网络学习空间人人通"，即每位师生都要享有个性化、多元化、资源丰富的网络学习空间，以推动学生转变学习方式。

（四）教学资源共建共享

信息化教学资源能够通过网络实现快速、方便、高效地复制与共享，为教育信息的传播提供前所未有的便利。目前，很多中小学都已建立了教学资源库、教师集体备课的网络共享空间、课程的网络教学平台等，有效地推动了信息化教学资源的共建共享，提高了教学资源的利用率。

（五）教学组织方式多元化

各种新型的课程教学方式突破学校教学时空的局限，推动学校的教学模式由封闭走向开放。在教学组织方式上，从结构化良好的封闭式课程教学逐步发展到半开放的混合式课程教学、完全开放的社会化课程教学，教学时空、师生关系进一步多元化。例如，翻转课堂拓宽了课堂的教学时空，构建了一个半开放式的教学系统；基于慕课的学习则是完全依赖网络的社会化学习，也是基于自组织的深度协作式、开放式学习。

（六）管理过程信息化

信息化教学环境能够利用各种过程感知与数据采集技术，辅助教育管理者和教学者对学生进行自动化监控，帮助学生进行自动化管理，提供智能化服务。同时，信息化教学环境可以有效地融入数据感知技术、数据挖掘技术、专家系统和智能代理等技术，通过模拟教育者进行自动化分析、判断和决策，使教育管理更加高效。

三、信息化教学环境的组成

信息化教学环境往往是由多种技术与产品集成的。学校的信息化教学环境一般都集成了数字化教学内容与资源、媒体播放设备、学习终端、集成控制技术、网络通信技术、虚拟仿真技术等要素，为师生提供了一个高度整合、功能强大的教育信息存储、加工处理、播放展示、交互操作的系统环境，各要素作用如下：

（一）数字化教学内容与资源

数字化教学内容与资源主要指可以在多媒体计算机上或网络环境下运行的、经过数字化处理的多媒体教学材料，如文本、音频、视频、图像、动画、网页、邮件、数据库等。优质数字资源的共建共享和教学应用是数字校园建设的重要内容，丰富的数字化教学内容与资源是学校开展信息化教学的基础和条件。

（二）媒体播放设备

媒体播放设备主要用来播放存储于本地的多媒体素材或者在线的音频、视频、动画等媒体资源。例如，在网络教学中，媒体播放设备可帮助学生浏览服务端的各种数字化教学内容与资源。目前，应用于中小学的媒体播放设备丰富多样，常见的有多媒体计算机、平板电脑、电子白板等。

（三）学习终端

学习终端就是学生在数字化学习的过程中，为获取数字化教学内容与资源而使用的电子设备，如计算机、平板电脑、电子书包、智能手机等。随着技术的发展，应用于教学的学习终端种类越来越丰富。

（四）集成控制技术

各种信息化的设备需要有效集成和控制，形成一个协同工作的教学系统。例如，多媒体教室的中控平台，就是一个集中控制管理多媒体教学设备的中央控制设备。信息化教学环境的建设应尽量采用符合国家和行业相关标准的技术与设备，以便实现各系统之间的高效集成、数据共享以及协同操作。

（五）网络通信技术

网络通信技术是通过计算机和网络通信设备对图形和文字等形式的资料进行采集、存储、处理和传输等，使信息资源达到充分共享的技术。良好的网络环境是实现优质教育资源高效共享的重要基础。目前，很多学校的校园网络环境日趋完善，为开展网络环境下的各种教学活动奠定了技术基础，师生可以方便地利用网络实现数字化教学内容与资源访问、教学互动与交流等。

（六）虚拟仿真技术

虚拟仿真技术是在多媒体技术、虚拟现实技术与网络通信技术等信息科技发展的基础上，将仿真技术与虚拟现实技术相结合的产物。通过虚拟仿真技术，教师可以和学生一起经历虚拟情境，学生一边观察，教师一边讲解；教师也可以让学生自己利用虚拟景物、虚拟环境等进行仔细观察、自主学习，进而理解有关的概念及知识。这种基于虚拟景物和虚拟环境的交互式学习，能有效发挥学生的主观能动性，使学生真正参与教学活动，成为学习的主体，保持较高的学习热情，发挥空间想象力。

四、典型的信息化教学环境

（一）多媒体教室

多媒体教室是指将多种教学媒体播放、控制、管理的技术与设备集成在同一教室内，以利于开展多媒体组合教学活动的教学环境，它是当前许多学校开展课堂教学活动的主要场所。学校中的多媒体教室既包括传统教学媒体（如黑板、白板、书本、挂图、模型、标本等），也包括各种现代教学媒体（如幻灯、投影、扩音、录音、多媒体计算机等）。教师根据一定的教学设计理念，将多媒体教室中的各种教学媒体按照媒体特性优化组合，组织开展教学活动。

（二）计算机教室

学校的计算机教室一般用于"信息技术"课程教学、语言教学（集成语言教学功能的语音室）和其他学科的试验性教学。计算机教室除了具备多媒体教室的基本设备与功能外，还提供多媒体学生机、教师机和配套的应用软件等。目前的计算机教室通过集成这些硬件、软件，可以实现以下教学功能：

1. 屏幕广播

屏幕广播功能主要用于将教师机的计算机屏幕画面实时显示给全体、群组或单个的学生观看，学生可以在自己的计算机屏幕上看到教师的操作，同时可以通过耳机听到教师的讲解。

2. 学生示范

学生进行操作，并将操作的过程和结果以及相应的语音传送到其他学生处。同时，教师还可以对学生的操作过程和结果进行监控。

3. 屏幕监视

教师可以实时监控一个或多个学生的计算机屏幕，而不影响学生的正常使用。

4. 遥控辅导

教师可以远程控制学生的键盘和鼠标，进行相应的计算机操作。在遥控辅导中，教师可以实时监控被遥控学生的计算机屏幕，并可以同被遥控学生进行双向交谈。

5. 电子举手

学生若有问题，可通过"电子举手"示意，教师只要坐在教师机前将学生屏幕切换到教师屏幕上，便可帮其发现问题，并可通过话筒对话和屏幕演示进行一对一的辅导。

6. 分组讨论

教师可以对教室内的学生进行任意分组，每个小组的学生通过语音、网上交流等方式进行分组讨论。

（三）智慧教室

智慧教室（smart classroom）是近年来一些学校开始探索建设的新型教学环境，它是多媒体和网络教室的高端形态，是将创新型教育形式和现代化教学手段进行有机融合，为课堂参与者提供丰富教学体验、即时教学反馈、个性资源匹配、科学评价的完整教学系统。

借助智能学习终端实现的智慧教室，整合了交互式大屏幕显示设备、学生学习终端等设备，融合智慧课堂互动系统、智能录播系统，能够为课堂活动提供拍照上传、屏幕广播、截屏提问、即时统计答题结果、资源共享等教学功能，实现师生"课前预习与学情分析—课中教学深度互动—课后个性化辅导答疑"教学全过程的智慧教学支持。图 4.1 是一个典型的智慧教室。

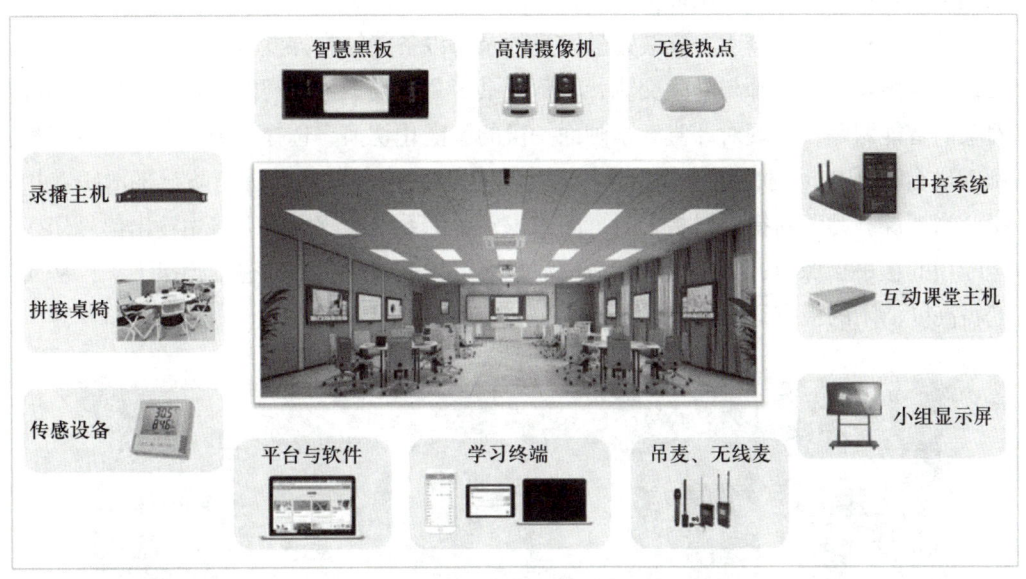

图 4.1　典型智慧教室的组成

智慧教室通过网络教学平台、互动课堂主机、学习终端等支撑手段，形成覆盖课前、课中、课后，打通校内、校外，广泛连接管理者、教师、学生、家长的数字化教学生态。智慧教室有以下特点：

（1）以面对面的讲授式教学为主要应用场景；应用新兴技术丰富课堂教学手段，为教师提供多样化的教学工具和教学资源，为教师提供更全面的教学支持。

（2）以提供智能的课堂管理、多样化的课堂交互方式、即时的数据统计、便捷的学习反馈为特色；通过截屏提问、随机答题、抢答、拍照上传等功能支持师生之间、生生之间以及学生与内容之间的交互，活跃课堂气氛，调动学生课堂的积极性，营造良好的课堂氛围。此外，教师可以通过智慧课堂平台的"即时统计"功能查看学生的答题情况，学生也可以通过智能终端即时获得学习反馈，有利于提高教学的效率。

（3）配备丰富多样的教学资源；智慧教学平台汇聚了大量优质教学资源，支持翻转课堂、混合式学习等学习活动的开展。同时，平台还能通过记录、分析师生的资源获取和资源浏览行为，为师生提供个性化的资源推送服务。

（4）基于教学全过程数据的采集和分析实现客观科学的教学评价、教学治理和教学决策；智慧学习平台能够实时、动态地收集教学过程中学习者的过程性数据和结果性数据，对数据进行智能化分析，为教师进行教学评价、教学治理和教学决策提供参考。

（四）视频录播室

视频录播室主要应用于课堂教学过程视频录制、网络直播、网络观摩与互动研讨等活动，它为各种课堂观摩示范课的拍摄提供全自动、智能化的录制与管理支持。

传统的课堂教学视频拍摄需要用多台摄像设备同时拍摄教学活动的不同场景，拍摄结束后再通过人工进行画面剪辑，整个过程需要投入大量的人力、物力。通过智能录播的教学行为识别技术，安装在教室里的录播设备能够在课堂教学过程中，对教师授课、学生发言、教师与学生交流、教师板书等具体场景进行智能分析，实现对拍摄对象的智能跟踪，实现对课堂教学画面拍摄的智能化切换、选择与剪辑。如当授课教师在讲台区域走动时，摄像机始终以教师为图像的中心位置，进行防抖平滑跟踪拍摄；当授课教师背对摄像机板书时，图像识别跟踪系统会立即自动将主输出信号切换至专用的板书摄像机，给出黑板特写，清楚地将授课教师板书的过程拍摄下来，从而获得高度清晰的板书录制效果。图4.2是一间典型的视频录播室。

图 4.2　视频录播室

（五）创新实验室

创新实验室以提升学生的核心素养为目标，以跨学科学习、创客教育等新兴教育模式为主，培养学生的创新能力和动手实践能力。创新实验室可以支持人工智能、3D创意设计、创意造物、手工创作、无人机 / 车、VR/AR/MR、微视频创作等教学活动的开展。典型的创新实验室如图4.3所示。

1. 创新实验室的构成

创新实验室一般由以下几部分构成。

（1）多媒体教学区：用于日常教学、创意交流、问题发现、小组探讨。

（2）学习讨论区：用于学生在小组内相互交流、分享和讨论。

（3）自主学习区：划分出个人学习空间和协作学习空间，配备舒适的椅子，便于学生自主安排学习。

（4）加工制作区：学生动手制作的主要场所，包括加工制作台、安全防护设备、数字化加工设备、机器加工设备、手工工具、电子元器件和物料。

（5）作品展示区：包括学生作品展示区域，以及创意墙、思维墙，便于学生分享创造成果。

（6）物料存储区：主要用于收纳和存放各类耗材、小型工具和学习材料。

2. 创新实验室的特点

创新实验室一般具有以下特点。

（1）空间使用的便利性。在创新实验室中，桌椅可以灵活摆放，以便学生进行分组合作和小组交流与互动。创新实验室可以根据不同情景调整空间使用情况。

（2）设备获取的便捷性。创新实验室引进各种项目设备、工具和与课程配套的硬件材料，如3D打印机、激光切割机、扳手、套筒、螺丝刀、线材、螺丝、传感器、执行器、金属结构件等，存放在物料存储区，方便学生获取材料与动手创作。

（3）教学资源的互动性。创新实验室中的众多教学资源可以供教师备课、授课以及学生开展自主学习使用，录播设备还可以录制学生分享的过程，或用于远程校际互动，实现区域资源互动、流通。

（4）应用形式的多样性。创新实验室的应用形式多样，如学校必修课程开课、选修课开课、校本课程开课以及社团活动、兴趣小组活动等。创新实验室还可以通过录播设备开展区域远程教研，从而实现区域信息共享。

(1)   (2)

图 4.3　创新实验室

第二节　基于平板电脑的智慧课堂教学实践

　　智慧课堂是以建构主义学习理论为依据，利用"互联网＋"的思维方式以及大数据、云计算等新一代信息技术打造的智能、高效课堂。在智慧课堂的背景之下，在课堂教学采用平板电脑进行教学，可以对传统计算机教室进行补充，进一步丰富教育资源，全面拓宽学生的学习视野。借助平板电脑的交互功能，有助于实现师生、生生之间的互动，提升学生的学习效果，转变教学模式与教学方法，突破传统教学理念的局限性。

一、基于平板电脑的智慧课堂教学功能

　　智慧课堂是在崭新的智慧教育理念指导下，以信息技术为支持，通过变革教学方式方法，将技术融入课堂教学，构建个性化、智能化、数字化的课堂学习环境，从而有效地促进学生信息素养培养的新型课堂。智慧课堂的特征包括个性协同化、智能跟踪化、工具丰富化和活动智慧化，其目的是促进"知识课堂"向"智慧课堂"转变，实现学生的智慧发展。

（一）基于平板电脑的智慧课堂环境特点

　　基于平板电脑的智慧课堂是在智慧课堂的基础上，以平板电脑作为技术支撑，整合现代化的各类学习资源、学习工具和学习活动开展教学的教学环境，其教学环节主要包括课前资源推送、课中数据分析和课后智能评价。

（二）基于平板电脑的智慧课堂教学过程

　　课前，教师充分运用平板电脑所提供的丰富课程资源，便捷地给学生推送上课所需要的学习素材，满足不同层次学生的学习需求。通过平板电脑，学生也可以将预习成果分享至平台，为教师调整教学策略提供参考。同时，学生能根据需要通过网络及时更新、下载最新的学习内容，便于自主拓展学习。例如，在易课堂中教师通过希沃白板5快速制作交互式课件，将导学案、交互式学件、微课、习题、资料便捷地分层推送，让学生自主预习。教师可以实时收到学生学习时长对比、答题正确率详情、班级概况分析等数据反馈，从而精准掌握学生的学习进度，了解其知识掌握情况。

　　课中，教师端、学生端的平板电脑和教室的电子白板可以实现同步同屏，教师能依靠平板电脑与学生随时随地沟通，随时关注学生的学习状况，并借助大数据技

术对学生的学情进行全程动态分析，使学情数据化，从而及时调整教学策略，优化课堂结构。在课堂教学开始时，教师通过教师端的平板电脑一键推送交互式课件，让每个学生都能参与互动实践，提升全体学生的学习兴趣，并且更方便、快捷地开展学情前测，将学情前测结果直接应用到课堂教学中。在教学过程中，学生借助学生端的平板电脑参与学习活动，教师第一时间了解学生的学习效果，包括学生整体的学习任务完成情况、答题正确率及每道题的错误答题情况等反馈数据，并对学生及时进行有效的指导，增强学生融入课堂的主动性。基于平板电脑的智慧课堂教学还支持学生进行小组合作探究学习，学生端多个平板电脑能实时进行编辑，教师以交互平板电脑为载体，在教师端实时进行作品展示，让教师和学生的活动范围得到延展和连接。

课后，教师根据学生学习任务的完成情况和学习效果对学生进行分组、分层，更有针对性地向学生发布适合他们学习水平和能力的学习内容和训练题，实现分层教学、因材施教。平板电脑能多维度展示学生的学习数据，系统自动为每个学生提供具有针对性的诊断方案，实现个性化智能评价。同时，学生端可将每个学生的错题自动组建一本电子错题集，学生能利用平板电脑在课后进行复习，回顾知识重难点，实现个性化学习。完成学习任务的学生还可以利用平板电脑自主探索课本以外的知识，实现学习的延伸。

二、基于平板电脑的智慧课堂教学案例

随着信息技术的高速发展，平板电脑等智能化终端设备走进了学生的生活，对学生的学习方式产生了深刻的影响。由于平板电脑具有图像和视频拍摄、录制及播放，文档阅读编辑，Wi-Fi 连接，各类软件下载安装等功能，并且体积小巧，便于携带，因此能够满足智慧课堂对计算机硬件的要求，成为学生学习的有力载体。

（一）内容简介

案例"媒体连着你我——网络改变生活"选自小学四年级"道德与法治"课程（图 4.4）。本课中师生利用平板电脑，完成了问卷填写、数据回收等教学环节。教师引导学生先使用平板电脑上网，扫描二维码后填写问卷，让学生切身感受到网络在数据收集方面的准确、便捷；再通过"腾讯问卷"在线数据回收、分析、讨论、小结，使学生进一步感受到网络已经深入千家万户，与我们的生活密切相关；最后对比纸质问卷和电子问卷的优缺点，突出网络功能的强大。教师将学习重点"网络"以直观、形象的方式呈现在学生面前，并且借助平板电脑、互联网，培养学生的观察力、反思能力、解决实际问题的能力，突出"道德与法治"课程的生活性和趣味性。

图 4.4 案例"媒体连着你和我——网络改变生活"片段

（二）流程介绍

"媒体连着你和我——网络改变生活"教学流程如图 4.5 所示。

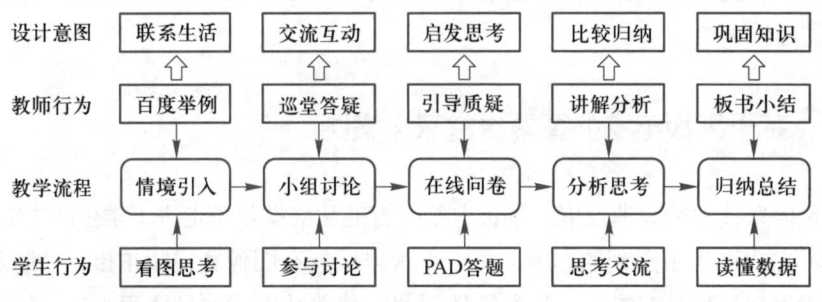

图 4.5 "媒体连着你和我——网络改变生活"教学流程

步骤 1：情境引入。教师展示照片引出"网络"话题，百度举例激发学生的兴趣，连线学生的生活，体现小学"道德与法治"课程"生活性"特点。

步骤 2：小组讨论。对比纸质电子问卷，组织学生讨论，完成在线调查，体现小学"道德与法治"课程"活动性"特点。

步骤 3：分析思考。实时汇总生成数据，师生互动讨论，注重分析思考，体现小学"道德与法治"课程"开放性"特点。

步骤 4：归纳总结。引导学生正确上网，强调学科育人，体现小学"道德与法治"课程"综合性"特点。

（三）特色

案例整体借助平板电脑，注重联系真实生活情境，从而让学生切身体会到网络的便捷。首先，学生使用平板电脑打开"腾讯问卷"平台，实时汇总数据，在线生成电子图表，切实感受到网络的便捷，在实践中提高了与生活对话、与网络对话的积极性。其次，教师指导学生自主使用平板电脑进行问卷设置，巧妙结合数据和图表，引导学生从不同途径、不同角度发现网络与生活的密切联系。最后，学生利用平板电脑进行问卷数据的分析、统计，对比总结出电子问卷与纸质问卷的优缺点。教学各环节设置有趣且有效，符合四年级学生的认知规律和学习规律。

第三节　基于点阵纸笔的互动教学实践

点阵纸笔是一种新型的纸笔数字书写技术，能实现书写内容的即时展示与共享，通过采集执笔者的书写轨迹数据，可以分析学生构思的认知加工顺序、认知结构等。点阵纸笔技术可以辅助教师设计更多有效的"学"的教学环节，实现以学生为主体，积极主动地建构创造性的学习氛围。

一、基于点阵纸笔的互动课堂教学功能

点阵纸笔是依托数字光学点阵技术的一种新型书写工具，是对传统纸笔书写的信息技术赋能，它与传统课堂教学的融合能为当前信息化教学"屏幕过度依赖"带来的健康和教学问题提供新的解决方案，在保留传统纸笔书写行为、采集完整书写数据、实现远程共享书写空间等方面，比平板电脑教学具有相对优势。

（一）基于点阵纸笔的互动课堂环境特点

基于点阵纸笔的新型课堂教学将更加数字化和智能化，点阵纸笔能将学生的答题过程实时传输到智慧课堂系统，还原学生的答题过程和思路。同时，基于点阵纸笔的互动课堂还可以将学生的作答情况以大数据的方式呈现，让教师更直观、更清晰地了解班级学生的整体水平，从而突破重点，有的放矢，实现精准教学。

（二）基于点阵纸笔的互动课堂教学过程

课前，教师给学生推送预习材料，学生在预习后通过点阵纸笔进行习题练习，点阵纸笔实现线下书写数据的采集和数据的智能化处理，将学生的预习情况远程同步到教师端，帮助教师在备课环节更好地了解学情。

课中，教师在发布测试后，学生的主观题答题书写笔迹和客观题答题正确率将自动同步到教师端，学生随堂测试的反馈速度得以提高，教师根据反馈的实际情况灵活改变教学策略，及时调整自己的教学计划，切实提高教学效果。学生可以通过

点阵纸笔与教师实时互动，保持学习的积极性，以提高学习效果。例如，在习题课上，教师可调取学生笔迹，查看书写过程，对学生的答题思路进行细致点评，给学生答疑解惑。

课后，点阵纸笔将学生考试、测试和练习的书写数据进行智能化处理，实现对学生手写作业、考试中的客观题以及部分主观题答题的自动化批阅，并自动生成答题情况、学情分析等评价数据，还能生成基于学习行为的学习习惯、学习态度等的动态评价，教师能够根据学生情况制订个性化评价和学习方案，从而减轻教学负担。点阵纸笔在教学全过程中的应用，可以保留学生的纸笔书写习惯，还可以采集师生在线下和课外的书写数据，使课堂教学数据与学生自主学习的数据互联互通，有助于搭建完整的教学大数据链条。

此外，点阵纸笔也为直播教学注入新的活力，提供共同书写空间。它能支持教师和学生在互动过程中在同一书写空间进行异地书写、批阅或标注，提高师生沟通的效率。具体来说，教师可以一边讲解一边写下汉字、公式、解题过程等，学生则可以一边观看教师直播一边同步观看教师的书写过程。同时，学生的答题过程也可以即时传输到教师端，教师可以及时作出批改和反馈，营造面对面的远程互动体验，这样有助于打破在线教学中授课教师"一言堂"的局面，使学生主动参与教学互动。

二、基于点阵纸笔的互动课堂教学案例

点阵纸笔最大的特点是信息反馈与显示的及时性，在用点阵纸笔书写的过程中，教师可以随时随地观察学生的书写情况，例如，可以发现学生是否存在倒插笔画的情况，从而实现一对一的"监督"。在传统的小学语文教学中，教师往往会请一位学生在讲台黑板或白板上演示，导致部分不熟练的学生过度紧张，从而影响课堂节奏或教学效果。在教学当中应用点阵纸笔可以让学生更加自然地进行演示。

（一）内容简介

本案例选自部编版小学四年级语文课文《牛和鹅》（图4.6）。本课中师生利用点阵纸笔进行互动交流，完成了复习导入，生字学习，利用点阵纸笔实时记录、批注撰写过程，投屏展示学生学习成果等教学环节。教师借助学生做过的典型错题，引入多音字的教学，进而讲解本节课的生字生词，最后过渡到《牛和鹅》课文的讲解。教师借助点阵纸笔，生动形象地还原了学生书写汉字的过程，使学生能够仔细观察书写顺序，找出书写过程中存在的错误。学生使用点阵纸笔对课文段落进行批注，电子白板上可以实时同步所有学生的书写过程，使教师能够及时了解学生的学习情况。

图 4.6 案例"牛和鹅"片段

（二）流程介绍

课文《牛和鹅》的教学流程如图 4.7 所示。

步骤 1：复习导入。教师展示典型错题，纠正学生的读音。

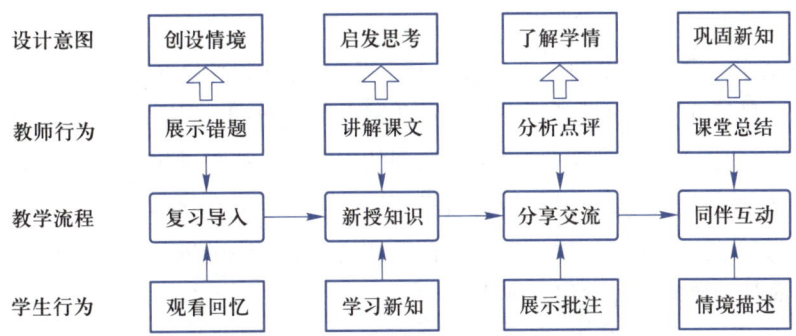

图 4.7 课文《牛和鹅》的教学流程

步骤 2：新授知识。教师利用点阵纸笔，还原学生书写汉字的过程，学生观察笔画的书写是否正确，并互相指出错误之处。

步骤 3：分享交流。教师借助点阵纸笔，实时展示并观察学生的阅读批注，便于师生、生生交流与讨论。

步骤 4：同伴互动。学生以小组为单位进行情境描述。

（三）特色

本案例多次运用点阵纸笔辅助课堂教学。首先，点阵纸笔能够用于收集并统计学生的客观题作答正确率。教师基于上节课学生的作答统计数据，讲解本节课的内容，并进行强化训练。其次，点阵纸笔能够用于记录学生作答的全过程。在生字教学过程中，教师展示学生书写的笔迹回放，纠正学生的书写笔顺，帮助学生养成良好的书写习惯。最后，点阵纸笔能够用于实时显示学生的填写情况。在案例中，学生开展小组讨论并多次对课文内容进行批注，批注内容即时呈现在电子白板上，教师通过学生多次批注的内容，能够了解学生对课文的理解与掌握情况。

第四节　基于虚拟仿真环境的教学实践

随着信息技术的发展，信息化教学环境越来越多元化。在虚拟现实技术的支持下，教师可以利用各种虚拟仿真环境开展实验教学，为学生提供更多直观、细致的实验过程观察机会。信息时代的教师需要掌握如何应用虚拟仿真环境开展教学实验的技能，构建新型教学环境的实验教学模式，培养学生的创新精神与科学探究能力。

一、基于虚拟仿真环境的创新课堂教学功能

运用基于计算机构建的虚拟仿真环境，如虚拟仿真实验室、模拟仿真工具、游戏化学习工具等开展教育教学活动是近些年来非常流行的一种教学方式。虚拟仿真环境良好的人机交互界面能够突破设备、时间的限制，支持教师组织开展现实教学中难以完成的教学实验，通过计算机模拟教学环境，使学生能够接触到知识的完整形成过程。在课堂教学过程中，学生在教师的帮助和指引下自主地进行学习，自己动手、自己动脑，有效地培养了独立思考能力。

二、基于虚拟仿真环境的创新课堂教学案例

基于虚拟仿真环境的教学实践是在虚拟仿真平台的基础上，整合智慧教室各类学习资源、学习工具和学习活动开展的创新教学，有助于促进学生对抽象知识的理解和应用，增强学生学习的积极性和主动性。虚拟仿真环境不仅为学生试错提供了可能，大大拓展了实验教学的广度和深度，还为学生在实践中进行交流提供了充分的空间。

（一）内容简介

案例"迎宾机器人"选自广州市地方课程小学四年级上册"人工智能"（广州出版社、人民出版社）。本节课主要通过迎宾机器人介绍人脸识别技术的应用。教师以"做中学"为指导思想，采用任务驱动教学法，基于 3D 虚拟仿真实验室开展课程教学，使学生在动手操作实践中理解迎宾机器人的工作机制，体会人工智能在生活中的应用（图 4.8）。

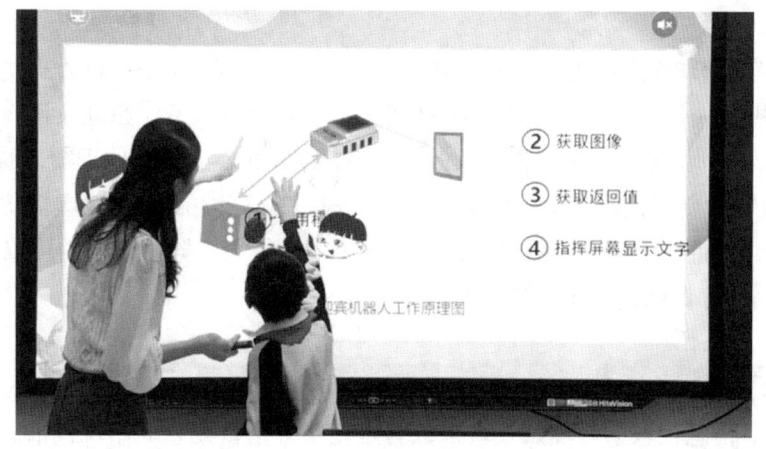

图 4.8　案例 "迎宾机器人" 片段

（二）流程介绍

"迎宾机器人" 的教学流程如图 4.9 所示。

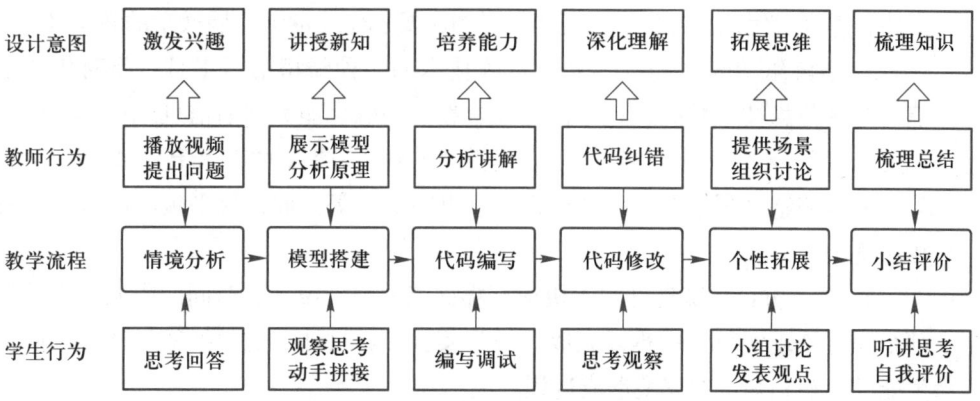

图 4.9　"迎宾机器人" 的教学流程

步骤 1：情境分析。教师播放视频并提出观看视频的要求，学生认真思考并回答问题。

步骤 2：模型搭建。教师讲解迎宾机器人组件，分析迎宾机器人的工作原理图。学生观察并思考各组件的功能，在 3D 虚拟仿真实验室完成迎宾机器人的模型搭建。

步骤 3：代码编写。教师结合流程图讲解程序代码，指导学生完成程序编写。学生思考并完成程序编写任务，使用 USB 摄像头调试程序。

步骤 4：代码修改。教师邀请学生分析典型案例存在的问题，总结知识的重难点和易错点，学生进一步加深对代码的理解。

步骤 5：个性拓展。教师聚焦于一定的场景，组织学生设计迎宾机器人的新功能。

步骤 6：小结评价。教师引导学生共同梳理本节课的知识点，并要求学生根据自身表现进行自我评价。

（三）特色

本案例基于 3D 虚拟仿真实验室开展教学。首先，学生可在 3D 虚拟仿真实验室搭建迎宾机器人代码，在实践中加深对迎宾机器人构造、工作原理及操作步骤的了解。其次，教师指导学生在"智慧黑板"上完善迎宾机器人工作原理图，通过学生与"智慧黑板"的交互，检查学生的学习效果。最后，学生可以在 3D 虚拟仿真实验室的代码编辑界面进行程序代码编写，培养逻辑思维能力。同时，学生可以使用 USB 摄像头进行程序调试，培养问题解决能力。

本章要点

1. 信息化教学环境是在现代教育理论指导下，充分运用现代信息技术建立起来的现代教学环境，它能实现教学信息获取途径和呈现方式的多样化，有利于学生开展自主学习及协作学习。信息化教学环境是开展多媒体教学、网络化教学的基础条件。

2. 基于平板电脑的智慧课堂是在智慧课堂的基础上，以平板电脑作为技术支撑，整合现代化的各类学习资源、学习工具和学习活动开展教学的教学环境。

3. 点阵纸笔是依托数字光学点阵技术的一种新型书写工具，是对传统纸笔书写的信息技术赋能，它与传统课堂教学的融合能为当前信息化教学"屏幕过度依赖"带来的健康和教学问题提供新的解决方案，在保留传统纸笔书写行为、采集完整书写数据、实现远程共享书写空间等方面，比平板电脑教学具有相对优势。

4. 虚拟仿真环境良好的人机交互界面能够突破设备、时间的限制，支持教师组织开展现实教学中难以完成的教学实验，通过计算机模拟教学环境，使学生能够接触到知识的完整形成过程。

问题与思考

1. 举例说明一种能够改变传统教学的信息化教学环境，谈谈其基本构成与特点特征。

2. 你体验过什么样的信息化教学环境？它具有哪些教学功能？

3. 你了解的基于信息化教学环境开展的教学方式有哪些？你理想中的信息化教学环境是什么样的？

网络学习

请你结合"爱课程"网在线开放课程"现代教育技术应用"，以及本章的相关教学案例，深刻理解信息化教学环境的特点，思考其在教学实践中各种可能的应用情况，并在小组中交流与讨论。

实践训练

实践项目：应用虚拟仿真实验软件设计一个教学方案

1. 实践任务

运用本章所学的知识与技能，选择某一主题或知识点，使用一种虚拟仿真实验软件，设计一个教学方案，并进行展示交流。

2. 实践要求

（1）课程目标明确，框架和教学策略设计合理。

（2）必须使用一种虚拟仿真实验软件。

（3）教学方案各环节设计规范且合理。

（4）汇报展示设计方案，并进一步修订完善。

3. 实践建议

认真学习教材中基于平板电脑的智慧课堂教学实践、基于点阵纸笔的互动教学实践及基于虚拟仿真环境的教学实践的相关内容，观看相关案例视频，在实践中掌握智慧课堂、互动课堂、创新课堂的教学功能以及课程设计方法。

拓展资源

1. 请到国家智慧教育平台（https://basic.smartedu.cn）、"一师一优课、一课一名师"平台（https://1s1k.eduyun.cn），获取更多类型的基于信息化教学环境的课例资源。

2. 请到中国知网（https://kns.cnki.net）搜索以下文章并阅读。

（1）穆肃、左萍萍. 信息化教学环境下课堂教学行为分析方法的研究［J］. 电化教育研究，2015，36（9）：62-69.

这篇文章以信息化教学环境中课堂教学行为作为出发点，着重分析了教师和学生的教学行为、课堂师生互动行为以及媒体在课堂教学中的应用。

（2）刘邦奇. 智慧课堂生态发展：理念、体系构成及实践范式——基于技术赋能的智慧课堂理论与实践十年探索［J］. 中国电化教育，2022（10）：72-78.

这篇文章详细阐述了智慧课堂教学生态系统的内涵特征、动力机制和体系构成，并对智慧课堂"一体化"实践应用范式进行了分析探讨。

第五章　教学设计与课堂评价

20 世纪 60 年代，教学设计作为一门学科诞生于美国，经过多年的发展，教学设计已形成集系统科学、传播学、学习心理学于一体的教学系统设计理论与方法。课堂评价是教学中的重要一环，随着信息技术和网络技术在教育应用中的普及，信息环境下的教学设计与课堂评价已成为学校教学实践的常规行为。2022 年，教育部发布《教师数字素养》，明确规定了教师必备的数字化教学设计与数字化学业评价能力。

知识地图

教学设计与课堂评价
- 教学设计概述
  - 教学设计的基本概念
  - 教学设计的基本原理
  - 教学设计的基本过程
  - 教学设计的基本内容
- 课堂教学设计
  - 课堂教学概述
  - 编写教学设计方案
  - 评价教学设计方案
- 在线教学设计
  - 在线教学概述
  - 编写教学设计方案
  - 评价教学设计方案
- 混合式教学设计
  - 混合式教学概述
  - 编写教学设计方案
  - 评价教学设计方案
- 课堂教学观察与评价工具
  - 课堂教学观察工具
  - 课堂教学评价工具

学习目标

1. 理解教学设计的基本概念、基本原理和基本内容。
2. 掌握教学设计的基本过程。
3. 掌握课堂教学、在线教学与混合式教学方案的设计与评价。
4. 掌握常见的课堂教学观察工具和课堂教学评价工具。

学习建议

1. 学习重点：教学设计的基本过程与基本内容，包括课堂教学、在线教学与混合式教学（翻转课堂教学）设计方案编写与评价的方法和技能。

2. 课前活动：观看本章的导学视频，理解和把握课堂教学设计、在线教学设计、混合式教学方案编写设计与评价的方法和技能。

3. 课后活动：完成本章的实践项目，独立完成一份课堂教学设计方案或翻转课堂教学设计方案，并在小组内展开交流与讨论。

导学视频：教学设计与课堂评价

第一节 教学设计概述

教学设计是一门复杂的教学技术，是以解决教学问题、优化学习为主要目的的特殊的设计活动，既具有设计学科的一般性质，又必须遵循教学的基本规律。

一、教学设计的基本概念

教学设计既是一门设计科学，又是一门系统科学，它是教育技术学的核心内容，也是教育技术领域较为重要的分支。

教学设计是指根据课程标准的要求和教学对象的特点，运用系统科学的方法分析研究教学问题和需求，确立解决问题的方法和步骤，将教学诸要素有序安排，形成合适的教学方案。加涅把教学设计定义为：对用于促进学习的资源和程序的安排。[①]

在理解教学设计的概念时，应注意以下几点：

（1）教学设计以分析教学需求为基础，以形成解决教学问题的步骤和方案为目的。

（2）教学设计形成解决教学问题的方法和步骤的过程，是一个综合运用现代学习理论、教学理论、教育传播理论、教学媒体理论和系统科学理论等相关学科理论和方法的过程。

（3）教学设计是一个系统地设计和开发教学材料的过程，有一套具体的操作程序，又称为教学系统设计。

（4）教学设计形成方案或产物，必须按照程序进行检验、评价。

（5）教学设计过程的具体产物是经过验证的教学系统，这个系统是一种包含多种要素的，能实现某种目标，具有一定功能的不同层次的综合体。它可能是一个教学方案、一种教学软件或一组教学资源等。

二、教学设计的基本原理

根据认知学习理论、教育传播过程的特点和系统科学的原理，教学设计的基本原理可以归纳为目标控制原理、要素分析原理、优选决策原理和反馈评价原理。[②]

---

① 加涅，韦杰，戈勒斯，等. 教学设计原理［M］. 王小明，庞维国，陈保华，等译. 上海：华东师范大学出版社，2018：18.
② 李克东. 新编现代教育技术基础［M］. 上海：华东师范大学出版社，2002：296.

（一）目标控制原理

在教学过程中，教师的活动、媒体和信息资源的选择、学生的反应都受教学目标控制，它们之间的关系如图 5.1 所示。教学目标控制着教师的教学活动、学生的学习活动和学习反应、媒体和信息资源的选择，同时学生通过考试、回答提问等途径进行反馈，教师以教学目标为标准，评价学生的学习状况，从而调节和控制整个教学过程。

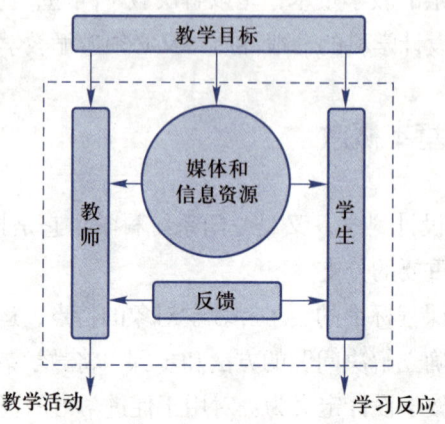

图 5.1 教学目标控制原理

根据这一原理，教学设计首先应确定教学目标。教学目标包括总体目标和具体目标两个层次，总体目标就是优化教学的总要求，而具体目标则依照各门学科、各个教学单元的内容和学生的原有状态而确定。

（二）要素分析原理

我们可以把教学过程看作一个开放系统，环境作用于学习者（输入），使学习者对环境作出反应（输出）。教学设计必须对构成这个系统的各个组成部分进行分析，找出其中对系统性质、功能、发展和变化有决定性影响的系统要素并加以研究，忽略次要因素。

在图 5.2 中，我们把刺激输入部分（X）、学习者（O）及反应输出部分（Y）看作三个子系统，每个子系统又各由不同的要素构成。刺激输入部分（X）包括教师、媒体、资源、方法、学科内容等要素；反应输出部分（Y）包括学习态度、学习行为和认知效果等要素；学习者（O）属于一个"灰色系统"，我们无法完全了解其内部结构和思维过程，但应对其年龄、非智力因素、基础知识水平等要素有一定的了解。

根据这一原理，教学设计的一项重要内容，就是教学策略的设计，这实际上是对刺激输入部分（X）这一子系统的设计，包括媒体、信息资源的选择与教学过程结构的设计。其中，教学过程结构设计实际就是对这一子系统中各个要素的组成及其联系方式的分析与安排。

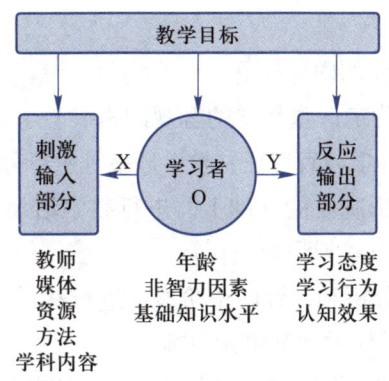

图 5.2　教学过程系统要素

（三）优选决策原理

教学设计是以分析教学需求为基础，以确立解决教学问题的步骤为目的。解决教学问题的步骤就是教学策略，主要包括媒体、信息资源的选择与教学过程结构的设计。教学策略设计必须使用系统方法中的模型化方法、优选方法与决策技术等具体方法，对各种设计方案可待选的对象进行分析、比较和评价，从而选取最佳的策略。

根据这一原理，在教学设计的实际操作中，应使用媒体选择概率公式、媒体选择坐标判定决策模型、流程选择方法、等级综合评判方法等优选决策方法，使教学策略更符合教学的需求。

（四）反馈评价原理

反馈控制是系统科学的重要方法，是指利用反馈信息，将系统的反应输出状态与预期目标相比较，然后根据比较的结果对输入值进行修正，以达到系统输出状态与目标要求相一致的目的。

根据这一原理，教学设计必须重视反馈信息的收集，即必须设计各种测量反应输出的工具，确立学习评价指标体系，进行学习评价，以获得反馈信息，控制和调整教学过程。

三、教学设计的基本过程

教学设计的基本过程可以用经典的教学设计模型——ADDIE 模型来表示。ADDIE 模型是一套系统化的教学设计模型，涵盖了教学设计过程的一系列核心步骤，主要包括分析（analysis）、设计（design）、开发（development）、实施（implement）和评价（evaluate）五个部分，[①] 在将抽象的教学设计理论可视化的同时，提高了课程

---

① 加涅，韦杰，戈勒斯，等. 教学设计原理［M］. 王小明，庞维国，陈保华，等译. 上海：华东师范大学出版社，2018：21-22.

设计和实施的效率。

ADDIE 模型各部分具体的内容如下：

（1）分析阶段。旨在确定课堂教学的客观因素、教学目标以及学生的学习需求，主要对教学目标及重难点、学习者特征、教学环境等进行分析。

（2）设计阶段。在分析阶段的基础上，进行教学活动设计、教学策略选择与设计、教学环境与资源设计、学习评价设计等。

（3）开发阶段。基于分析和设计两个阶段，进行教材资源选择、教学内容撰写、教学资源开发等，以生成具体的教学单元内容。

（4）实施阶段。基于教学设计和教学资源，借助信息化教学手段，开展具体的教学实施。

（5）评价阶段。对已经完成的教学活动及学习者的学习效果进行评价。

四、教学设计的基本内容

教学设计的基本内容主要包括教学目标分析、学习者特征分析、教学过程设计、教学环境与资源设计、教学评价设计五个部分。

（一）教学目标分析

教学目标是指希望通过教学过程，使学生在思维、情感和行为上发生改变的明确阐述。教学目标决定着教学的总方向、学习内容的选择、教学活动的设计、教学策略的选择等，它既是教学活动的导向，也是学习评价的依据。教学目标的分析要首先了解教学目标的分类，在此基础上更好地制订教学目标。教学目标一旦确定下来，就要用可评价的方式描述出来，以便指导教学策略选择与教学活动设计、教学评价设计等环节。这里主要介绍布卢姆教育目标分类和我国三维目标体系两种教学目标分类方法。

1. 布卢姆教育目标分类

布卢姆（B. S. Bloom）等美国学者将教育目标分成三个领域，即认知领域、情感领域和动作技能领域。在 20 世纪 90 年代，布卢姆比较早期的学生洛林·安德森（Lori. W. Anderson）和大卫·克拉斯沃尔（Davi. R. Krathwohl）对布卢姆的认知目标分类理论进行修改，并于 2001 年在《学习、教学和评估的分类学——布卢姆教育目标分类学（修订版）》一书中，将布卢姆认知领域的教育目标分类修订成"记忆、理解、应用、分析、评估和创造"六个层次。[①] 布卢姆的认知目标分类以及修订后的布卢姆认知目标分类分别如图 5.3、图 5.4 所示。

---

① 安德森，克拉斯沃尔，艾雷辛，等. 学习、教学和评估的分类学［M］. 皮连生，主译. 上海：华东师范大学出版社，2008：28.

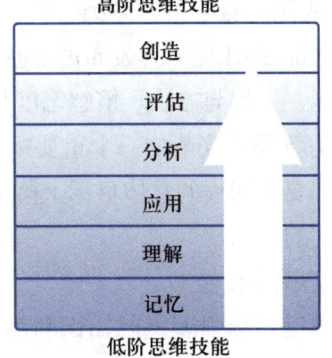

高阶思维技能 ← → 高阶思维技能

评估		创造
综合		评估
分析		分析
应用		应用
理解		理解
知识		记忆

低阶思维技能

图 5.3　布卢姆认知目标分类　　　　图 5.4　修订后的布卢姆认知目标分类

在修订后的布卢姆教育目标分类中，认知领域按智能特性的复杂程度分为记忆、理解、应用、分析、评估、创造六个水平等级；情感领域分为注意、反应、价值判断、组织化和价值五个水平等级；动作技能领域则按肌肉与神经所要求的动作协调程度分为模仿、操作、精确和联接四个水平等级。表 5.1 是认知领域六个水平等级及其相对应的常用行为动词举例。

表 5.1　认知领域的教育目标分类 [①]

认知水平等级	描述中常用的行为动词（词组）举例
记忆（remembering）：对个别事物和同类事物的记忆，对有关方法和过程的记忆，或对形式、结构和背景的记忆	指出、列举、描述、确认、想起、指明、定位、找出、指出重点、强调、添加书签、添加社会网络书签、添加星标、搜索、谷歌搜索
理解（understanding）：对知识的掌握，将知识内在化和系统化	阐述、总结、推断、释义、分类、对比、解释、举例说明、高级搜索、逻辑搜索、发表博客日志、分类和加标签、批注、注释、订阅
应用（applying）：在各种特定的、具体的情境中使用抽象的概念、原则和理论	实施、实行、使用、执行、运行、读取、播放、操作、破解、上传、分享、编辑
分析（analysing）：将知识分解为各个因素或部分，使得各相关层次更为清楚、各部分关系更为明白	对比、组织、拆析、归因、找出要点、发现、建构、整合、混合、链接、反编译、破解程序、媒体剪辑和绘制思维导图
评估（evaluating）：能对用来达到特定目标的材料和方法进行价值判断	检查、假设、评论、实验、判断、测试、察觉、监督、博客评论、评述、发表、仲裁、合作、建立网络关系、反馈、测试软件、验证
创造（creating）：将各个元素或部分加以组合形成一个整体，包括安排和结合各个片段、部分或元素以构成一种新的形式或结构	设计、建构、计划、生产、发明、制作、规划、拍摄、动画模拟、发表博客、发表视频、视频合成、视频编辑、编辑维基百科、发表作品、发表播客、指导/制作、创建网站

[①] 安德森，克拉斯沃尔，艾雷辛，等. 学习、教学和评估的分类学［M］. 皮连生，主译. 上海：华东师范大学出版社，2008：59-60.

2. 我国的教学目标分类

教育部 2001 年 6 月发布的《基础教育课程改革纲要（试行）》将教学目标分为知识与技能、过程与方法、情感态度与价值观三个方面，构成了课程的"三维目标"体系。这是新课程改革的一个重要标志：从"双基"走向"三维目标"。无论是哪一门学科，都要在课程的总体目标上落实知识与技能、过程与方法、情感态度与价值观这三个维度的目标。

- 知识与技能

该维度目标强调基础知识和基本技能的获得。基础知识主要包括人类生存所不可或缺的核心知识和学科基本知识；技能是指掌握和运用专门技术的能力，既包括获取、收集、处理、运用信息的能力，也包括创新能力、实践能力和终身学习的能力。

- 过程与方法

该维度目标强调让学习者真正"学会学习"，使学习者在获得知识的过程中，同时获得学习的方法和能力。过程指学习者在学习环境中参与、体验、探究。方法包括基本的学习方式（自主学习、合作学习、探究学习）和具体的学习策略（情境创设、支架式教学、自主探究、计算机支持的协作学习等）。

- 情感态度与价值观

情感态度不仅指学习兴趣、学习责任，更重要的是对事物的积极看法、对生活的乐观态度。价值观不仅强调个人的价值，更强调个人价值和社会价值的统一，强调使学习者内心确立起对真善美的价值追求以及人与自然和谐、可持续发展的理念。新课程改革强调关注人的情感态度与价值观，是"一切为了每一位学生发展"的理念在教学中的具体体现。

2014 年 3 月，教育部颁布《关于全面深化课程改革 落实立德树人根本任务的意见》，首次提出了"核心素养"的概念。2016 年 9 月，《中国学生发展核心素养》总体框架正式发布。它以培养"全面发展的人"为核心，从文化基础、自主发展、社会参与三个方面，凝练出人文底蕴、科学精神、学会学习、健康生活、责任担当、实践创新六大素养。2016 年底，基于学科核心素养的高中新课程标准修订稿在全国征求意见，核心素养开始进入课程，走进中小学教学实践。2022 年 4 月，教育部在对现行义务教育课程方案和课程标准进行修订后，发布了义务教育课程方案和课程标准（2022 年版），将核心素养培育的要求贯彻到义务教育阶段，形成小学、初中、高中的一致性要求。

核心素养是三维目标的传承与超越，核心素养是对三维目标的提炼和整合，即把知识与技能、过程与方法提炼为能力，把情感态度与价值观提炼为品格。能力和品格的形成即三维目标的有机统一。核心素养来自三维目标又高于三维目标，核心素养是内在的，是从人的视角来界定课程与教学的内容和要求，三维目标是由外在走向内在的中间环节。①

_____

① 余文森. 核心素养导向的课堂教学［M］. 上海：上海教育出版社，2017：50-52.

（二）学习者特征分析

教学设计的最终目的是有效地促进学习者的学习，而任何一个学习者都会把他原来的知识、技能、态度带入新的学习过程中。因此，设计的教学系统是否与学习者的特征相适应或在多大程度上适应学习者的特征，是衡量一个教学设计成功与否的重要指标。

对学习者特征进行认真分析是实现个别化教学和因材施教的重要前提。分析学习者特征时，既需要考虑学习者之间稳定的、相似的特征，又要分析学习者之间变化的、有差异性的特征。在教学设计实践中，不可能考虑所有的学习者特征，也不是所有的学习者特征都具有设计意义。有些特征是可干预的，有些特征是不可干预的。对于教学设计实践而言，应主要考虑那些对学习者的学习能够产生最为重要的影响，并且是可干预、可适应的特征要素。

例如，教师在进行"生活中的统计应用"教学设计前，需要进行基本的学习者特征分析，主要是针对学习者初始能力的分析，因为了解其初始能力可以更好地设计教学策略和教学活动。

"生活中的统计应用"教学的主要对象是小学五年级至六年级的学生，教师的学习者特征分析如下：

- 学生已学习过非数据处理的方法，包括象形图、方块图、棒形图、直线图、折线图和饼状图等。
- 由于所学的统计图种类多，学生不知在何种情况下选用何种统计图。
- 学生合作的经验不足，但渴望与他人进行协作交流。
- 学生已具备在教师的指导下进行探究、思考的能力。

（三）教学过程设计

教学过程设计主要包括教学活动的设计、教学策略的选择、教学媒体的选择、学习情境的设计等环节。

1. 教学活动的设计

教学总是以一定的活动方式展开的，教学目标的达成也是在开展一个个教与学活动的过程中实现的，教学活动设计是教学设计的核心环节，其设计要以实现教学目标为导向。

教学活动通常是指以教学班为单位的课堂教学活动，是师生为了实现教学目标而采取的行为系统，包括教学活动设计行为、教学活动实施行为和教学活动反思行为。教学活动是学校教学工作的基本形式。它是一个完整的教学系统，由一个个相互联系、前后衔接的环节构成。教学活动设计主要是指在既定的教学情境中，师生围绕既定的教学内容，在课堂层面，生成教学目标，整合教学内容，有序安排教学实践，反思与调整教学进程，形成可行性的教学方案。

教学活动的设计主要包括以下三个方面：

（1）根据教学目标和内容的排序，确定教师与学生的行为序列。教学活动是为教学目标的达成而设计的，为此，教学活动的设计首先需要根据教学目标和内容的顺序确定教学活动中教师与学生的行为序列。加涅在著作《教学设计原理》中提出了"教学事件"（instructional events）的概念。加涅认为，学习的内部过程可以分为九个方面——警觉、期待、恢复工作记忆、选择知觉、语义编码、接受与反应、强化、暗示提取、概括，从这九个内部过程可以推导出促进学习的九个外部因素——教学事件，如表 5.2 所示。

表 5.2　教学的外部事件 [①]

事件	目的
1. 引起注意，激发动机	建立一个学习定势，把学习者的注意力引导到教学目标或与教学相关的方向上
2. 呈现学习目标	建立对预期行为表现的期望
3. 回忆先决条件或相关知识	为新的学习提供固着点，把将要学习的与学生已知的内容联系起来
4. 呈现新的内容	呈现将要学习的新信息、程序、过程或问题解决任务。这通常是演讲与书面文本关注的焦点。把这些与先前习得的知识联系起来，有助于将其编码到长时记忆中
5. 为学习者提供指导	对事件 4 中呈现的内容进行精加工。可用例子、故事、描述、讨论或其他任何形式来使内容更容易被记忆。这一步促进了编码和丰富知识结构的建立
6. 提供练习	引出学习者的反应。这与根据线索提取所习得的内容有关。其目的更多的不是为了评价，而是为了发现不确定性与误解
7. 提供反馈	为学习者提供其理解正确性的信息
8. 测量行为表现	检验习得的知识或技能的延迟保持情况
9. 提供保持与迁移	通过间隔练习强化所学内容。迁移意味着能将所学的内容应用于不同的情境

（2）借助多种媒体形式，结合具体课程内容，创设有利于学生高效学习的情境。学习总是与一定的情境相联系的，在情境中，只有那些生动、直观的形象才能有效地激发学生的联想，唤起学生原有认知结构中相关的知识、经验、表象，从而促使学生利用相关的知识与经验"同化"或"顺应"学习到的新知识。在教学设计与实施过程中，教师要尽可能创设真实、完整的教学情境。

[①] 加涅，韦杰，戈勒斯，等. 教学设计原理［M］. 王小明，庞维国，陈保华，等译. 上海：华东师范大学出版社，2018：29-30.

（3）根据教学进程的变化，准备教学事件预案。教学始终处在变化之中。有效的教学刺激进入教学过程，教师与学生会有所反应，有些反应是可以预设的、在情理之中的，而有些反应则是意料之外的、即时生成的，教师需要灵活处理突发事件。

2. 教学策略的选择

教学策略是教学设计的灵魂，也是最能体现教育教学观念的环节之一。教学策略是教师在教学过程中，为实现一定教学目标而采取的一系列相对系统的行为。无论在国内还是在国外的教学理论与教学实践，绝大多数教学策略都涉及如何提炼或转化课程内容的问题。在教学过程中可运用的教学策略多种多样，主要有：讲授法、启发式教学法、先行组织者策略、演示法、谈话法、讨论法、操练法、示范－模仿法、操作－反馈法、协作法等。

3. 教学媒体的选择

媒体是指承载、加工和传递信息的介质或工具。当某一媒体作为承载教育信息的工具被用于教学时，则被称为教学媒体。教学媒体是教学内容的载体，是教学内容的表现形式，是师生之间传递信息的工具，如实物、口头语言、图表、图像以及动画等。教学媒体往往需要通过一定的物质手段实现作用，如书本、板书、投影仪、录像以及计算机等。信息技术环境下的教学离不开多媒体的支撑，要根据教学目标和教学内容，依据媒体最优选择决策模型、最小代价和媒体选择原理等选用合适的教学媒体。

4. 学习情境的设计

学习总是与一定的情境相联系的，学习情境主要指在学习过程中通过想象、手工、口述、图形等手段创设出来，使学习者获得更高效学习的情境，通常这种情境伴随时代的发展会有不同程度的创新。在学习情境中，只有那些生动、直观的形象才能有效地激发学生联想，唤起学生原有认知结构中有关的知识、经验、表象，从而促使学生利用有关的知识与经验"同化"或"顺应"获得的新知识。在教学设计与实施过程中，教师要尽可能创设真实、完整的学习情境。

5. 教学过程设计案例

教学过程的设计是一个综合复杂的过程，一般以教学目标为依据，以教学活动为主线，辅之以相应的教学策略、教学媒体、学习情境推动教学活动的开展，以此组合形成完整的教学过程。例如，小学四年级语文《颐和园》的教学设计将教学过程设计分为五个部分：创设情境，激发兴趣；设疑导思，理解课文；总结方法，创作作品；汇报作品，评价反馈；反思学习，交流感受；以流程图的方式呈现整个教学流程及教学活动，融入所选择的教学媒体、所采用的教学策略和所需创设的学习情境等内容。如图 5.5 所示。

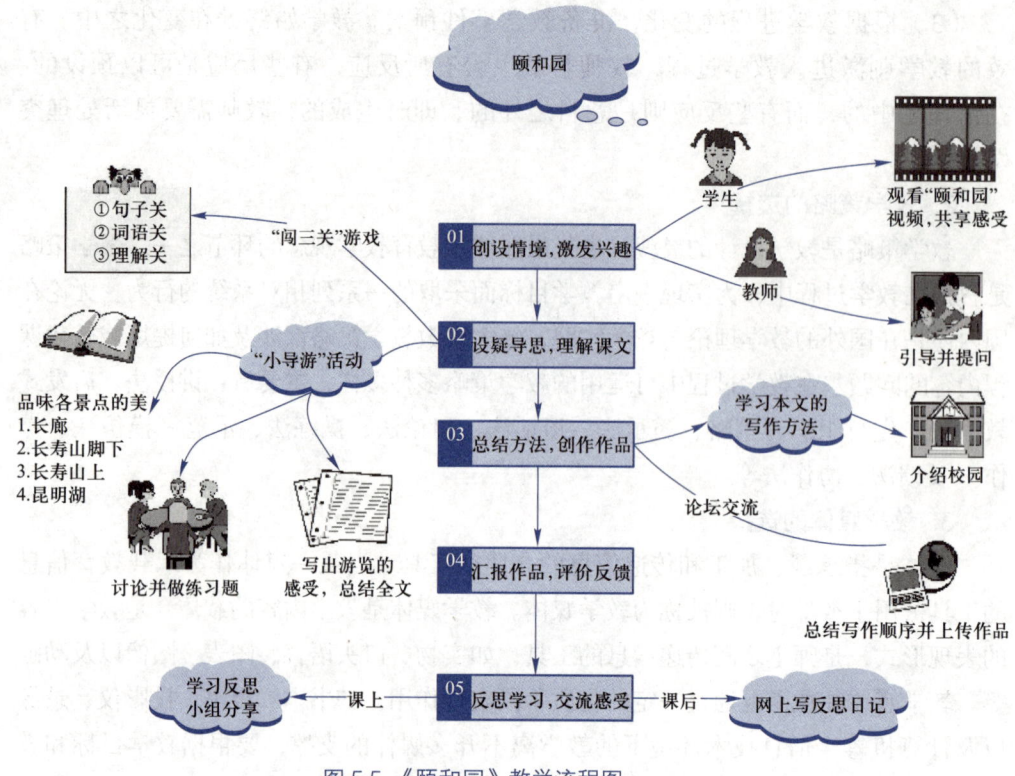

图 5.5 《颐和园》教学流程图

（四）教学环境与资源设计

　　教学环境与资源对于任何学习活动来说都必不可少，它为学生顺利开展学习活动提供支持与保证。教师要善于给学生提供适当的硬件、软件环境以及各种与学习有关的资源。辨别各类资源的特点以及根据资源对学习效果产生的作用来选择合适的教学资源显得尤为重要。

　　在实践应用中，并不存在一种万能的资源形式，各类资源具有不同的教学特性。在教学设计中，教师要对教学资源进行合理的选择，首先必须明确它们的使用目标（即教学资源在教学中所起的作用：呈现事实、创设情境、提供示范、解释原理、帮助探究发现等）；其次，教师需根据教学目标、教学内容、教学活动、学生的特征来选择恰当的资源或资源的组合；最后，教师依据媒体最优选择决策模型，按照教学内容的类型和学生的特征，选择最合适的形式来表现教学内容，以充分发挥资源的长处，获得良好的教学效果。

　　设计教学资源应该注意：（1）若现有资源已有适用的，应尽可能地选取和运用现有资源，这样可以节省时间、经费和精力；（2）当现有资源不太合适时，可先考虑对资源进行修改，以满足教学需要；（3）如果选取、修改都不行，就要设计新的、符合要求的教学资源。设计教学资源应遵循内容符合原则、目标控制原则、最小代价原则、对象适应原则。

　　例如，本书前面的"三角形复习课"视频是一个应用智慧教室开展翻转课堂教学的实践案例，其教学环境与资源设计如下：

1. 教学环境

- 电子书包系统硬件——配备师生教学终端、多媒体设备的电子书包教室。
- 网络教学平台——师生能够通过网络教学平台形成虚拟教学空间，进行各种教学互动。

2. 教学资源

- 微课学习任务单
- 微课视频
- 课堂教学 PPT 课件

（五）教学评价设计

教学评价是指依据一定的教学目标，借助一定的技术与工具，采用相应的评价方法，对教学过程及其结果进行测量，并作出价值判断的过程。教学评价对教学有导向、激励、诊断以及调控等作用。教学评价按照不同的分类标准，有不同的评价类型，常见的分类方式有：按照评价功能不同分为诊断性评价、形成性评价和总结性评价；按参与评价的主体不同分为自我评价和他人评价。

在实际的教学工作中，教师应开展多元化的教学评价，如在"教"前进行诊断性评价，在"教"中进行形成性评价，在"教"后进行总结性评价，并且在教学的任一环节根据实际需要开展自我评价与他人评价。教学评价设计可按如图 5.6 所示的步骤进行。

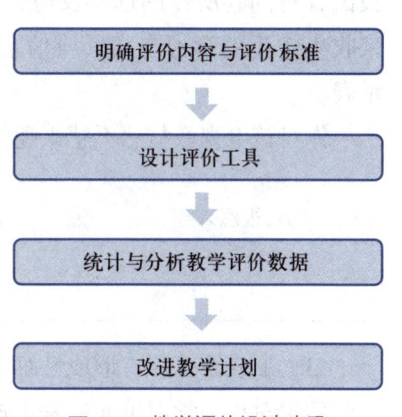

图 5.6　教学评价设计步骤

1. 明确评价内容与评价标准

教学评价内容与评价标准与教学目标关系密切，因而教学评价设计首先需要明确教学目标，并根据教学目标确定学习者需要掌握的知识、技能与方法等，评价的标准则要根据教学目标中的行为动词来确定学习者需要掌握知识的程度，并将这种程度转换成可供测量或衡量的标准，最后将标准融入相应的评价工具中以便测量评价。

2. 设计评价工具

教学评价一般是以客观资料为基础的，因此，教师要设计好各种评价工具，以便收集学生的学习情况。常用的教学评价工具有结构化观察表、态度量表（问卷调查）、形成性练习、总结性测验等。

（1）结构化观察表。结构化观察是人们为认识事物的本质和规律，通过感觉器官或借助一定的仪器，有目的、有计划地对在自然条件下出现的现象进行观察的一种方法。这种方法主要用来收集学生的学习行为反应信息。如表 5.3 用于观察学生在课堂中出现注意不集中行为。

表 5.3 学生出现注意不集中行为的观察记录表

学生	时间段（分钟）							
	0—5	5—10	10—15	15—20	20—25	25—30	30—35	35—40
S_1								
S_2								
S_3								
S_4								
…								
S_n								

（2）态度量表（问卷调查）。态度量表实际上是针对某事物而设计的问卷，通过被试者对问卷所作的选答反应，了解被试者对某事物的态度倾向。态度量表主要用来收集学生的学习态度反应信息。例如，为了了解学生对电视教材的态度所设计的量表。

你对该电视教材感不感兴趣？（   ）

A. 很感兴趣	B. 感兴趣	C. 不感兴趣	D. 很不感兴趣

（3）形成性练习。形成性练习是按照教学目标编制的一组练习题，它用各种形式考核学生对相关学习单元的基本概念和要素的掌握程度。在课堂教学过程中，教师常常会采用这种方法检测学生对学习内容的掌握情况，如表 5.4 所示。

表 5.4 小学"三角形单元复习"的形成性练习设计实例

知识点	学习水平	题目内容
什么是三角形？三角形的面积计算性质是什么？	识记	判断题（对的请打√） A. 由三条不同的线段首尾顺次连接所组成的图形叫做三角形。（ ） B. 两个面积相等的三角形，它们的底和高一定相等。（ ）

（4）总结性测验。总结性测验主要用来检查学生对学习内容的认知效果，即检查预期的教学目标实现的程度。总结性测验主要适用于单元考试、期中考试和期末考试等。由于各单元的教材重点不同，要求达到的教学目标也有所区别，为了使试题具体有代表性、覆盖面广，教师应设计好测验内容与测验目标双向细目表。

3. 统计与分析教学评价数据

教学评价数据的统计与分析是指借助一定的工具技术（试卷、问卷、在线评价系统等）收集评价工具获取的学习者学习评价数据，并对评价数据进行统计（通过人工计算、Excel 统计、SPSS 统计、在线评价系统自动统计等方式），最后根据统计得出的数据（分数、合格率、优秀率等）分析教学效果并获得教学反馈信息。

4. 改进教学计划

根据教学评价数据统计与分析的结果，教师明确促进学生发展的改进要点，并根据教学反馈信息，反思教学实施过程，对接下来的教学计划进行修改、完善，使教学设计方案更加具有针对性和实操性。

第二节 课堂教学设计

课堂教学是学校教育最重要和最基本的活动形式，是实现学校育人功能的核心环节。目前大部分课堂教学采用班级授课制的教学组织形式，把年龄和知识程度相同或相近的学生编成固定人数的班级集体，按照各科课程标准规定的课程目标，组织课程内容和选择适当的教学方法，根据固定的时间表，向全班学生进行集体授课。课堂教学包括教师向学生传授知识和技能的全过程，常见的课堂活动有教师讲解、学生问答、操练与练习、教具与技术手段应用等。

一、课堂教学概述

课堂是学校教育的主阵地，2019 年中共中央、国务院发布的《关于深化教育教学改革全面提高义务教育质量的意见》明确指出要"强化课堂主阵地作用，切实提高课堂教学质量"，坚持教学相长，注重启发式、互动式、探究式教学。教师课前要指导学生做好预习，课上要讲清重点难点、知识体系，引导学生主动思考、积极提问、自主探究；要综合运用传统与现代教育技术手段，重视情境教学；要探索基于学科的课程综合化教学，开展研究型、项目化、合作式学习；要精准分析学情，重视差异化教学和个别化指导。各地要定期开展聚焦于提升课堂教学质量的主题活动，注重培育、遴选和推广优秀教学模式与教学案例。

有效的教学设计是保证课堂教学质量的基础，因此，熟悉教学设计的基本原理与方法，按照课堂教学目标的要求进行科学的教学设计与教学资源准备，是每一位教师必须掌握的基本技能。课堂教学设计一般要做到以下几点：

（1）教材与学情分析细致、准确；教学目标明确、具体、可操作，体现三维目标的整体设计；重点、难点的处理符合学生的认知规律。

（2）教学环节结构清晰；课堂容量恰当，时间安排合理。

（3）教学方式多样，教学方法有效，能够合理地引导学生开展自主、合作、探究学习活动。

（4）教学活动设计要面向全体、注重差异，情境与任务设计应指向问题解决，突出学生的主体性和教学的互动性。

（5）能够合理选用信息技术设备，促进学生学习、课堂交流和教学评价活动。

（6）能够恰当利用数字资源呈现教学内容，帮助学生理解、掌握和应用知识。

二、编写教学设计方案

教师在实施课堂教学前的核心任务是进行科学的教学设计与教学资源准备。教学设计的最终成果是编写完整的教学设计方案。编写教学设计方案的过程是以教学内容为核心，根据教学目标，合理选择、设计教学环境与资源、教学策略、教学活动、教学媒体与教学评价，并最终通过教学设计方案得以体现。以下提供了课堂教学设计方案的编写模板，供学习者参考。

一、概述

• 说明学科（语文、数学、英语等）和年级

• 教学所需课时

• 教学内容

二、教学目标及重难点分析

从知识与技能、过程与方法、情感态度与价值观方面提出该教学要达到的目标、要培养的学科核心素养，并提出教学重难点。

三、学习者特征分析

说明学生的认知水平、学习起点、学习风格、学习动机与兴趣等。

四、教学活动设计

1. 设计课堂教学活动的基本环节、师生行为等。图 5.7 提供了一个样例。

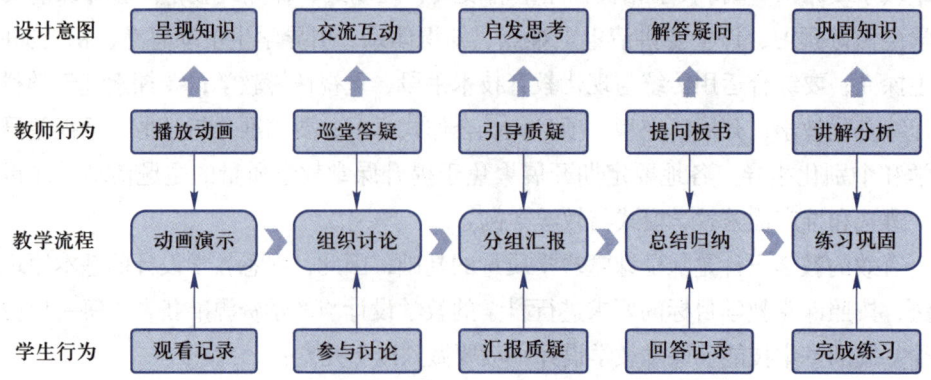

图 5.7 课堂教学活动设计样例

2. 活动说明

步骤 1:

步骤 2:

步骤 3:

五、教学策略选择与设计

说明设计的基本理念、主要采用的教学策略,以及这些教学策略实施过程中的关键问题。选用的教学策略可以是:(1)启发式教学;(2)探究式教学;(3)情境教学;(4)训练与练习教学;(5)演绎教学;等等。

六、教学环境与资源设计

说明设计选用的具体的教学环境与资源。一般来说,教学环境可以是:(1)多媒体教室;(2)计算机教室;(3)智慧教室;(4)创新教学实验室;等等。教学资源形式可以是:PPT 课件、学科工具、虚拟实验工具、评价工具等。

七、教学评价设计

说明教学评价的形式、内容等。如评价形式可以是课堂提问、当堂练习、网络测试、作品评价等,评价内容可以是练习题、小组作品、学习档案袋等。

三、评价教学设计方案

课堂教学设计方案的评价可以从教学设计的各要素展开,包括方案总体结构、学习者特征分析、教学目标及重难点分析、教学活动设计、教学策略选择、教学媒体选择、教学评价设计等方面,如表 5.5 所示。

在实践过程中,教师可以采用自评与小组互评的方式开展课堂教学设计方案的评价,并根据评价结果修改完善教学设计方案。

表 5.5　课堂教学设计方案评价表

内容	优	良	中	互评	自评
方案总体结构	包含教材分析、教学目标分析、学习者特征分析、教学活动设计、教学策略设计、教学环境与资源设计、教学评价设计等要素,条理清晰,可调控	包含基本要素,条理基本清晰,但调控性不够	缺乏某些要素,条理欠清晰,调控性不够		
教学目标及重难点分析	依据课程标准,全面、准确地分析"知识与技能、过程与方法、情感态度与价值观"三维目标,准确把握教学重难点	较完整、合理地分析了教学目标,基本能围绕教学目标把握教学重难点	简单分析了教学目标,对教学内容的把握不够全面,未能体现教学重难点		
学习者特征分析	对学生的认知水平、学习起点、学习风格、学习动机与兴趣进行了全面、准确的分析	较全面地分析了学生的认知水平、学习起点、学习风格、学习动机与兴趣等	对学生的分析不够全面		

续表

内容	优	良	中	互评	自评
教学活动分析	教学环节清晰，能够依据教学目标与教学内容合理设计教学活动；所设计的教学活动能够充分调动学生的学习积极性，满足学生的学习需求	教学环节比较清晰，基本能够依据教学目标设计相关教学活动，基本满足学生的学习需求	教学环节不清晰或教学活动单一，未能满足学生的学习需求		
教学策略选择与设计	能够体现课程标准的要求，并根据教学目标及学生的特征，采用灵活多样的学习策略	采用的教学策略基本合理，符合学生的特征	教学策略单一，在调动学生学习积极性方面需要努力		
教学环境与资源设计	能根据教学内容与教学策略合理选择媒体，有效解决教学重难点	选用的教学媒体恰当，能支持教学策略与教学活动	未能充分考虑教学媒体的作用，或未能充分考虑媒体与方法之间的关系		
教学评价设计	能够针对教学目标进行准确评价，评价形式多样、灵活	能够针对教学目标进行评价，以测试为主要评价形式	评价形式单调，对教学目标体现不准确		
合计得分					

第三节　在线教学设计

在线教学是远程教育的一种形式，是一种师生时空分离，基于网络媒介开展的教学实践。在线教学形式多样，包括师生应用直播类教学工具进行实时互动教学、应用在线开放课程进行异步教学、应用网络学习空间进行教学资源分享、应用实时通信媒体进行答疑、应用网络测试系统进行在线检测等。本节主要介绍中小学师生如何借助互联网开展班级式课堂教学设计。

一、在线教学概述

视频：在线教学概述

互联网具有连通性、即时性等突出优势，以网络为基础的在线教学拓宽了课堂教学的边界，在一定程度上弥补了传统课堂教学的局限性。线上线下教学的融合，将是未来学校教学发展的重要趋势。

　　在线教学采用了更灵活的教学组织方式，使得传统师生互动、教学评价、课堂组织管理等都具有了新的特征。因此，在线教学设计也应充分考虑教与学的各要素，依照以学习者为中心的原则，选择合适的在线授课工具，提供丰富的教学资源，设计有效的教学活动，提供灵活的在线学习支持服务，以激发学生的学习兴趣，保障学生的学习效果。在线教学设计需要考虑以下方面：

1. 选择适切的在线授课工具

　　教师应充分考虑学生年龄与学科特点，选择有效的授课工具与互动平台，如面向低年级学生应尽量采用直播类工具进行实时互动，高年级学生则可以采用微视频自学和在线辅导相结合的方式，同时要避免在一节课中频繁切换不同的教学工具与平台。

2. 提供丰富的教学资源

　　除提供网络教学视频等资源外，教师还需考虑为学生提供其他类型的学习资源，以满足学生开展在线自主学习、任务驱动式学习与个性化学习等在线学习的需求，培养学生的自主学习能力。

3. 设计有效的在线教学活动

　　在线教学不是传统课堂教学的简单"搬家"，也不是"自由发挥"，更不是"操作表演"。在线教学活动设计需要依据教学目标，有效组织多种课堂活动，引导学生深度学习，实现在线教学的高效互动，提升学生的学习体验。

4. 设计基于数据分析的教学评价

　　在线教学评价要充分发挥智能学习终端的优势，为学生设计有效的教学评价方式，并通过智能终端记录与收集学生学习过程数据和测评数据，实现精准化教学分析与决策，为学生提供即时反馈和针对性的指导。

5. 设计家校互动的教学管理策略

　　充分利用各种社交网络工具，引导家长参与班级教学管理，按课表时间提醒学生进行线上学习，配合学校与教师的教学要求按时完成作业等，实现校内校外、课内课外教学的无缝衔接。

二、编写教学设计方案

　　在线教学是师生在时空分离的基础上，借助互联网技术开展多样化教学活动的过程。在线教学需要根据教学目标，对教学内容、教学结构、教学流程和教学活动进行重构与创新，并提供有效的在线学习支持服务。在线教学设计一般包括教学内容分析、教学目标及重难点分析、学习者特征分析、网络授课策略与工具选择、教学活动设计、教学评价设计与在线学习支持服务设计等内容。以下提供了在线教学设计方案模板，供学习者参考。

一、概述
- 说明学科（语文、数学、英语等）和年级

- 教学所需课时
- 教学内容
- 在线学习规则（如关于师生课堂中摄像头打开规定、作业提交规定、课前签到规定、连麦通话规则等）

二、教学目标及重难点分析

从知识与技能、过程与方法、情感态度与价值观方面提出该教学预计要达到的目标、要培养的核心素养，并确定教学重难点。

三、学习者特征分析

说明学生的认知水平、学习起点、学习习惯、学习风格与在线学习能力等。

四、网络授课策略与工具选择

在线课堂的教学方式多种多样，如视频直播教学、异步录播教学、任务驱动式教学或混合式教学等。如果是视频直播教学，一般可以选择 QQ 群课堂、腾讯会议、钉钉课堂等工具；如果是异步录播教学或教师线上答疑，可以选择网络教学平台或社交网络工具等。

五、教学活动设计

1. 在线教学的基本环节主要包括网络授课、课后在线辅导等，在线教学活动中需创设合适的学习情境。图 5.8 提供了一个样例。

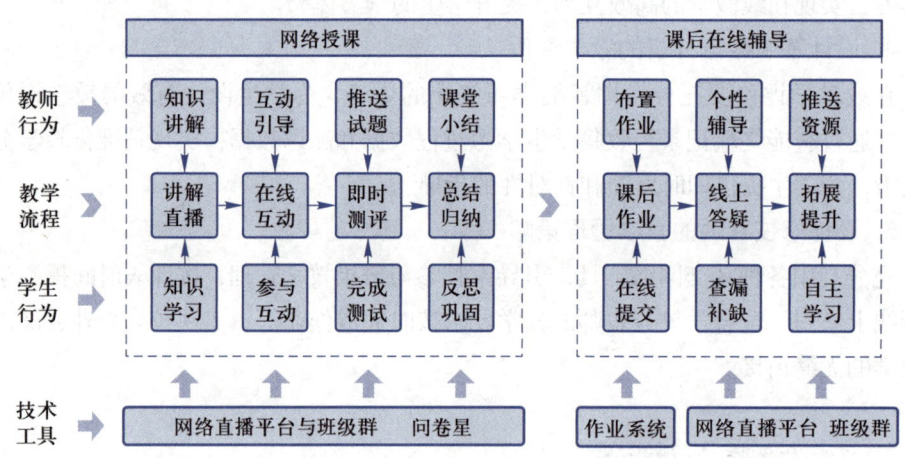

图 5.8　在线教学活动设计样例

2. 活动说明

步骤 1：

步骤 2：

步骤 3：

六、教学资源设计

说明具体选用的教学资源。一般的教学资源的形式可以是 PPT 课件、学科工具、虚拟实验工具、评价工具等。

七、教学评价设计

说明教学评价的形式、内容和标准等。评价形式包括在线测试、在线讨论、作品评价、学习过程数据分析等。评价内容可以是测试题、作品、讨论内容、学习过程数据等。

八、在线学习支持服务设计

在线学习支持服务设计关注如何为学生提供有效的在线学习指导和支持，通过在线导学、督学、促学和助学等多种方式，确保在线教学的有序开展。

（1）导学：课程介绍、学习目标、学习指南、常见问题、课程推荐等。

（2）督学：学习进度提醒、课程信息提醒等。

（3）促学：以赛促学、以评促学等。

（4）助学：线上讨论、问题反馈、集中答疑视频或帖子等。

三、评价教学设计方案

在线教学设计方案的评价可以从方案总体结构、教学目标及重难点分析、学习者特征分析、网络授课策略与工具选择、教学活动设计、教学评价设计、在线学习支持服务设计等维度出发，采取教师互评与自评相结合的方式，从不同角度展开全面、客观的评价，如表 5.6 所示。

表 5.6　在线教学设计方案评价表

内容	优	良	中	互评	自评
方案总体结构	包含教材分析、教学目标分析、学习者特征分析、网络授课策略与工具选择、教学活动设计、教学评价设计与在线学习支持服务设计等基本要素，条理清晰，可调控	包含基本要素，条理基本清晰，但调控性不够	缺乏某些基本要素，条理欠清晰，调控性不够		
教学目标及重难点分析	教学目标分析清晰、准确，符合在线教学要求，重视学生核心素养培养	教学目标分析基本准确，基本符合在线教学要求	教学目标分析不全面，未体现在线教学特点		
学习者特征分析	能以在线教学为背景，对认知水平、学习起点、学习习惯、学习风格与在线学习能力等学习者特征进行全面、准确的分析	能对认知水平、学习起点、学习习惯、学习风格与在线学习能力等学习者特征进行分析	对认知水平、学习起点、学习习惯、学习风格与在线学习能力等学习者特征的分析不全面、不准确		
网络授课策略与工具选择	策略与工具应用灵活，能够有效支持知识讲授、实时互动、合作探究、随堂测试等在线授课活动顺利开展，符合学生的信息素养水平	能够支持部分在线授课活动的顺利开展，基本符合学生的信息素养水平	不能支持各类在线授课活动的顺利开展，不符合学生的信息素养水平，各类技术工具应用切换频繁		

续表

内容	优	良	中	互评	自评
教学活动设计	以学生为中心，符合学生在线学习规律；教学活动形式丰富，满足交流、反馈等教学互动需求；提供课后答疑活动	能够设计基本的教学交流活动，满足学生在线学习一般需求	教学活动设计未能遵循学生在线学习规律，未能满足学生在线学习需求；未提供课后答疑活动		
教学评价设计	评价方式丰富，包括形成性评价与总结性评价等，能实时监测学生在线学习状态，利用在线学习数据全面诊断学生知识、技能掌握与情感、态度等，检验学生的在线学习效果	能够基本反映学生知识、技能掌握与情感态度、在线学习效果等情况，但评价方式较为传统或单一	未能全面掌握学生知识、技能掌握与情感态度、在线学习效果等情况，评价方式单一		
在线学习支持服务设计	能够设计各类在线学习支持服务，满足教师网络授课、学生在线学习、教师课后辅导等需求；能够通过导学、督学、促学和助学等服务，确保在线教学顺利有序地开展	能够提供必要的在线学习支持服务，基本保证网络授课与课后在线辅导活动的顺利开展	缺少各类在线学习支持服务，未能满足网络授课与课后在线辅导的基本需求		
合计得分					

第四节 混合式教学设计

混合式教学是指将在线教学与传统面授教学的优势结合起来的一种"线上"+"线下"的教学方式。混合式教学可以优化教学时间分配，拓宽教学空间，丰富教学手段，同时也有利于培养学生的信息素养与数字化学习能力。混合式教学可以应用于一堂课的教学，也可以应用于一门课程的教学，近年来在中小学广泛开展的"翻转课堂"就是一种典型的混合式教学模式。

一、混合式教学概述

混合式教学充分整合了在线教学与传统面授教学的优势：面对面课堂直接高效，师生便于交流互动，而在线教学由于不受时空限制，增强了学生学习的自主性和灵活性，能够弥补课堂群体化教学的不足，从而实现规模化教育与个性化培养的有机结合。"翻转课堂"是一种典型的混合式教学模式，它通过转换知识传授和知识内化所发生的场所和时间，改变了传统教学中的师生角色定位，促进了学生对知识的内化，实现了对传统课堂教学的革新。同时，它也对教学设计提出了新的要求。下面主要针对"翻转课堂"教学进行阐述。

（一）"翻转课堂"教学的特点

1. 以"先学后教"理念为指导，重视课前学习资源的准备

为了取得更好的课前自主学习效果，"翻转课堂"教学除了给学生提供微课资源外，还提供与微课资源配套使用的学习任务单和科学的学习指导，以便引导学生开展自主观看教学视频、完成学习任务单与学习基础知识等课前学习活动。

2. 精心设计线上、线下相结合的教学活动

教学活动是"翻转课堂"教学的核心组成部分，"翻转课堂"教学的有效实施建立在设计良好的教学活动基础上。在"翻转课堂"教学过程中，课前主要进行以知识传授为主的线上自主学习活动，取代传统课堂教学中教师课中讲授新知识的模块，这种变换的课程形式显然为师生争取了更多的课堂互动时间。"翻转课堂"教学的课中主要思考如何充分利用课堂时间组织教学活动，促进学生知识的内化，这是"翻转课堂"教学能否成功实施的关键。

3. 实施传统教学评价和在线教学评价相结合的混合式教学评价

"翻转课堂"的教学评价除了应用传统的课堂教学评价手段外，还充分运用基于在线教学的学习分析技术。教师利用"翻转课堂"网络教学环境收集学生的学习过程数据，并利用学习分析技术对数据进行解释和分析，可以有效地诊断学生的学习问题，评价学生的学习效果，甚至可以评价学生的高阶能力，如批判性思维、协作交流能力与问题解决能力等。

（二）"翻转课堂"教学案例

下面以"平行四边形的面积""翻转课堂"教学为例，介绍其基本特点。

1. 教学目标设计

（1）课前

• 回顾长方形面积推导过程与计算方法。

• 根据长方形面积公式的推导过程，初步了解平行四边形面积的计算公式，体验数学思想方法的转化。

（2）课中

• 知识与技能：掌握平行四边形面积的计算公式，并能运用公式解决一般的实际问题。

• 过程与方法：理解与掌握推导平行四边形面积公式的过程。

• 情感态度与价值观：能主动思考学习过程中的疑难问题，培养思辨能力。

2. 教学资源

微课视频"平行四边形的面积"、学习任务单，多媒体课件。

3. 教学流程

教学流程如图 5.9 和图 5.10 所示。

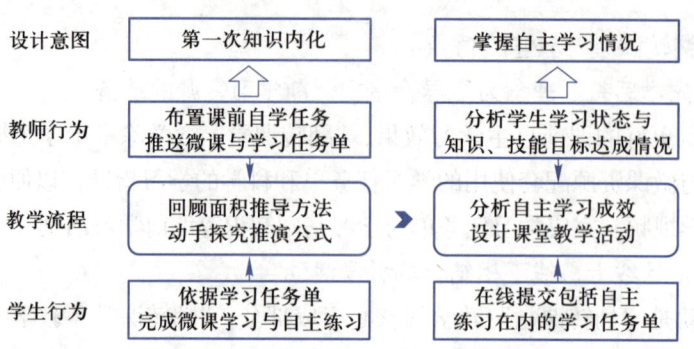

图 5.9 "平行四边形的面积"课前学习活动

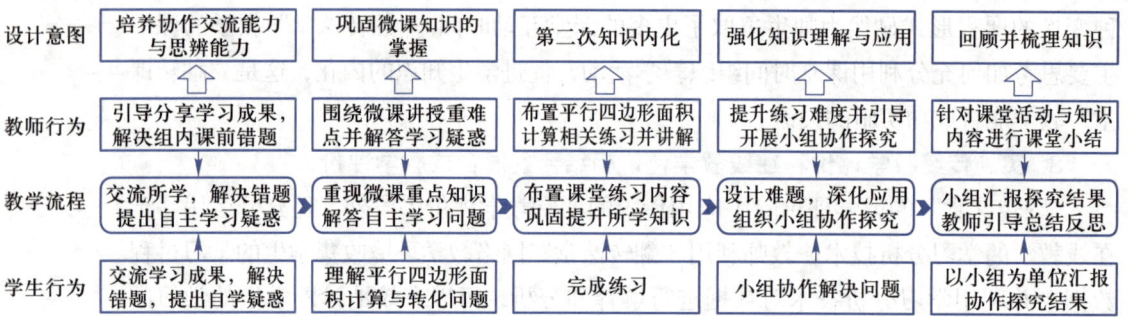

图 5.10 "平行四边形的面积"课中教学活动

4. 案例分析

案例"平行四边形的面积"教学分为"以微课视频为主的课前自主学习"和"以学习者为中心的课堂互动学习"两个阶段。在课前，教师发布学习指导、提供学习资源，引导学生自主学习，完成第一次知识内化；并在分析学生课前学习成效的基础上，灵活调整课堂教学策略与教学活动。在课中，教师引导学生交流所学、所思和所惑，解决课前自主学习平行四边形面积时尚未解决的问题。最后，学生完成课后检测练习，以巩固深化所学内容，实现对知识的第二次内化，完成整节课的教学目标，实现群体教学与个别化教学的有机融合。

二、编写教学设计方案

混合式教学结合了课堂教学与在线教学的特点，因此其教学设计需要考虑的要素更多，复杂度更高。混合式教学设计除了要遵循课堂教学设计和在线教学设计的基本原则外，还要综合考虑如何结合两者的特点设计"混合式教学策略"，充分发挥不同形式教学的优势，实现线上线下教学内容、教学方式与教学评价等多种要素结合的最优化。以下提供了"翻转课堂"教学设计模板，供学习者参考。

一、概述

- 说明学科（语文、数学、英语等）和年级
- 教学所需课时
- 教学内容

二、教学目标及重难点分析

从知识与技能、过程与方法、情感态度与价值观方面提出该教学要达到的目标、要培养的核心素养，并确定教学重难点。

三、学习者特征分析

说明学生的认知水平、学习起点、学习习惯、学习风格与信息素养水平等。

四、课前学习设计

1. 微课视频的设计

- 课前学习目标：
- 重难点突破策略：
- 教学过程：

2. 微课学习任务单

姓名：＿＿＿＿＿＿　开始学习时间：＿＿＿＿＿＿　结束时间：＿＿＿＿＿＿

（1）学习思考

微课学习中的问题可采用表 5.7 的方式记录。

表 5.7　微课学习问题记录

序号	视频暂停时刻	思考问题	自己的想法
1	几分几秒	列出需要思考的问题	写出问题答案
2	……	……	……

（2）自主练习

（提供练习题，或指明课本第几页的练习。）

五、课堂教学活动设计

1. 课前学习、课堂教学的基本环节、教学活动、设计意图等，如图 5.11 所示。

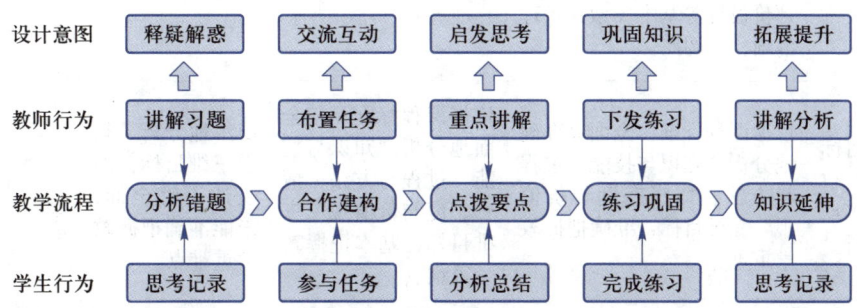

图 5.11　"翻转课堂"的课中教学活动流程样例

2. 活动说明

步骤 1：

步骤 2：

步骤 3：

六、教学策略选择与设计

说明设计的基本理念，主要采用的教学与活动策略，以及这些策略实施过程中的关键问题。如教学方法的使用：（1）讲解；（2）演示；（3）个别指导；（4）操练与练习；（5）自主学习；（6）小组讨论；（7）全班交流；（8）合作学习；等等。

七、教学环境与资源设计

"翻转课堂"的授课环境一般包括：（1）网络学习空间；（2）计算机教室；（3）智慧教室；（4）创新教学实验室等。教学资源形式可以是：微课、学习任务单、认知工具、PPT 课件、学科工具、虚拟实验工具、评价工具等。

八、教学评价设计

说明教学评价的形式、内容等。如评价形式可以是课前学习诊断、课中汇报、当堂测试、作品评价等。评价内容可以是学习任务单、汇报内容、测试题等。

三、评价教学设计方案

"翻转课堂"教学设计方案的评价围绕方案总体结构、教学目标及重难点分析、学习者特征分析、课前学习设计、课堂教学活动设计、教学策略选择与设计、教学环境与资源设计、教学评价设计等几个方面开展，如表 5.8 所示。

在实践过程中，教师可以采用教师互评与自评相结合的方式开展教学设计方案的评价，并根据评价结果修改完善教学设计方案。

表 5.8　"翻转课堂"教学设计方案评价表

内容	优	良	中	互评	自评
方案总体结构	包含教学目标及重难点分析、学习者特征分析、课前学习设计、课堂教学活动设计、教学策略选择与设计、教学环境与资源设计、教学评价设计等基本要素，条理清晰，可调控	包含基本要素，条理基本清晰，但调控性不够	缺乏某些要素，条理欠清晰，调控性不够		
教学目标分析及教学重难点分析	依据课程标准，全面、准确地分析"知识与技能、过程与方法、情感态度与价值观"三维目标，准确把握教学重难点	依据课程标准，较全面地分析"知识与技能、过程与方法、情感态度与价值观"三维目标，基本把握教学重难点	简单地分析了教学三维目标，但表述不够全面，未能准确把握教学重难点		

内容	优	良	中	互评	自评
学习者特征分析	全面、准确地分析了学生的认知水平、学习起点、学习习惯、学习风格与信息素养水平等	较全面地分析了学生的认知水平、学习起点、学习习惯、学习风格与信息素养水平等	对学生的分析不全面，缺乏某些要素		
课前学习设计	提供了微课视频与学习任务单等预习资料，具有指导性和针对性，能够有效地引导和帮助学生完成课前学习	提供了基本的微课视频与学习任务单等预习资料，但针对性与指导性不强	未提供基本的课前学习资料和学习指导		
课中活动设计	活动设计合理，能够衔接课前学习，教学流程完整，教学组织形式多样，能够引导学生开展自主、合作、探究学习，学生主体性和教学互动性突出	具备基本的教学活动流程，衔接课前学习，基本满足教师教学与学生学习的需求，但学生主体性和教学互动性不突出	未能有效衔接课前学习环节，教学活动单一，未体现学生的主体性和教学互动性		
教学策略选择	能够依据教学特点、教学需求，选择恰当的线上线下教学策略，并具有较强的针对性	采用的教学策略适度，大致符合线上线下的教学特点、教学需求，但针对性不强	未能依据线上线下教学特点、教学需求选择合适的教学策略		
教学资源选择	能够依据学生的认知特点与能力水平选择合适的教学资源，辅助线上线下教学活动顺利开展，满足教师教学和学生学习的需求	选用的教学资源基本符合学生的认知特点，能够支持基本的线上线下教学活动	未能明确各类资源与媒体作用，所选择的资源未能符合学生的认知特点或未能支持线上线下教学活动		
教学评价设计	针对教学目标，评价方式多样、评价主体多元，并结合传统课堂教学评价手段与在线学习分析技术进行全面的教学评价	针对教学目标，但未能结合传统课堂教学评价手段与在线学习分析技术进行全面的教学评价	未能设计相关教学评价或教学评价未针对教学目标，评价形式与评价内容不合理		
合计得分					

第五节　课堂教学观察与评价工具

在课堂教学研究中，传统的听评课与问卷评价办法依赖参与者的记忆和有意识的行为，无法对课堂教学进行全面的观察思考与解读。随着信息化的发展，科学系统的课堂教学观察与评价工具成为课堂教学分析的重要依托，它通过数字化技术研究课堂教学，创建相应的视频数据库，并进行高效的运行与管理。数量庞大的课堂视频蕴含着巨大的教学改进价值，课堂教学研究承担了解释学生学习改变、教师教学质量提高与教学改革的责任，而挖掘课堂教学信息、提供教学反馈的实现方式和途径就是课堂教学观察与评价工具。

一、课堂教学观察工具

课堂教学观察是研究者或观察者根据明确的目的，凭借自身的感官及相关辅助工具，直接或间接地从课堂情境中收集资料，并依据资料进行相应研究的一种教育研究方法。

思考讨论

请学习者从目的、对象、工具和方法角度思考课堂视频分析和课堂教学观察的区别，并分小组讨论与交流。

（一）课堂教学观察工具介绍

课堂教学观察工具是在课堂教学观察中有目的地直接或间接地记录课堂真实情况的辅助工具，是收集、记录课堂教学信息的重要载体，包括观察表、编码体系、视频录像等技术手段。它能使观察者清晰捕捉、记录有用信息，提高观察的效率、效果，帮助教师诊断课堂教学问题、提炼课堂教学经验、探索教学规律。课堂教学观察常见的简单工具有学生－教师分析法（S-T 分析法）、弗兰德斯互动分析系统（Flanders Interaction Analysis System，FIAS）、世界银行课堂观察工具（TEACH）。

（二）S-T 分析法

S-T 分析是对教学过程进行定量分析的典型方法之一。这里的"S"是学生"student"，"T"是教师"teacher"。这种分析方法将课堂行为分为学生行为和教师行为两类，学生行为用 S 来表示，教师行为用 T 来表示。其中 S 行为主要表现为学生发言、思考、计算、记笔记、做实验或完成练习以及沉默等，T 行为主要表现为教师解说、示范、板书、媒体提示、提问与点名以及评价与反馈等。

S-T 分析法一般分为四个步骤：

第一，准备需要观摩的材料以及 S-T 数据记录卡。

第二，观摩教学过程，记录编码。按照相同的时间间隔进行采样并记录行为数据。在 S-T 分析法中，采样的时间间隔可以根据实际情况自行选定，一般选取 15 秒或者 30 秒。S-T 分析只有两种编码：教师行为编码 T 和学生行为编码 S。观察者通过观察特定时间间隔内的教学行为，并进行判定和编码，最后会得到 S-T 时序列统计数据表，如图 5.12 所示。这里最好使用教学视频进行观察，因为教学视频可以反复播放，保证采样和记录的准确性。

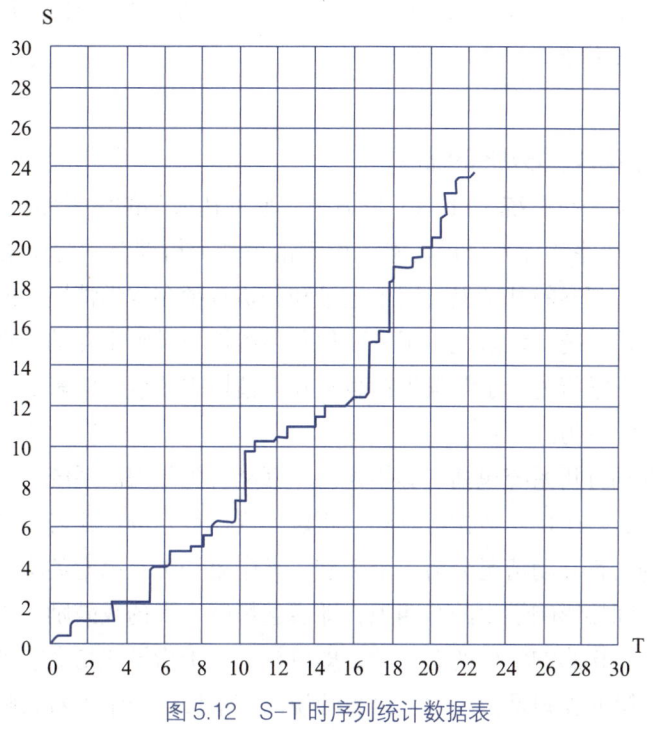

图 5.12 S–T 时序列统计数据表

第三，根据记录的数据建立反映 S 行为、T 行为随时间变化的 S–T 图和反映教师行为占有率与转化率的 Rt–Ch 图，如图 5.13 所示。

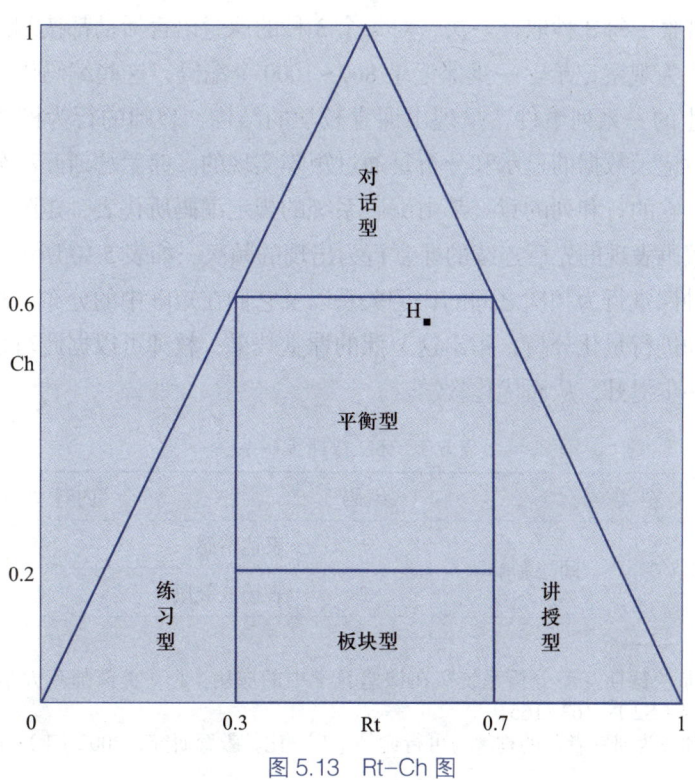

图 5.13 Rt–Ch 图

技能学习

扫描二维码，观看"微课视频：S-T 分析法"，了解如何通过 S-T 分析法进行课堂教学的分析，并动手进行操作。

（三）弗兰德斯互动分析系统

弗兰德斯互动分析系统（FIAS）是美国明尼苏达大学的学者弗兰德斯在 20 世纪 60 年代提出的一种课堂行为分析技术，用于记录和分析课堂中师生语言互动过程及影响。它是在课堂观察的基础上，用于记录和分析教师在教学情境中的教学行为和师生互动事件的分析系统。该系统运用一套代码系统地记录师生互动的重要事件，以分析、研究教学的教学行为，了解发生在教室互动情境中的事件的影响，帮助教师了解并进而改进其教学行为。

弗兰德斯互动分析系统包括一套描述课堂互动行为的编码系统、一套关于观察和记录编码的标准、一个用于数据记录和分析以实现研究目的的矩阵表格。[1] 首先，教室中所有师生的语言互动情况分为十个类别，其中第一类至第七类均为记录教师对学生说话的状况，间接影响学生的有四项，即表达情感、表扬或鼓励、接受或使用学生的主张、提问，直接影响学生的有三项，即讲授、给予指导或指令、批评或维护权威性；[2] 第八类和第九类则是记录学生对教师说话的情形，即学生对教师讲话做出反应（被动说话）、向教师提出建议（主动说话）；第十类是记录教室可能出现的静止状态（沉默或混乱）。

弗兰德斯编码系统如表 5.9 所示。弗兰德斯互动对观察和记录编码有详细的规定，在课堂观察中每 3 秒取样一次，对每个 3 秒的课堂语言活动都按编码系统的规定进行编码，作为观察记录。一堂课记录 800~1000 个编码，这些编码代表着课堂上按时间顺序发生的一系列事件，呈现出课堂教学的结构、教师的行为模式和教学风格等。最后，对记录数据的显示和分析是通过矩阵实现的。弗兰德斯互动分析矩阵是一个对称矩阵，它的行和列的意义都由编码系统的规定编码所代表，矩阵的每个单元格中填写一对编码表现的先后连续的课堂行为出现的频次。如表 5.10 所示。

根据各种课堂行为频次之间的比例关系以及它们在矩阵中的分布，观察者可以对课堂教学活动进行量化分析，得出这节课的课堂效果；教师可以据此对自己的课堂教学行为做进一步提升，从而优化教学。

表 5.9 弗兰德斯编码系统

分类		编码	内容
教师语言	间接影响	1	表达情感
		2	表扬或鼓励

---

[1] 时丽莉."弗兰德斯互动分析系统"在课堂教学中的应用［J］. 首都师范大学学报（社会科学版），2004（S2）：163-165.

[2] 宁虹."教师成为研究者"的理解与可行途径［J］. 比较教育研究，2002（1）：48-52.

续表

分类		编码	内容
教师语言	直接影响	3	接受或使用学生的主张
		4	提问
	直接影响	5	讲授
		6	给予指导或指令
		7	批评或维护权威性
学生语言		8	学生被动说话（比如回答问题）
		9	学生主动说话
无效语言行为		10	沉默或混乱

表 5.10　某课堂的弗兰德斯互动分析矩阵

	1	2	3	4	5	6	7	8	9	10	合计
1	6	6	2	5	7	9	0	2	0	0	37
2	5	15	1	10	14	5	1	3	0	3	57
3	0	1	2	5	7	1	0	0	0	0	16
4	4	5	0	24	16	16	0	53	0	5	123
5	5	4	0	42	151	8	0	6	0	8	224
6	2	3	0	16	9	14	0	11	0	11	66
7	0	0	0	1	0	0	2	0	0	0	3
8	10	20	9	15	9	5	0	131	0	11	210
9	0	0	0	0	0	0	0	0	0	0	0
10	5	3	2	5	11	8	0	4	0	103	141
合计	37	57	16	123	224	66	3	210	0	141	877

　　基于表 5.10 展开详细分析，在课堂类型方面，第 1—7 列数据之和与总次数的比率，即为教师语言比率；第 8—9 列数据之和与总次数的比率，即为学生语言比率；第 10 列数据与总次数的比例，即为无效语言行为比率。此课堂的教师语言比率（59.98%）远大于学生语言比率（23.95%）和无效语言行为比率（16.08%），可见此课堂为教师主导的讲授型课堂。

　　在教师教学风格方面，通过计算第 1—4 列总次数（233）与 5—7 列总次数（293）的比率，即教师间接影响和直接影响的比值（0.795 < 1）可知，教师倾向于对课堂与学生做直接的控制。通过计算 1—3 列总次数（110）与 6—7 列总次数（69）的比率，即教师积极影响和消极影响的比值（1.594 > 1）可知，教师对学生的教学风格和倾向是对学生的期望、鼓励、赞同较多，而批评、指令较少。

　　在课堂师生互动方面，由 1—3 行和 1—3 列组成的"积极整合格"总次数为 38，

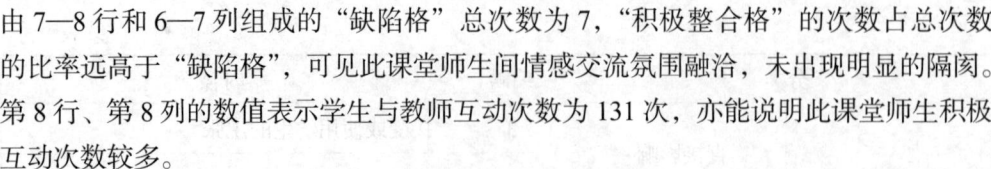

由 7—8 行和 6—7 列组成的"缺陷格"总次数为 7，"积极整合格"的次数占总次数的比率远高于"缺陷格"，可见此课堂师生间情感交流氛围融洽，未出现明显的隔阂。第 8 行、第 8 列的数值表示学生与教师互动次数为 131 次，亦能说明此课堂师生积极互动次数较多。

技能学习

扫描二维码，观看"视频：弗兰德斯互动分析系统的矩阵分析"，了解如何通过弗兰德斯互动分析系统进行教学行为分析，并动手操作。

（四）TEACH 课堂观察工具

TEACH 课堂观察工具是世界银行在 2020 年推出的命名为"教学"（TEACH）的课堂观察工具，旨在以观察推动教学、明确标准和克服现有观察工具瓶颈。[①] 在设计层面，它的功能兼顾国家政策制定与教师个体发展，具有易获取、易掌握和大规模使用的特点。

TEACH 目前主要应用于小学阶段一到六年级的课堂，除了学习时间观察，课堂教学实践质量是 TEACH 观察的重点，课堂观察内容被划分为课堂文化、教学领域和社会情感技能三个领域。这些领域一共有 9 个对应的要素，指向 28 种行为，根据从课堂采集到的数据，这些行为的特征为低、中或高，最后将行为得分转化为可以量化教学实践的 5 分制，如表 5.11 所示。

表 5.11　TEACH 课堂观察单

领域/要素/行为	分数					最终分数
A 课堂文化						
1. 支持性学习环境	1	2	3	4	5	
1.1 教师尊重所有的学生		低		中		高
1.2 教师对学生使用积极的语言		低		中		高
1.3 教师及时回应学生的需求	无	低		中		高
1.4 教师在课堂上未表现出性别偏见和性别刻板印象	无	低		中		高
2. 积极行为期望	1	2	3	4	5	
2.1 教师为课堂活动设定明确的行为期望		低		中		高
2.2 教师承认积极的学生行为		低		中		高
2.3 教师关注期望中的行为，正面引导不良行为发生改变		低		中		高
B 教学						
3. 课堂引导	1	2	3	4	5	

[①] 闫温乐，施若蕾. 课堂观察工具：摒弃还是发展？——基于世界银行课堂观察工具 TEACH 的讨论［J］. 比较教育学报，2022（2）：147–159.

领域/要素/行为	分数					最终分数
3.1 教师明确阐明课程的目标，并将课堂活动与目标联系起来	低		中		高	
3.2 教师能清晰地解释课程内容	低		中		高	
3.3 教师在课程中建立与其他内容知识或学生日常生活相关的联系	低		中		高	
3.4 教师给出清晰的示例	低		中		高	
4. 检查理解程度	1	2	3	4	5	
4.1 教师通过提问、提示或其他策略来确定学生的理解水平	低		中		高	
4.2 教师在学生独立或小组作业时提供监督和帮助	无	低		中	高	
4.3 教师根据学生的情况调整教学	低		中		高	
5. 反馈	1	2	3	4	5	
5.1 教师提供具体的评论或提示，以帮助学生澄清误解	低		中		高	
5.2 教师提供具体的评论或提示，以帮助学生确定正确性	低		中		高	
6. 批判性思维	1	2	3	4	5	
6.1 教师提出开放性问题	低		中		高	
6.2 教师布置思考任务	低		中		高	
6.3 学生提出开放性问题和执行思考任务	低		中		高	
C 社会情感技能						
7. 自主性	1	2	3	4	5	
7.1 教师为学生提供与学习目标直接相关的选择	低		中		高	
7.2 教师为学生提供在课堂上参与教学活动的机会	低		中		高	
7.3 教师鼓励学生积极参与课堂活动	低		中		高	
8. 毅力	1	2	3	4	5	
8.1 教师认可学生的努力	低		中		高	
8.2 教师对学生的不足持有积极的态度	低		中		高	
8.3 教师鼓励学生设定目标	低		中		高	
9. 同伴协作	1	2	3	4	5	
9.1 教师通过同伴互动促进学生的协作	低		中		高	
9.2 教师促进学生的人际交往技能提升	低		中		高	
9.3 学生通过同伴互动相互协作	低		中		高	

观察者使用 TEACH 课堂观察工具时，要明确三个领域的观察重点：课堂文化领域指教师要创造一种有利于学生学习的课堂环境，鼓励教师多关注符合期望的行为，

不过多关注不良行为。例如"不因为批评少数犯错的学生而影响整个课堂教学氛围"。教学领域指教师进行课堂教学时要采用加深学生理解、鼓励批判性思维的方式。教师在知识点之间转换时，要尽可能地通过多种方式检查学生对知识的理解情况。社会情感技能领域指教师不仅要为学生提供做出选择和在课堂上扮演有意义角色的机会，还要鼓励学生以积极的态度看待自身暂时的不足，促进学生毅力的发展；此外，鼓励学生通过同伴互动相互协作，展示社交和协作技能。

二、课堂教学评价工具

课堂教学评价是提升课堂教学质量、深化教育改革的关键环节，是教育评价系统的重要组成部分及研究重点。[①] 课堂教学评价工具对教学质量的提升发挥着引领作用，评价量表是常见的课堂教学评价工具之一。下面主要对"优课"评价指标和基础教育精品课评价指标进行介绍。

（一）"优课"评价指标

2014 年 10 月，教育部启动"一师一优课、一课一名师"遴选活动，力争每一位中小学教师能够利用信息技术至少上好一堂课，使每堂课至少有一位优秀教师能够利用信息技术讲授。2015 年 5 月，教育部发布的"优课"评价指标分为教学设计、教学过程、教学效果、技术规范四个方面，共包含 10 个具体指标。每项指标分为优秀、良好、一般、差四档并赋分，如表 5.12 所示。

表 5.12 "一师一优课、一课一名师"活动"优课"评价指标

评价指标	权重	指标描述	分值			
			优秀	良好	一般	差
教学设计	10	教材与学情分析准确、全面；教学目标明确、具体、可操作，体现三维目标整体要求；重点、难点处理符合学生认知规律；情境与活动设计指向问题解决	9—10	7—8	5—6	0—4
教学过程	10	教学环节相对完整、过程流畅、结构清晰；课堂容量适当，时间布局合理	9—10	7—8	5—6	0—4
	10	教学组织形式多样，方法有效，引导学生自主、合作、探究学习；反馈和评价及时恰当	9—10	7—8	5—6	0—4
	10	面向全体、注重差异，学生参与面广；突出学生主体性和教学互动性	9—10	7—8	5—6	0—4
	10	熟练、合理地应用信息技术设备；应用信息技术支持学生学习、课堂交流和教学评价	9—10	7—8	5—6	0—4

---

① 许娜，高巍，郭庆. 新课改 20 年课堂教学评价研究的逻辑演进［J］. 教育研究与实验，2020（6）：49–55.

评价指标	权重	指标描述	分值			
			优秀	良好	一般	差
教学过程	10	应用数字资源改变教学内容呈现方式，帮助学生理解、掌握和应用知识	9—10	7—8	5—6	0—4
教学效果	10	学生学习兴趣浓厚，积极主动，参与度高，在学习活动中获得良好体验，课堂气氛活跃有序	9—10	7—8	5—6	0—4
	10	完成既定教学目标，使不同层次学生都能基本掌握所学科目的知识	9—10	7—8	5—6	0—4
	10	能推动学生在学科思维、实践能力和情感态度等方面得到有效发展	9—10	7—8	5—6	0—4
技术规范	10	晒课界面组织合理、信息完整、语言规范；课件运行正常，链接准确；视频拍摄内容完整、画面清晰，声画同步	9—10	7—8	5—6	0—4

（二）基础教育精品课评价指标

2021 年 8 月，教育部组织开展"基础教育精品课"遴选工作，进一步激发教师教学热情、汇聚优质教学资源、服务学生教师使用、促进教育优质均衡发展。基础教育精品课以微课的形式呈现，包括微课视频、教学设计、学习任务单、课件、作业练习和必要的实验演示。其评价指标体系分为目标内容、教学过程、教学资源和技术规范四个一级指标，二级指标包括教学目标科学合理、教学内容组织科学、教学环节流畅紧凑、教学方法策略适切、信息技术融合有效、教学设计明确恰当、作业练习规范科学、资源完整提交规范等，如表 5.13 所示。

表 5.13 部级基础教育精品课评价指标

一级指标	二级指标	指标描述	权重
目标内容	教学目标科学合理	落实立德树人根本任务，培育和践行社会主义核心价值观，体现核心素养导向；教学目标明确具体、可检测，重难点突出	10
	教学内容组织科学	教学内容符合课程标准要求和学生认知规律，注重培养学生能力；覆盖该课所含知识，课时安排合理	10
教学过程	教学环节流畅紧凑	教学过程包含必要的教学环节，层次清晰，过程流畅；课堂容量适当，时间分配合理	15
	教学方法策略适切	体现以学习者为中心的课程理念，注重学生亲身体验、情境感知；教学组织严谨，教学方法得当，策略有效	15
	信息技术融合有效	熟练运用信息技术，依据教学目标选择、整合和应用数字教育资源，促进知识理解和问题解决，培养学生的创新能力，提升教学的精准性和实效性。如有实验内容，实验技术应运用合理	15

续表

一级指标	二级指标	指标描述	权重
教学资源	教学设计明确恰当	教学设计（及学习任务单）与教学目标一致，符合学生的认知水平，体现导学功能，有效激发学生的积极性和创造性	15
	作业练习规范科学	课上练习、课后作业、实验活动（如有）紧扣教学目标，总量适中，难易适度，形式多样，促进学生发展	10
技术规范	资源完整提交规范	教师讲解、实验与多媒体演示切换适当，布局美观，声画同步；课件、学习任务单、作业练习信息完整、格式规范；资源引用注明出处	10

本章要点

1. 教学设计是指根据课程标准的要求和教学对象的特点，运用系统科学的方法分析研究教学问题和需求，确立解决问题的方法和步骤，将教学诸要素有序安排，形成合适的教学方案。

2. 教学设计的基本原理包括目标控制原理、要素分析原理、优选决策原理和反馈评价原理。

3. 教学设计的基本内容包括教学目标分析、学习者特征分析、教学过程设计、教学环境与资源设计和教学评价设计。

4. 课堂教学是学校教育最重要和最基本的活动形式。教师在实施课堂教学前的核心任务是进行科学的教学设计与教学资源准备。教学设计的最终成果是编写完整的教学设计方案。编写教学设计方案的过程是以教学内容为核心，根据教学目标，合理选择、设计教学环境与资源、教学策略、教学活动、教学媒体与教学评价，并最终通过教学设计方案得以体现。

5. 在线教学是远程教育的一种形式。在线教学设计应充分考虑教与学的各要素，依照以学习者为中心的原则，选择适切的在线授课工具，提供丰富的教学资源，设计有效的教学活动，提供灵活的在线学习支持服务，以激发学生的学习兴趣，保障学生的学习效果。

6. 混合式教学充分整合了在线教学与传统面授教学的优势。"翻转课堂"是一种典型的混合式教学模式，它通过转换知识传授和知识内化所发生的场所和时间，改变了传统教学中的师生角色定位，促进了学生对知识的内化，实现了对传统课堂教学的革新。

7. 随着信息化的发展，科学系统的课堂教学观察与评价工具成为课堂教学分析的重要依托，它通过数字化技术研究课堂教学，创建相应的视频数据库，并进行高效的运行与管理。

问题与思考

1. 什么是教学设计？教学设计要考虑哪些内容？师范生要掌握哪些有关教

学设计的技能？

    2. 在线教学设计与混合式教学设计有什么异同？

    3. S–T 分析法的优缺点是什么？如何应用 S–T 分析法？

网络学习

    请你结合"爱课程"网在线开放课程"现代教育技术应用"第五章"教学案例"资源，深刻理解本章介绍的课堂教学设计、在线教学设计和混合式教学设计的方法和技能。任选一个你感兴趣的教学案例进行分析，指出其优点与不足，并在小组中交流与讨论。

实践训练

    实践项目：教学设计项目

    1. 实践任务

    根据前面所学习的课堂教学设计、在线教学设计与混合式教学设计的相关知识，参考教材中的案例，设计一份课堂教学或翻转课堂教学（混合式教学）方案。

    2. 实践要求

    （1）课堂教学设计方案要求

- 内容完整，涵盖课堂教学活动的各个部分。
- 参照课堂教学设计模板编写。

    （2）翻转课堂教学设计方案要求

- 内容完整，包括课前微视频设计、学习任务单设计和课堂教学过程设计。
- 参照翻转课堂教学设计模板编写。

    3. 实践建议

    建议学习者按照以下步骤开展本次实践项目：

    （1）选择主题

    请结合你的教学实际或学科特点，选择某一主题开展课堂教学设计或翻转课堂教学设计，并将你选择的主题填写在下面的横线上。

_____

_____

    （2）编写设计方案

    参考本章提供的教学设计案例，围绕所选的主题编写一份完整的教学设计方案。

    （3）作品汇报

    以小组为单位推选出优秀的教学设计方案，在班上进行汇报。在表 5.14 中记录你的体会和建议。

表 5.14　优秀教学设计方案记录

设计方案名称	制作者	优点	对我的启发	改进建议

（4）分享心得

与班级其他成员分享你在教学设计方案编写这一学习活动实践中的心得体会。

拓展资源

请到中国知网（https://kns.cnki.net）搜索以下文章并阅读。

（1）冯晓英，曹洁婷，黄洛颖. "互联网 +" 时代混合式学习设计的方法策略 ［J］. 中国远程教育，2020（8）：25-32.

这篇文章提出了混合式学习设计的四个评价标准——有效、高效、有吸引力、个性化，提炼出四个典型策略——明晰的核心目标，线上、线下、现场教学的相辅相成，开放式的学习活动、真实的学习体验，数据驱动的学习分析技术，最后通过一个典型案例，说明如何在实践教学中应用这四个策略，有助于提高教师的课堂实践能力。

（2）闫温乐，施若蕾. 课堂观察工具：摒弃还是发展？——基于世界银行课堂观察工具 TEACH 的讨论 ［J］. 比较教育学报，2022（2）：147-159.

这篇文章介绍了世界银行在 2020 年推出的课堂观察工具 TEACH。世界银行开发课堂观察工具 TEACH 旨在以观察推动教学，明确标准和克服现有观察工具的 "瓶颈"；功能兼顾国家政策制定与教师个体发展，内容聚焦课堂教学的普适性经验，在方法上注重易获取、易掌握和大规模使用。

（3）徐琼. 小学英语课堂师生互动行为分析——基于 FIAS 分析系统的个案研究 ［J］. 中小学数字化教学，2022（8）：81-85.

这篇文章采用弗兰德斯互动分析系统，通过作者的自我录制、自我观察和编码记录，采用比率分析法、矩阵分析法，探究小学英语课堂师生互动行为，查找课堂教学中师生互动的亮点及不足。

第六章　教育技术应用新发展

人工智能、脑机接口、虚拟现实与仿真、云计算与大数据等新兴技术与教育的结合，为革新传统教育提供了新的可能。新兴技术与教育教学的深度融合，催生了一系列新的教学模式，如"翻转课堂"教学模式、"三个课堂"教学模式、STEAM 跨学科教学模式、大单元教学模式等，这些实践推动学校课堂教学走向多元化。

知识地图

教育技术应用新发展
- 教育应用新技术
  - 人工智能技术
  - 脑机接口技术
  - 虚拟现实与仿真技术
  - 云计算与大数据技术
- 信息化教学新模式
  - "翻转课堂"教学模式
  - "三个课堂"教学模式
  - STEAM跨学科教学模式
  - 大单元教学模式
- 创新课堂教学实践案例
  - 案例：小学语文《神奇的机器人》
  - 案例：小学数学"圆柱的认识"
  - 案例：小学英语"Go Straight on"
  - 案例：小学美术"石头造型"
  - 案例：小学思想品德"长江的诉说"
  - 案例：小学人工智能"让小飞学会翻译"

学习目标

1. 了解人工智能技术、脑机接口技术、虚拟现实与仿真技术、云计算与大数据技术等的内涵及其教育应用。

2. 理解超越传统课堂教学的信息化教学新模式及其理念。

学习建议

1. 学习重点：人工智能技术、脑机接口技术、虚拟现实与仿真技术、云计算与大数据技术等新兴教育技术的内涵及其教育应用；"翻转课堂"、"三个课堂"、STEAM跨学科、大单元等信息化教学新模式的特点。

2. 课前活动：观看本章的导学视频，了解当前教育应用领域的新技术以及各种信息化教学新模式。

3. 课后活动：复习巩固本章所学内容，完成实践项目，进一步加深对信息化教学模式的理解。

导学视频：教
育技术应用新
发展

　　当今世界科技进步日新月异，新一代信息科技革命蓄势待发。人工智能、大数据、区块链等技术迅猛发展，深刻影响并改变了人才需求和教育形态。智能环境不仅改变了教与学的方式，而且已经开始深入影响教育的理念、文化和生态。

视频：教育应用新技术

一、人工智能技术

（一）什么是人工智能

　　人工智能（Artificial Intelligence）最早源于"如何用机器模拟人的智能"，也可以说是由人工制造出来的系统所表现出来的智能。人工智能包括"人工"与"智能"两个方面。在日常用语中，"人工"的意思是合成的、人造的，人造物体也常常给人类带来益处，它的作用甚至会优于自然的物体。目前关于"智能"的定义，有思维理论、知识阈值理论、进化理论等主要流派。思维理论认为智能的核心是思维，人的一切智能都来自大脑的思维活动，因而思维理论渴望通过对思维规律与方法的研究，来揭示智能的本质。知识阈值理论认为智能行为取决于知识的数量及一般化程度，它将智能定义为在巨大搜索空间中找到满意解答的能力。进化理论认为，人的本质能力是在动态环境中对外界事物的感知能力、行动能力、维持生命的能力，正是这些能力为智能的发展提供了基础。

　　人工智能不等于生物智能，它不是自然产生的，也被称为机器智能。关于人工智能的定义，存在不同的观点。狭义的人工智能是计算机科学的分支，是指用计算机模拟或实现的智能，是研究如何使机器具有智能（特别是人类智能如何在计算机上实现或再现）的科学与技术。随着科学技术的进步，人工智能已演变成多学派、多层次融合的广义的人工智能。广义的人工智能是指研究、开发用于模拟、延伸和扩展人和其他动物的智能，以及开发各种机器智能和智能机器的理论、方法、技术及应用系统的综合性学科，其不仅研究个体、单机、集中式的人工智能，还研究群体、网络、多智体、分布式的人工智能。总体而言，人工智能是自然科学与社会科学交叉的学科，综合了信息、逻辑、思维、生物、心理、计算机、电子、语言、机器人等学科，其基础学科是数学，指导学科是哲学。

　　根据人工智能真正实现思考、推理、解决问题的程度，人工智能可以分为弱人工智能与强人工智能。弱人工智能是指不能真正地推理和解决问题的智能机器，这些机器不真正拥有智能和自主意识，只专注于完成某个特定的任务。目前弱人工智能广泛渗透在我们日常生活中，如搜索引擎、导航系统、智能语音助手、垃圾邮件过滤器、社交软件、智能手机等都采用了不同的人工智能技术。强人工智能是指真正能思考的智能机器，并且具有知觉与自我意识，可分为类人机器与非类人机器。类人机器的思考和推理类似人的思维，而非类人机器产生了和人完全不同的知觉和意识，使用和人完全不同的推理方式。在一般意义上，能达到人类水平、能对外界环境的挑战产生自适应能力并具有自我意识的人工智能就称为强人工智能，也称为通用人工智能或类人智能。

2017 年，国务院发布的《新一代人工智能发展规划》认为，经过 60 多年的演进，人工智能发展进入了新阶段。特别是在移动互联网、大数据、超级计算、传感网、脑科学等新理论、新技术以及经济社会发展强烈需求的共同驱动下，人工智能加速发展，呈现出深度学习、跨界融合、人机协同、群智开放、自主操控等新特征。大数据驱动知识学习、跨媒体协同处理、人机协同增强智能、群体集成智能、自主智能系统成为人工智能的发展重点，受脑科学研究成果启发的类脑智能蓄势待发，芯片化硬件化平台化趋势更加明显，新一代人工智能相关学科发展、理论建模、技术创新、软硬件升级等整体推进，正在引发链式突破，推动经济社会各领域从数字化、网络化向智能化加速跃升。

（二）人工智能的教育应用

人工智能时代的到来，将使教育实践发生深刻而巨大的变化，教育形态与教学方式也将随之变化。人工智能在教育中的应用目前主要有智慧学习空间、智慧校园、智能学习助理与智能教师助理等。

1. 智慧学习空间

智慧学习空间是连接教室空间、虚拟空间与社会空间，能够智能记录学习过程，有效聚合、提取、分析有意义学习行为数据，帮助师生精准决策，并使每个学习个体都能获得学习支持与服务的学习空间。

智慧学习空间的特征包括：（1）智能采集数据，动态监测与评价教学过程；（2）关注数据分析，提升教学效率，为教学提供智能决策；（3）优化学习行为，为学习者推送个性化学习路径；（4）推动教师反思教学行为，助力教师专业发展。

2. 智慧校园

智慧校园是以面向师生个性化服务为理念，能全面感知物理环境，识别学习者个体特征和学习情境，提供无缝互通的网络通信，有效支持教学过程分析、评价和智能决策的开放教育教学环境和便利舒适的生活环境。

智慧校园的核心特征包括：（1）环境全面感知；（2）网络无缝互通；（3）海量数据支撑；（4）学习环境开放；（5）为师生提供个性化服务。

智慧校园的应用场景主要包括：

（1）助力教师智慧教学。教师依托教育平台汇聚的海量教学资源，可以更好地开展备课、教研；借助物联网、云计算、大数据等技术构建支持协作学习和个性化学习的智慧学习环境；发挥智慧学习环境特性，创新智慧学习环境支持下的教学模式，记录学习中的数据，建立电子学习档案袋，借助学习分析技术，全面综合诊断教学情况，依据数据掌握学情，从而为学习者制订具有针对性的学习干预策略，真正实现以学定教。

（2）助力学生智慧学习。依托大数据学习分析技术，智慧校园为学生提供精准的学习诊断，并据此提供智能化的资源推送与学习建议；通过"云""网""端"一体化的数据传输和交流互通渠道，帮助学生无障碍地进行全时空的交流与互动，促进学生协作学习，满足学生沟通、交流与协作交互等需求；帮助学生应用智能学习终端，选择富媒体化的学习资源，借助相关学习工具随时随地接入学习，实现学习个性化、移动化、泛在化。

（3）助力教育管理者智慧管理。智慧校园发挥环境全面感知的特性，借助物联网、传感器等技术工具实现对学生考勤、门禁、消费、学习等信息的全面记录，为教育管理者深入分析学生生活、学习情况提供数据支撑；通过智慧管理云服务平台，为教育管理提供数据集成、数据挖掘、运行状况实时监控等业务支持，实现教育管理智能决策、教育管理可视化、实时监控、安全预警和远程辅导功能，从而提高教育管理的水平。如利用数据挖掘，为学校各业务部门提供分级分类授权的统计信息报表，从而为各种科学决策提供基础数据支持。

3. 智能学习助理：教育机器人

教育机器人综合了多种人工智能技术，目前其相关研究主要关注外观、听觉能力、视觉能力、口说能力、认人能力、同理心与情绪侦测能力、长期互动能力七个方向。它们拥有学生喜欢的外形特征；能够正确辨识学生表达的语音语义、人脸动作和面部情绪；可以和学生正常对话；即时了解学生的认知和情绪状态；与学生积极互动，最终促使学生增强自信、提升学习兴趣并积极参与学习。

目前已投入应用的教育机器人种类丰富，主要在以下四种教育教学场景中发挥着重要作用：

（1）自动命题和批阅作业。教育机器人既可以代替教师进行重复性的批阅工作，也可以让学生在短时间内获得科学的测试题目和准确的作业评价反馈。

（2）学习障碍自动诊断与教育决策。教育机器人可以有效识别学生学习过程中的薄弱环节及欠缺部分，并通过智能技术即时发布学习诊断报告和学习预警，同时做出针对性的教育决策。

（3）身心健康监测与综合素质评价。教育机器人可以综合考查学生各方面的发展状况，有效保证学生身心健康成长。

（4）个性化指导与生涯规划。教育机器人可以为学生提供个性化服务，基于学生需求采取符合学习特征及规律的措施和手段，指导、帮助学生解决问题，促进学生个性化发展。

4. 智能教师助理：AI教师

AI教师是伴随着智能技术的发展而成长的，它可以代替教师进行重复性的工作，协助教师完成教学互动、教学测试、学习过程跟踪、学习管理等教学服务，并为教师提供海量的教学资料。基于全学习过程数据的AI教师，可以成为真人教师指导学生的得力助手、家长教育孩子的专业导师、学生自我诊断的贴心顾问，为教师减轻工作压力和减少工作量提供支持。

（三）人工智能教育应用案例

应用计算机视觉识别技术，通过对课堂教学场景的认知分析，教师能实现教学质量精细化认知、教学过程可视化洞察、教学效果量化评估。图 6.1 是应用计算机视觉识别技术分析课堂教学过程中学生的专注指数、活跃指数与情感的例子。

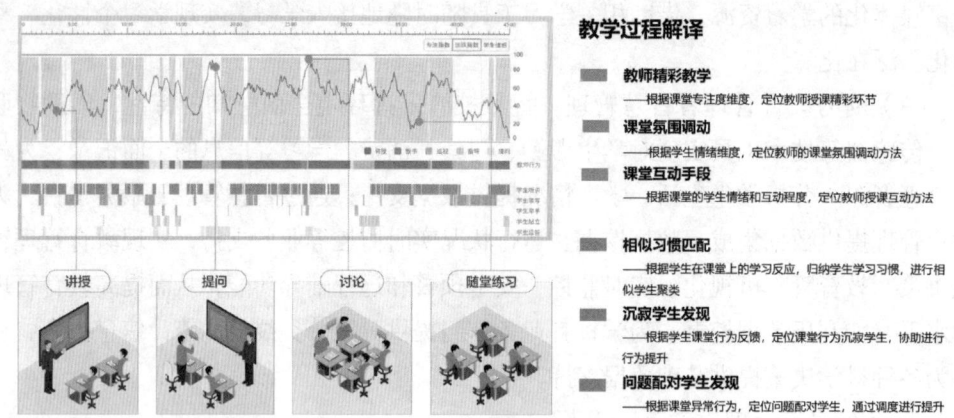

教学过程解译

教师精彩教学
——根据课堂专注度维度，定位教师授课精彩环节

课堂氛围调动
——根据学生情绪维度，定位教师的课堂氛围调动方法

课堂互动手段
——根据课堂的学生情绪和互动程度，定位教师授课互动方法

相似习惯匹配
——根据学生在课堂上的学习反应，归纳学生学习习惯，进行相似学生聚类

沉寂学生发现
——根据学生课堂行为反馈，定位课堂行为沉寂学生，协助进行行为提升

问题配对学生发现
——根据课堂异常行为，定位问题配对学生，通过调度进行提升

图 6.1 应用计算机视觉识别技术分析课堂教学过程

二、脑机接口技术

（一）什么是脑机接口

脑机接口（brain-computer interface，BCI）是近年出现的涉及神经科学、认知科学、计算机科学、控制及信息科学与技术、医学等多学科、多领域的人机接口方式，是在大脑与外部环境之间建立的神经信息交流与控制通道。[①] 一个标准的脑机接口系统可以准确、快速地采集、识别出人脑在各种思想活动下的脑电信号。20 世纪 90 年代以来，脑机接口的研究受到国内外科学界的高度关注，脑科学和智能科学已被许多国家纳入国家科技发展规划，作为重点发展的研究方向之一。

当前学术界已经意识到脑机接口技术在教育中应用的价值，从 2010 年开始，相关论文的发表量大幅度增长。通过 Web of Science 数据库对相关文献进行分析，我们发现脑机接口技术教育应用的研究主要集中在计算机科学、教育教学研究和神经科学、工程学等领域，研究与实践均处于起步阶段，研究成果还不丰富。当前脑机接口技术教育应用的研究主要集中在以下三个方面：

（1）脑机接口技术教育应用基础理论方法研究。建立以脑科学为基础的教育应用理论体系，基于对人类认知规律、认知过程的认识构建教育教学新范式。（2）脑机接口技术教育应用系统设计。基于脑信号记录或脑刺激设计脑机接口教学系统，为实现常态环境下的教育应用提供支持。（3）脑机接口技术教学实践与实证研究。设计并实施基于脑机接口技术的教育应用实验，解决具体的教育教学问题，如通过系统的认知训练提升学习者的认知能力，改善学习者在学习过程中的消极情绪等。

---

① 拉奥. 脑机接口导论［M］. 张莉，陈民铀，译. 北京：机械工业出版社，2016：2.

（二）脑机接口技术的教育应用 [①]

学习成功与特定现象相关假设有关，脑机接口技术能够通过直接监测大脑活动判断学习者的学习和认知状态。研究显示，学习者和非学习者的电生理数据差异显著。将来或许能够实现通过直接测量学生大脑信号的变化来估计学生对某个概念的掌握程度，为学生的能力和学习效果进行标准化测试提供一种选择。当前可以预见的脑机接口技术教学应用与评价将主要用于学习者分类、学习状态识别、认知水平监测、训练反馈提升等，如图 6.2 所示。

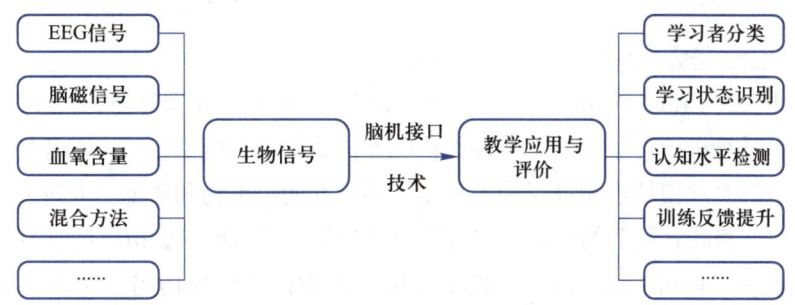

图 6.2　基于脑机接口的教学应用与评价

（三）脑机接口技术教育应用案例

在课堂教学中应用脑机接口技术测量学生的内隐数据具有十分广阔的空间，脑机接口技术能够测量的学生的内隐数据包括学习状态、注意力水平、认知负荷、学习风格等。2019 年，华南师范大学脑机接口技术教育应用研究团队通过可穿戴的脑机接口设备，在广州市天河区和海珠区采集了近 600 位学生的课堂注意力数据，借助数据实现对学生认知能力的客观评价。图 6.3 为五年级某班学生在英语课堂的平均注意力情况。

① 听力　② 讲授新课　③ 个人提问　④ 课堂练习　⑤ 练习讲解　⑥ 听力　⑦ 练习讲解
⑧ 个人提问　⑨ 互动　⑩ 小组练习　⑪ 个人提问　⑫ 讲授新课　⑬ 看视频　⑭ 做VR练习
⑮ 个人提问　⑯ 讲授新课　⑰ 个人提问　⑱ 讲授新课　⑲ 课堂练习　⑳ 个人提问　㉑ 讲授新课
㉒ 个人提问　㉓ 讲解练习　㉔ 自我评价　㉕ 课堂总结

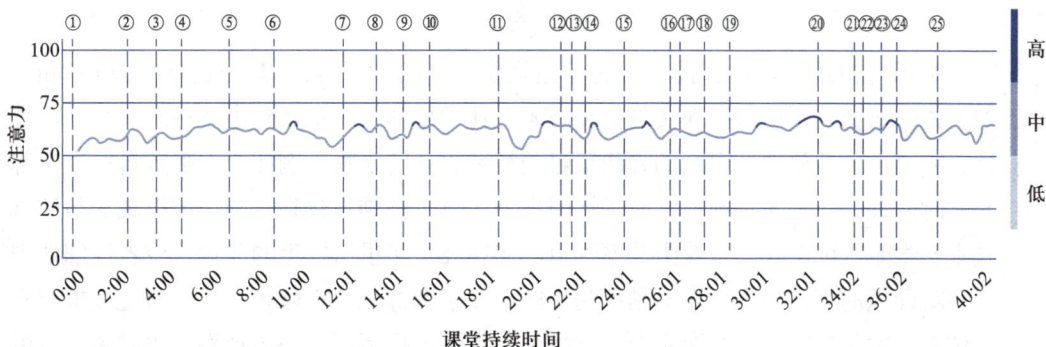

图 6.3　五年级某班学生在英语课堂的平均注意力情况

① 柯清超，王朋利. 脑机接口技术教育应用的研究进展［J］. 中国电化教育，2019（10）：14–22.

图 6.3 中的曲线展示了全班学生在一节英语课堂上由不同教学活动引起的注意力变化情况，学生注意力值在 50 至 75 之间上下波动。

三、虚拟现实与仿真技术

虚拟现实与仿真技术是计算机科学技术应用发展的重要领域，相关的技术非常多。目前应用到教育中的虚拟现实与仿真技术有虚拟现实、虚拟仿真、增强现实等技术。

（一）什么是虚拟现实、虚拟仿真与增强现实技术

虚拟现实（virtual reality，VR）技术，是 20 世纪 80 年代崛起的一种综合集成技术，它借助计算机硬件、软件以及各种传感器构成一个三维信息的人工环境——虚拟环境，可以逼真地模拟现实世界的（甚至是不存在的）事物和环境。人进入这种环境中，立即有"身临其境"的感觉，并可以亲自操作，自然地与虚拟环境进行交互。

虚拟仿真（virtual simulation）技术是用一个虚拟系统模仿另一个真实系统的技术，是仿真技术与虚拟现实技术相结合的产物。随着计算机的发展，虚拟仿真逐步形成一类试验研究的新技术，并自成体系，成为继数学推理、科学实验之后人类认识自然界客观规律的第三类基本方法，而且正在发展成为人类认识、改造和创造客观世界的一项通用性、战略性技术。

增强现实（augmented reality，AR）技术，是在虚拟现实基础上发展起来的新技术，是用计算机系统提供的信息增加用户对现实世界感知的技术，并将计算机生成的虚拟物体、场景或系统提示信息叠加到真实场景中，从而实现对现实的"增强"感受。

这些新技术可以为教学提供形象逼真、细致生动的虚拟环境，通过情境化的学习界面、人机交互式的模拟学习体验，改善教学环境、优化教学过程、增强教学效果。

（二）虚拟现实与仿真技术的教育应用

1. 利用虚拟现实与仿真技术进行教学

利用虚拟现实与仿真技术可为学生提供丰富的学习资源以及选择学习材料和学习方式的机会。利用虚拟现实与仿真技术可让学生学习一些实践中具有时间性、可变性、距离性、抽象性且用别的方法很难观察和验证的事物。例如，大多数自然现象都具有时间性，或者非常漫长，或者转瞬即逝，学生很难观察到。利用虚拟现实与仿真技术，学生就可以在一堂课中观察到自然界在几十年里所发生的变化，或者仔细地观察转瞬即逝的变化过程，而不是仅利用图示或录像等教学媒体来观察。通过虚拟现实与仿真技术，教师可以在课堂上陪学生一起经历虚拟情境，一边观察一边讲解；也可以让学生观察虚拟景物、虚拟环境，进行自主学习，进而理解有关概念、知识。这种与虚拟景物、虚拟环境的交互，能有效激发学生学习的主观能动性，使学生真正参与教学活动，成为学习的主体，并保持较高的学习热情。

2. 利用虚拟现实与仿真技术创建三维虚拟仿真校园

虚拟现实与仿真技术的沉浸性、交互性、虚幻性以及逼真性的特点，使其可以用来创建虚拟仿真校园。虚拟仿真校园是虚拟现实与仿真技术与网络技术在教育领域中最早的具体应用。早期的虚拟现实与仿真技术主要用于对校园场景的三维演示，随着研究的深入和技术的发展，基于教学、教务、校园生活的三维可视化虚拟仿真校园呼之欲出，并最终可构建一个完整的虚拟校园体系，为教学提供真实、互动、情节化的场景。

3. 利用虚拟现实与仿真技术开展虚拟实验

利用虚拟现实与仿真技术可以模拟显示那些现实中存在，但在课堂教学环境中很难实现，或者需要花费很大代价才能实现的实验。如仿真物理、化学、地理实验。虚拟实验可以提高学生对物理、化学、地理实验的思想和方法以及仪器结构和原理的理解，达到培养动手能力、学习实验技能、深化知识的目的，同时增强学生对物理、化学、地理实验的兴趣，从而大大提高实验教学水平。

4. 利用虚拟现实与仿真技术对学生开展技能训练

虚拟现实与仿真技术的沉浸性和交互性，使学生在虚拟学习环境中会有一种身临其境的感觉，这对训练学生的操作技能非常有利。如应用于机车驾驶的模拟教学装置，可以模拟列车起动、运行、调速及停车全过程，可以向司机反馈列车运行过程中的重要信息，可以选择任意线路断面，可以在有场景的条件下模拟操纵，也可以在无场景的情况下根据计算机图形界面进行操纵。

（三）虚拟实验室应用案例

通过虚拟现实与仿真技术，学生可以模拟真实实验室中的操作，如在 PhET 虚拟实验网站中的"Unde Pressure"案例中，学生可以通过设置大气压强、流体密度、重力加速度等变量，观察水面的变化以及水流的速度等，如图 6.4 所示。

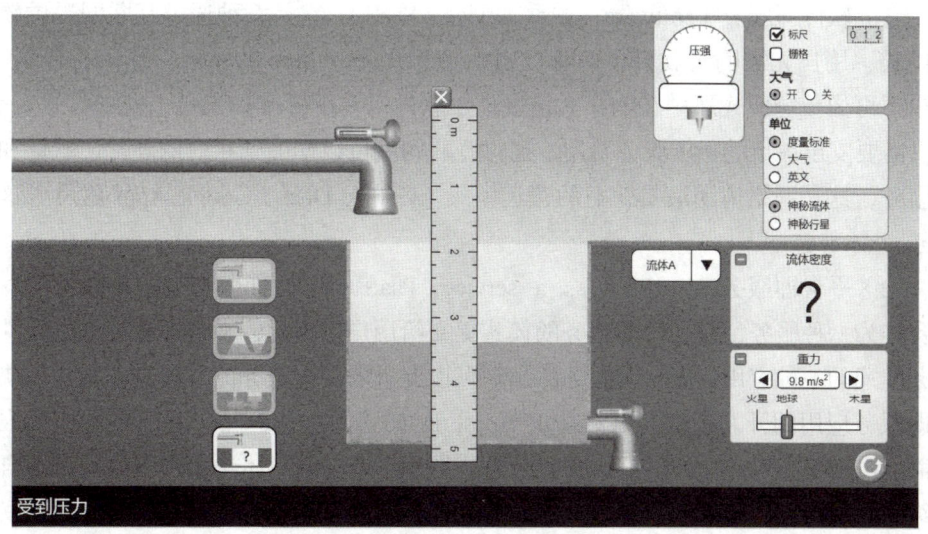

图 6.4 "Under Pressure"案例

四、云计算与大数据技术

随着互联网数据量呈指数级增长，原来的计算模式和数据中心将面临困境，如何应对当前互联网数据量高速增长的势头以及提高数据存储和计算能力，是目前互联网界亟待解决的难题。云计算与大数据技术就是在这样的背景下发展起来的新型信息技术。

（一）云计算

1. 云计算的内涵

云是网络、互联网的一种比喻说法。美国国家标准与技术研究院对云计算（cloud computing）的定义为：云计算是一种按使用量付费的模式，这种模式提供可用的、便捷的、按需的网络访问路径，供用户进入可配置的计算资源共享池（资源包括网络、服务器、存储、应用软件和服务），这些资源能够被快速提供，只需投入很少的管理工作，或与服务供应商进行很少的交互。

如果把使用网络资源比喻成用电，早期用户采用单台的发电机模式，后来转向使用电厂集中供电模式。云计算模式就是让广大用户像使用电（煤气、水）一样使用网络信息、应用系统等资源，取用方便，按量计费，费用低廉。

云计算的基本工作原理是：用户所处理的数据并不存储在本地，而是存储在互联网上的数据中心，由提供云计算服务的机构负责管理和维护这些数据中心的正常运转，保证足够强的计算能力和足够大的存储空间供用户使用。用户可以在任何时间、任何地点，用任何可以连接至互联网的终端设备访问数据中心，而无需关心存储或计算发生在哪边的"云"上。

2. 云计算的服务模式

云计算典型的服务模式有：软件即服务、平台即服务和基础设施即服务。

（1）软件即服务（software-as-a-service，SaaS）。它是一种通过互联网提供软件的模式，用户无需购买软件，而是向提供商租用基于 Web 的软件。在这种模式下，客户不再像传统模式那样在购买大量硬件、软件以及配置维护人员上花费大量资金，而只需要支出一定的租赁服务费用，通过互联网就可以享受到相应的硬件、软件和维护服务，这是网络应用最具效益的营运模式。Google Docs、Google Apps 就属于这类服务。

（2）平台即服务（platform-as-a-service，PaaS）。平台即服务是指将软件研发的平台作为一种服务，以软件即服务的模式提交给用户。因此，平台即服务也是软件即服务模式的一种应用。平台即服务的出现可以促进软件即服务的发展，尤其是加快软件即服务应用的开发速度。以 Google App Engine 为例，它是一个由 Python 应用服务器群、Bigtable 数据库及 GFS 组成的平台，为开发者提供一体化主机服务器及可自动升级的在线应用服务。用户编写应用程序并在谷歌的基础架构上运行就可以为互联网用户提供服务，谷歌提供应用运行及维护所需要的平台资源。

（3）基础设施即服务（infrastructure-as-a-service，IaaS）。用户通过互联网可以从完善的计算机基础设施中获得服务。例如，Amazon Web 服务（AWS）、IBM 的 Blue Cloud 等均是将基础设施作为服务出租的。基础设施即服务的优点是用户只需准备低成本硬件，按需租用相应计算能力和存储能力，这大大降低了用户在硬件上的开销。

3. 云计算的教育应用

云在教育领域中的迁移称为"教育云"，是指应用云计算技术建设的教育信息化支撑系统，这是未来教育信息化的基础架构，包括相关的软件、硬件资源。这些资源经虚拟化之后，向教育用户提供一个统一的教育服务平台，为教育领域提供"云服务"。教育云平台的建设主体为省、地市或县一级的教育主管部门。

（二）大数据

1. 大数据的概念

大数据（big data）是指无法在一定时间范围内用传统互联网技术和软件、硬件工具进行感知、获取、管理、处理的数据集合。它需要运用新的处理模式才能具有更强的决策力、洞察力和流程优化能力，是一种海量、高增长率和多样化的信息资产。也可简单理解为：大数据是一个体量特别大，数据类别特别多的数据集，并且这样的数据集无法用传统数据库工具对其内容进行抓取、管理和处理。物联网、云计算、移动互联网、手机、平板电脑、个人电脑以及遍布全球各地的各种各样的传感器，都是其数据来源。

2015 年 9 月，国务院印发《促进大数据发展行动纲要》，系统部署了我国大数据发展工作。2017 年 1 月，工业和信息化部编制印发《大数据产业发展规划（2016—2020 年）》，提出的发展目标是：到 2020 年，技术先进、应用繁荣、保障有力的大数据产业体系基本形成。大数据相关产品和服务业务收入突破 1 万亿元，年均复合增长率保持 30% 左右，加快建设数据强国，为实现制造强国和网络强国提供强大的产业支撑。

2. 大数据的特征

计算机科学领域一般用 4 个 V 来概括大数据的基本特征：

（1）规模性（volume）。规模性指数据的数量非常庞大，单位从 GB、TB 扩展到 PB、EB 甚至 ZB。这意味着数据的存储、传输和处理都需要更高的性能和容量。

（2）多样性（variety）。多样性指数据的来源多、类型多、格式多，包括结构化、非结构化和半结构化的数据。这意味着数据的整合、清洗和分析都需要更多的技术和方法。

（3）高速性（velocity）。高速性指数据的生成速度和处理速度都非常快，需要实时或近实时的分析和响应。这意味着数据的采集、流式处理和实时查询都需要更快的反馈和决策。

（4）价值性（value）。价值性指数据中潜藏着巨大的价值，但是需要通过有效的算法和技术来挖掘和提炼。这意味着数据的价值密度低，需要更深入的分析和应用，以期创造更大的价值。

3. 教育大数据

用云计算模式建设的教育信息化平台是大数据汇聚的基础，大数据是提供智能化教育服务的关键。建立可流动、可获取、可应用的大规模非结构化教育数据，有助于理解教育系统整体，支持教学评价与决策；有助于实现个性化学习、自我导向式学习以及智慧学习等。

国家教育资源公共服务平台和国家教育管理公共服务平台是目前国家在建和在用的两个教育大数据平台，其目标是汇聚教育管理、教学支持领域的海量信息，形成有效支持教育教学过程、教育管理的教育大数据。其中，国家教育资源公共服务平台采用资源征集、资源汇聚、资源共建、资源捐赠四种方式实现教育资源数据的汇聚；国家教育管理公共服务平台采用学生和教师"一人一号"、学校"一校一码"的思路，全面准确地汇聚全国学生、教师和学校办学条件的动态数据。这些大数据成为我们观察、监测教育系统的"显微镜"与"仪表盘"，成为智能化教育分析与决策的基石。

教育数据可以来自学习者的显性或隐性学习行为，如完成作业、参加考试、参与课外活动、论坛发帖等。通过对教育大数据的分析，教师可以获得学习者行为数据，判断学习者的学习需求、学习风格、学习进展，制订满足学习者学习需求的教学方案，从而优化教学。这样的数据分析技术也称为"学习分析技术"，学习分析是指对学习者生成的海量数据进行解释和分析，以评估学习者学业进展，预测其未来表现，并发现潜在问题。目前学习分析技术已引起全球教育界的关注，研究人员开始深入研究如何通过学习分析技术，诊断学习者的认知水平、预测其未来学习成效等，为师生更高效的教学赋能。此外，学习者可将学习分析技术作为自我评估工具、自我导向学习的引导工具、学习需求的分析工具、危机预警工具，通过它进行自我评估、诊断与导向等；教育研究者则可以将学习分析技术作为个性化学习设计工具以及成效分析工具、学习者个性化学习研究工具、网络学习过程和效用研究工具、学习总结及预测工具等。

第二节　信息化教学新模式

网络新兴技术与现代教育理念的融合，催生了一系列新的教学模式，如"翻转课堂"教学模式、"三个课堂"教学模式、STEAM 跨学科教学模式、大单元教学模式等。这些教学模式充分发挥网络与人工智能等新兴技术跨越时空、超越现实的特点，突破传统教室与课堂的局限，构建了全新的课堂教学组织方式、教学结构、教学评价方

式，为师生带来全新的教学体验。

一、"翻转课堂"教学模式

（一）什么是翻转课堂

2007 年，美国科罗拉多州落基山林地公园高中的两位化学老师乔纳森·伯尔曼和亚伦·萨姆斯，为那些耽误上课的学生录制了在线视频课程，创造了"翻转课堂"教学模式。同年，美国的萨尔曼·可汗建立了非营利性的"可汗学院"网站，他把自己的数学辅导过程制作成视频，每段视频长度控制在 10 分钟内，以便学习者有耐心学习、理解知识，同时提供在线练习、自我评估及进度跟踪等学习工具。学生晚上在家观看数学教学视频，第二天与同学一起在教室做作业，遇到问题时可以向教师和同学请教。这跟传统的"教师白天在教室上课，学生晚上回家做作业"的方式正好相反，因此称为"翻转课堂"。

"翻转课堂"教学模式赋予学生更多的自由，把知识传授的过程放在教室外，让学生选择最适合自己的方式接受新知识；而把知识内化的过程放在教室内，以便学生之间、学生和教师之间有更多的沟通和交流。"翻转课堂"教学颠倒了传统的教学过程，由传统的先教后学转变为技术支持的先学后教，其本质是应用技术变革传统的教学过程，从而优化"知识传授"与"知识内化"这两个认知环节。

（二）"翻转课堂"教学的特点

"翻转课堂"教学具有以下特点：

1. 颠倒教与学的顺序，形成了一种新的教学模式

在"翻转课堂"里，教学活动的重心是活动，教师既是知识传授者，更是学生旁边的引导者。更重要的是，"翻转课堂"教学"颠倒"教与学的顺序后带来知识传授的提前和知识内化的优化。

2. 增加交互的时间，加大交互的深度，促进学生的有意义学习

在课前知识传授阶段，学生利用教学视频学习新内容；在课堂知识内化阶段，学生由于课前利用教学视频学习的知识在其大脑中已经有了痕迹，甚至有了较为深入的思考，因此在课堂上与教师、同学之间的知识交流与互动更为有效，更能建立课前所学知识与课堂知识之间的联系，从而实现有意义的学习。

3. 有助于学生提升自主学习能力

"翻转课堂"教学先让学生利用教学视频等教学材料进行自主学习，并独立思考，然后再一起解决疑难问题或进行课堂教学活动，这使学生有了直接面对新内容、新问题、新情境的机会，正是这类机会的增多，使学生不断积累经验，从而逐渐提升自主学习的能力。同时，学生将在自主学习过程中遇到的疑难问题带到课堂上，并通过教师组织开展的各种学习活动和提供的个性化辅导解决这些问题。

（三）"翻转课堂"教学模式的实践案例

"翻转课堂"教学模式目前在国内外都得到广泛的应用，本书第一章提供了国内"翻转课堂"教学案例，同时，学习者也可以访问国家教育资源公共服务平台的"一师一优课"频道，里面有大量采用"翻转课堂"理念及教学模式进行教学的获奖案例。

二、"三个课堂"教学模式

（一）什么是"三个课堂"

2016年，教育部颁布《教育信息化"十三五"规划》，明确提出要积极推动"专递课堂""名师课堂""名校网络课堂"建设。2020年，教育部颁布《关于加强"三个课堂"应用的指导意见》，明确指出到2022年要全面实现"三个课堂"在广大中小学校的常态化按需应用。

"专递课堂"主要针对农村薄弱学校和教学点缺少师资、开不出开不足开不好国家规定课程的问题，采用网上专门开课或同步上课、利用互联网按照教学进度推送适切的优质教育资源等形式，帮助其开齐开足开好国家规定课程，促进教育公平和均衡发展。

"名师课堂"主要针对教师教学能力不强、专业发展水平不高的问题，通过组建网络研修共同体等方式，发挥名师名课示范效应，探索网络环境下教研活动的新形态，以优秀教师带动普通教师水平提升，使名师资源得到更大范围共享，促进教师专业发展。

"名校网络课堂"主要针对有效缩小区域、城乡、校际之间教育质量差距的迫切需求，以优质学校为主体，通过网络学校、网络课程等形式，系统性、全方位地推动优质教育资源在区域或全国范围内共享，满足学生对个性化发展和高质量教育的需求。

由此可见，"三个课堂"教学模式的核心是以课堂教学改革为抓手，应用信息化手段不断扩大优质教育资源的覆盖面，提高基础教育教学质量，促进教育公平。

（二）"三个课堂"教学模式的实践案例

安徽省在"十三五"期间建设"在线课堂"，通过网络视频结对互动教学，实践"专递课堂"教学模式。目前安徽省已实现教学点"在线课堂"全覆盖，通过省级的管理平台，可以实时监测全省各地开展"专递课堂"教学的情况。

三、STEAM跨学科教学模式

（一）什么是STEAM

STEAM教育是一种教育理念，STEAM是科学（science）、技术（technology）、工程（engineering）、艺术（arts）、数学（mathematics）五门学科英文首字母的缩写。

简单地说，STEAM 教育通常指以 STEAM 活动为载体的集科学、技术、工程、人文艺术和数学于一体的跨学科实践活动。STEAM 教育强调学生在项目和问题的指导下，运用多学科知识，创造性地解决实际问题，打破传统单一学科以应试为导向的人才培养思维，塑造适应时代发展的创新型人才。2016 年，教育部颁布《教育信息化"十三五"规划》，明确提出要加强信息技术在"众创空间"、跨学科学习（STEAM 教育）、创课教育等新的教育模式中的应用。

STEAM 教育采用整合的教学方式，注重实践和过程，强调解决真实问题；强调知识与能力并重，倡导"做中学"；强调创新与创造力培养，注重知识的跨学科迁移及其与学习者之间的关联。开展 STEAM 教学实践，一般采用基于项目的学习（project-based learning，PBL）方式，基于 PBL 的 STEAM 教学模式通常以问题的提出为起点，在提出问题的基础上，强调组建学习小组，进行合作探究；小组内确定学习目标并进行充分的学习；以学生为中心，教师指导、协作项目产出并进行真实的多元评估。近年来，一线的教育实践者也常常把创客教育融合到 STEAM 教育中，解决当前学生创新精神不足、动手能力不强的问题。

（二）STEAM 跨学科教学模式的实践案例

美国是 STEAM 教育的发源地之一，在该领域积累了较丰富的经验，如美国"工程与科学教育创新中心"在网站上提供了大量 STEAM 课程和优秀的教学案例，包括水净化、国际水沸点、正午测量等经典教学项目。我国一线教育实践者近年来也进行了广泛深入的探索，研发了各种 STEAM 课程、STEAM 教学环境，提供各种 STEAM 教学创新交流活动等。

四、大单元教学模式

（一）什么是大单元教学

大单元教学是指教师以大主题或大任务为中心，对学习内容进行分析、整合、丰富和开发，形成具有明确主题（或专题、话题、大问题）、目标、任务、情境、活动、评价等要素的一个结构化的具有多种可行性的统筹规划和科学设计。

这里的"单元"不是强调跨学科、跨学段、综合性的"单元"，而是基于核心素养、学生认知规律和学科知识逻辑体系建构的最小的学科教学单元，大单元教学体现在对学科教学单元内容进行二度开发和整体设计上，其核心是由零散到关联，由浅表到深刻。

核心素养导向下的大单元教学设计，要求教师建立核心素养与学科核心内容之间的关系，依据课程标准和教材，选择有利于培养核心素养的教学内容和情境素材，制订学习目标，选择学科内容，设计学习活动，开展课堂教学，进行学习评价，环环相扣，使核心素养具体化，可培养、可干预、可评价。

（二）大单元教学的基本理念

大单元主题强调从学科内容的整体性出发，架构单元主题教学的知识网，将教学内容主题聚焦，以学科育人的思想整体规划和设计单元教学内容和进程。大单元教学主要遵循以下基本理念：

1. 以深度学习理念为指导

深度学习强调学生在真实的问题情境下进行体验与感受知识，注重学生批判性思维的提升，强调知识的迁移应用、面向现实生活的问题解决等。因此，大单元教学应注重与真实的、贴近学生生活的情境相结合，以真实的问题为驱动，激发学生的学习兴趣，引导学生在解决问题的过程中进行学习，促进学生的知识建构。

2. 以核心素养为目标

核心素养是当今时代的学生应当具备的，能够适应终身发展和社会发展需要的必备品格和关键能力。大单元主题成为落实核心素养发展的新的理念。具体来说，大单元主题可以更好地从整体角度，整合课程资源和设计课堂教学，促进学生对知识的整体感知，实现深度学习，从而发展学生的核心素养。

3. 以整体性教学为支撑

传统教学的知识点相对独立、分散及碎片化，大部分学生在学习的过程中并没有形成知识体系，缺乏知识的整体性和全局性。而大单元教学主要围绕确定的主题进行教学内容的选择、分析、整合与重组，呈现出整体化的特点。它立足真实的情境，引导学生在解决问题的过程中综合运用所学知识，旨在达到深度学习的目的，既做到知识的深度学习，又能够提升学生的高阶思维能力。

4. 以学生为主体

大单元教学规避了"以教为中心"的教学模式，强调发挥学生的主体性。教师是学生学习环境的创设者与资源的提供者，而学生则在教师的引导下，综合运用知识解决问题，积极地进行意义建构，是学习的主人。教师基于学生立场，对学生围绕某一单元开展的完整学习过程进行专业设计，帮助学生构建知识体系。

（三）大单元教学模式的实践案例

统编版小学语文六年级上册第八单元以"走近鲁迅"为专题，开展大单元教学。教师首先深入解读教材课文，以"致敬鲁迅先生"作为单元主题情境。接着分析学习者特征，站在大单元的角度，从单元整体出发，抓住单元导语、课后习题、学习提示和交流活动，细化单元要素，确定本单元学习目标。依据单元学习目标，设计搜集关于鲁迅先生的资料、品味先生作品语言、学习鲁迅先生伟大精神等相互串联的子任务。在子任务完成后，教师组织学生总结复习，帮助学生整合大单元学习内容，构建知识体系。通过该主题单元的学习，学生可以从不同角度、不同文体、不同写作手法中感知立体生动的鲁迅先生形象，走近文学经典。

第三节　创新课堂教学实践案例

各种新技术和多样化的学习资源、学习智能终端为课程改革与教学创新带来了新的活力。2014年，教育部根据《关于全面深化课程改革　落实立德树人根本任务的意见》精神，在全国开展"一师一优课、一课一名师"活动，这项活动的目的是充分调动中小学各学科教师在课堂教学中应用信息技术的积极性和创造性，使每位中小学教师都能够利用信息技术和优质数字教育资源至少上好一堂课；建设一支善用信息技术和优质数字教育资源开展教学活动的中小学骨干教师队伍；促进优质数字教育资源的开发与共享，构建出一套覆盖中小学各年级各学科各版本的可持续生成的资源体系。本节从"一师一优课、一课一名师"活动的"部级优课"中，选取了部分应用新技术创新课堂教学的案例或突出创新的教学片段，供学习者进行教学教法、技术应用观摩研习，或作为集体磨课交流等参考。

一、案例：小学语文《神奇的机器人》

授课教师：郭征　湖北省武汉市硚口区井冈山小学
教学内容：《语文》四年级下册第五单元

（一）片段介绍
教学片段起止时间：12'00"—22'00"
1. 设计目的
四年级学生能初步理解举例子、作比较的说明方法，但他们难以恰当地运用说明方法准确、有条理地说明事物的特点。因此，在本片段中，教师以移动终端为依托，以微课等数字资源为支撑，以互动课堂平台的个性化交互学习功能为载体，为学生创设了运用方法、内化方法的个性化学习环境。通过自主练笔、平台反馈、合作点评，培养学生恰当地运用说明方法准确、有条理表达观点的能力，提高了教学效能。
2. 内容简介
借助互动课堂平台开展自主学习活动，针对学生难以恰当地运用说明方法准确、有条理地说明事物特点的现状，引导他们自主观看微课，进行片段写作，并随时关注学生写作方法的习得与表达能力的培养。在互动评价中，借助平板演示，教师引导学生积极开展小组点评、作品推优，进一步培养学生灵活运用说明方法的能力。在全班交流讨论中，借助平台，对学生作品中的说明方法运用进行圈点勾画，适时点拨，归纳总结，帮助学生巩固、内化说明方法的运用。

3. 流程介绍

这一部分的教学流程如图 6.5 所示。

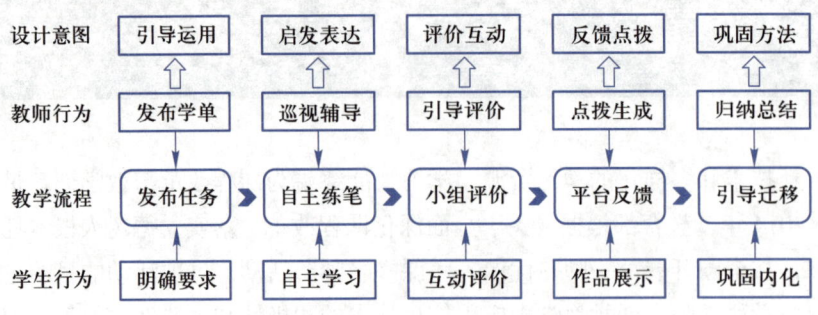

图 6.5 《神奇的机器人》评价反馈片段流程

步骤 1：教师演示 PPT，出示学习要求和视频资源（学生手中的平板电脑同步出现）：注意"四腿运输机器人"的神奇功能；仿照课文第 3 自然段的表达写一个片段；组内交流、评星。推荐组内得星最多的同学，用平板电脑把作品拍照上传教学助手。

步骤 2：学生进行自主练笔，教师巡视辅导。

步骤 3：学生完成练笔后，在小组内轮流朗读自己的作品。学生互评，觉得谁写得最好，就把写作星粘贴在他的作品上。得星最多的同学将自己的作品用平板电脑拍照上传教学助手。

步骤 4：各组完成作品拍照提交后，教师在电子白板上浏览作品，请各小组上台交流，将各小组上传的作品投入电子白板（满屏显示）。台上的组员朗读自己的作品，其他组员轮流说出推荐理由，重点讲评作品中运用举例子、作比较的说明方法的句子，并运用电子白板的交互功能作圈点勾画批注。

步骤 5：教师评价学生作品，总结作品中使用的说明方法，引导学生进行知识迁移。

（二）创新点分析

1. 平台助学，活化能力

当学生学完课文，对举例子、作比较的说明方法有了初步的认识之后，教师通过互动课堂平台及平板电脑个人移动终端，发布片段练写的学习任务及写作微课资源包。学生基于自身写作水平选择相应的微课，回顾写作方法，完成资源包当中"四腿运输机器人"的片段写作，达成能力运用的目标。

在写作过程中，教师运用"随堂直播"即时关注学生的写作现状，启发引导学生回顾课文，运用思维导图梳理写作框架，有效培养学生恰当地运用说明方法准确、有条理表达的能力，提高了教学效能。

2. 互动评价，思维精进

互动评价的第一个层面是小组互评。学生运用平板电脑分享作品、进行点评。这一过程最大限度地实现了学生人人思方法、用方法、巩固方法，使面向全体合作学习成为现实。

　　互动评价的第二个层面是个性评讲。平台上进行作品展示，各小组将最优作品放大至全屏投入白板，在作品上作圈点勾画的批注，点评说明方法运用是否准确恰当（图 6.6）。每一位同学伴随汇报展示同学的批注讲解，一同欣赏作品中说明方法运用得当的句子。与传统课堂中只能听同学朗读相比，学生能看、能听、能圈点、能思考，使更多的感官参与学习，大大提高了学习的参与度和效度，促进了学生思维的深度化发展。

图 6.6　个人移动终端与教学助手技术及白板交互功能结合应用

二、案例：小学数学"圆柱的认识"

授课教师：霍趁趁　北京大学附属小学石景山学校
教学内容：《数学》六年级下册第三单元

（一）片段介绍
教学片段起止时间：15'51"—25'14"
1. 设计目的
　　该教学片段通过信息技术手段突破以往教学中仅让学生空想几何图形平移或者旋转形成立体图形的过程，让图形的运动真实直观，有效地培养学生的空间观念；学生利用平板电脑，经历对圆柱从静态观察到动态运动认识的过程，并通过对资源包的个性化学习，寻找二维平面图形与三维立体图形之间的关系。
2. 内容简介
　　教师有效地创设了个人移动终端上的网络学习环境，利用几何画板的 3D 效果直观地展现各种平面图形叠加或者旋转形成立体图形的过程。学生可以利用平板电脑中的资源包自主验证自己的猜想是否正确，从而借助信息技术在头脑中搭建准确的表象，并且自主建构对圆柱特征的认识；操作、展示的过程可以实现生生交流，使学生在合作、探究、交流中学习。教师尊重学生差异，让每一个学生都获得发展，把学生共性的问题用实景及时切换到屏幕上，引导学生分析问题，并通过生生交流，及时解决问题。

3. 流程介绍

这部分的教学流程如图 6.7 所示。

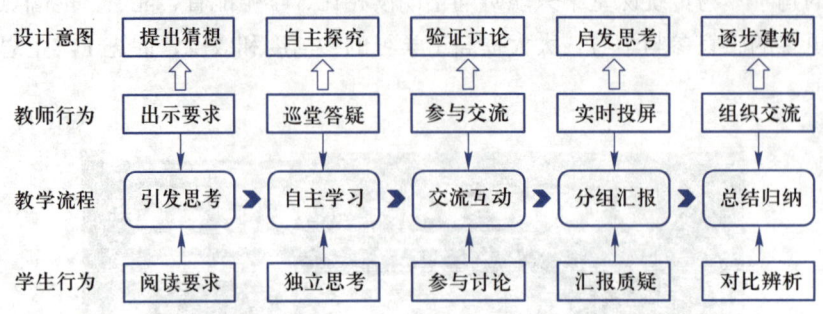

图 6.7 "圆柱的认识"认识圆柱特征片段流程

步骤 1：学生阅读小组合作要求，提出猜想。

步骤 2：学生利用平板电脑中的资源包，自主探究。

步骤 3：学生借助平板电脑中的资源包，交流、验证并讨论。

步骤 4：学生通过平板电脑实时投屏，思考并汇报平面图形与圆柱体各部分之间的关系。

步骤 5：学生逐步建构对圆柱特征的认识。

（二）创新点分析

1. 学生多样化使用移动终端自主探究，实现个性化学习

该教学片段借助平板电脑，充分利用几何画板、录屏软件以及 PPT 展现动画效果，让图形运动真实直观；让学生根据几何图形想象出物体相互之间的关系，帮助学生了解从二维平面图形到三维立体图形的变化过程，从认识静态的圆柱到认识动态的圆柱，尊重学生的个性化学习需求和学习差异性，帮助学生提高学习的主动性，逐步建构对圆柱特征的认识，从而发展空间观念。

2. 提供资源环境，延展课堂深度，达到师生深度交互

在有丰富资源的环境下学习，学生能够高效地学习知识，不再局限于学习课本上的内容。平板电脑的使用，真正改变了教师一个个讲解、学生一个个接收的学习方式。信息技术改变了教学内容的呈现方式、学生的学习方式、教师的教学方式和师生互动的方式。借助资源包，生生进行交流、汇报，他们通过操作阐述自己的观点，进而提出新的问题，与教师交流，使课堂不断延展，进而实现师生的深度交互。如图 6.8 所示。

图 6.8　利用平板电脑实现师生深度交互

三、案例：小学英语"Go straight on"

授课教师：梁琛　长沙市雨花区枫树山小学
教学内容：《英语》四年级上册第一单元

（一）片段介绍

教学片段起止时间：30'16"—39'55"

1. 设计目的

本片段为学生运用所学新知识和已有经验进行展示的环节。教师通过提供真实语境，引导学生在小组合作、自主学习、互评互学三个方面取得突破。

（1）教师设计一个给来学校参加家长会的家长指引路线的真实语境，引导学生进行小组合作，设计路线、对话，并进行展示。

（2）教师在移动终端上提供导航和电子词典 APP，用微课引导学生主动学习并使用真实语境中需借助的软件，在教师的巡回指导下完善小组对话表演的设计。

（3）教师提供小组展示和互相评价的规则，培养学生互助互学以及综合运用语言表达的能力。

2. 内容简介

本片段是教师设计真实语境（给来学校参加家长会的家长指引路线），让学生扮演引导员和家长进行对话表演的一个活动。在活动中，教师提出任务，通过微课教授简单的软件使用方法；学生在教师的指导下进行小组合作，借助 APP 设计路线和对话，然后进行情境表演，并在师生点评中提升语言输出的完整性的能力。

3. 流程介绍

这一部分的教学流程如图 6.9 所示。

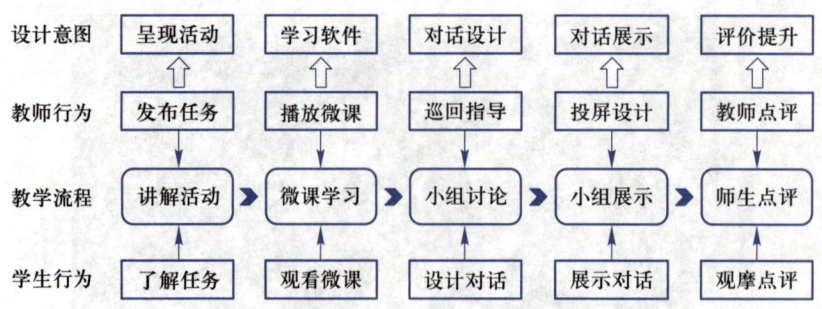

图 6.9 "Go straight on" 个人移动终端片段流程

步骤 1：教师发布并讲解活动要求：请学生分别扮演引导员和家长，指点从家到学校的路线。

步骤 2：学生观看微课，学习高德地图 APP 的使用。

步骤 3：小组合作，讨论确定起点（从哪个地方到学校）、表演角色分配，使用 APP 规划线路，商量如何用英语进行对话。如果碰到不会的单词和句子，会使用电子词典 APP 查找。教师进行巡回指导。

步骤 4：教师投放学生屏，展示学生规划好的路线，各小组展示对话表演。

步骤 5：师生共同观看表演并点评，提出改进方向。

（二）创新点分析

1. 真实的语境让目标语言自然呈现

教师从一开始就运用多媒体手段创设寻找家长会引导员的真实语境，并将其贯穿全课，最终在本环节让学生进行展示。学生需参与和生活息息相关的问路对话中，不论扮演何种角色，都需在使用目标语言的基础上，加上在日常生活中常见的情境交际语言，这也是核心素养下的英语教育提到的"语用"的要求。

2. 技术的使用让自主学习成为可能

在真实语境中，如何确定行走路线，需要借助导航 APP；如何解决不会用英语表达内容的问题，需要使用电子词典 APP，这一切都需要学生自主进行学习。面对一个开放性的问题（起点开放、路线开放、场景开放），学生需要通过微课学习怎么使用软件，再自主操作软件，通过小组讨论确定对话，并用自己的语言展示出来（图 6.10）。学生只有将所学知识综合运用才能完成任务，最终实现内容与生活的深度交互。

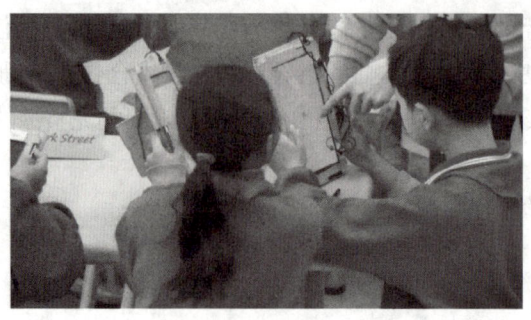

图 6.10 利用 APP 工具实现真实场景应用

四、案例：小学美术"石头造型"

授课教师：庄林洁 吉林省临江市解放小学
教学内容:《美术》二年级下册第十二课

（一）片段介绍

教学片段起止时间：15'24"—24'21"

1. 设计目的

"石头造型"是人美版义务教育课程标准实验教科书二年级下册第十二课的教学内容。该教学片段依据新课改的教学理念，秉承"以学生发展为本"的理念，利用交互式电子白板的展示和示范演示功能，让学生通过自主合作探究形式，对石头进行多种形式的表现，培养学生的艺术创新能力，激发学生学习美术的兴趣，促进学生对美术知识的掌握和应用。

2. 内容简介

本课内容主要针对小学二年级的学生。教学片段利用交互式电子白板特有的展示功能，让学生欣赏特殊的石头造型，吸引了学生的注意力，激发了他们的学习兴趣，使其进入如身临其境的状态。教师利用交互式电子白板进行有效的课堂示范，使学生创作出生动的美术作品，切实提高美术教学质量。

3. 流程介绍

这部分的教学流程如图 6.11 所示。

步骤 1：教师通过交互式电子白板展示多个石头造型的图案，帮助学生加强对知识的掌握，激发学生对"石头造型"一课的兴趣。

步骤 2：教师利用交互式电子白板的示范演示功能，使教学内容更形象和新颖，便于学生创造出生动的石头造型作品。

步骤 3：利用交互式电子白板可以进行多人作品展示，学生之间互相评价，教师给予学生一定的鼓励，有效促进学生对美术教学活动的参与，提高其美术作品鉴赏能力，完美地实现美术课堂交互评价的目的。

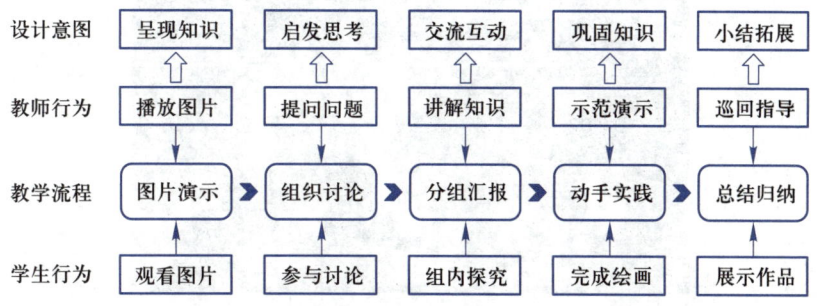

图 6.11 "石头造型"技术应用创新教学片段流程

（二）创新点分析

1. 充分利用交互式电子白板的交互作用

以往的美术教学基本采用挂图展示作品，由于色彩偏差较大，造成学生对艺术作品的理解不强。而交互式电子白板不受自然光线和室内灯光的影响，展示的石头艺术作品色彩感很强，使讲解更轻松易懂、自然流畅，能有效提高课堂教学质量。如图6.12所示。

图 6.12　利用交互式电子白板进行艺术作品展示

2. 结合美术教学特点，巧妙运用交互式电子白板进行示范演示

教学片段的内容是教师利用交互式电子白板中的投影仪示范演示，如何用绘画的方法在石头上进行造型设计。在以往的传统教学中，教师只是在黑板上示范，由于石头过小，就造成学生观察不便，无法进行空间想象。而交互式电子白板的应用解决了这个难题，教师只需要点开实物展台，调好方向，让学生观看教师的绘画演示，为接下来的石头作品创作奠定基础。如图6.13所示。

图 6.13　利用展台实现现场演示

五、案例：小学思想品德"长江的诉说"

授课教师：曹慧萍　华南理工大学附属实验学校
教学内容：《品德与社会》五年级上册第二单元

（一）片段介绍

教学片段起止时间：9'17"—15'50"

1. 设计目的

借助平板电脑、智慧课堂云平台，通过游戏教学，了解长江的源流状况，包括流经的行政区域、主要支流及湖泊、上中下游的划分、长江沿岸主要城市的概况，使课堂教学从关注以知识为本转为以体验为主，构建以学生为中心的课堂，使学生获得认知和情感的发展；教师通过与学生的对话，更有效地引导学生的思维发展，激发情感，使课堂更体现生成性和开放性特点。

2. 内容简介

五年级的学生通过前面的学习，会看地图、制作图表、绘制简易的地形地势图，尤其是搜集资料和整理资料的能力也有所提高。同时五年级的学生已经积累了一定的社会经验和知识，知道长江是中国第一大河、世界第三大河，长江流域是中华文明的重要发源地之一。但是由于学生的生活地区远离长江，对长江的概况，如准确的发源地、流程、流经城市、给沿江城市带来的影响及其重要意义不太了解。因此，教师借助智慧课堂云平台以及平板电脑移动终端，通过长江流经的行政区域、沿岸城市的拼图练习，既加深了学生对知识的理解和识记，又增强了教学的趣味性，从而让学生进一步了解长江流域的宽广和水系的发达，感受祖国地域的博大。

3. 流程介绍

这一部分的教学流程如图6.14所示。

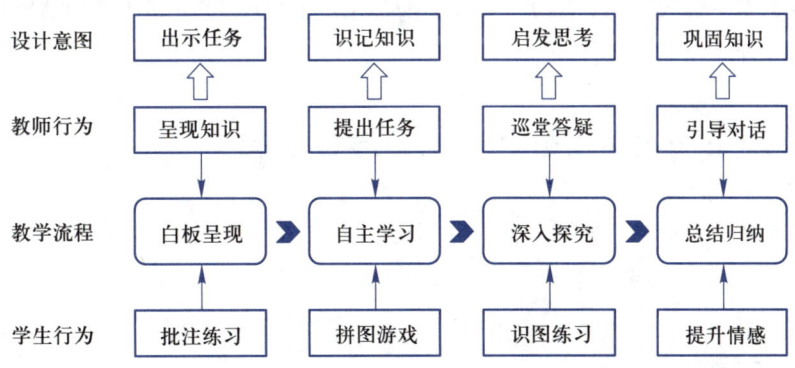

图6.14 "长江的诉说"了解长江的概貌片段流程

步骤1：教师出示识图任务，要求学生结合地图，找出长江起源地各拉丹冬雪山及其海拔高度，找出长江上、中、下游的分界点。

步骤2：学生借助平板电脑进行拼图游戏，找出长江流经的11个行政区域以及行政区域的简称，把相应的行政区域名称移动到长江流经的地形图上。

步骤3：学生借助平板电脑进行识图练习，进一步探究，在地图上找出长江流经的主要城市，在平板电脑上拖动主要的城市名称到相应的地理位置。

步骤4：通过师生对话，学生进一步了解长江流域的广阔、孕育生命的伟大，从而激发热爱长江的情感。

（二）创新点分析

1. 技术助力达成高效课堂，突出道德教学的活动性

在课堂教学实践中，普遍存在教学目标以知识学习为主，忽略情感、态度、价值观和能力的培养；教学内容抽象泛化，课程资源严重不足；教学方式单一，缺乏体验式的教学方法等突出问题。本环节的教学目标"了解长江的源流状况，包括流经的行政区域、主要支流及湖泊、上中下游的划分、主要城市、长江沿岸的社会发展概况"是本节课的教学重点。由于该环节内容信息量较大，如何更好地帮助学生理解、识记，达成高效课堂呢？本环节充分利用了平板电脑和"AiSchool"教学云平台，设计了两个拼图游戏，教师利用平板电脑推送事先制作好的关于长江流经行政区域和城市的拼图界面，学生借助教师提供的学习资料，在平板电脑上进行自主识图练习。直观、形象的活动丰富了学生的学习体验，技术的助力加深了学生对知识的理解和识记，促进学生道德情感的发展。

2. 板端融合实现互动立体化，创设丰富的道德学习场景

本环节充分运用了交互式电子白板的即时互动功能，以及"AiSchool"教学云平台和平板电脑终端的个性化学习功能，实现生生、师生、生板交流互动立体化。学生在教师的指导下，借助平板电脑，进行长江流经的行政区域和城市拼图练习，平板电脑和交互式电子白板的互动性、即时呈现、直观形象等功能以及学生端、教师端、交互式电子白板、教学云平台的融合，使学生在丰富的学习场景中交流互动、体验感悟，培养了学生解决问题、敢于尝试、团队协作等能力，学生的认知和情感在学习交流中得到提升。

六、案例：小学人工智能"让小飞学会翻译"

授课教师：杨美玲　南京市浦口外国语学校
教学内容：《人工智能》六年级上册第三章

（一）片段介绍

教学片段起止时间：0'00"—5'05"

1. 设计目的

本教学片段在课前导入环节，借助图片和平板电脑，创设"外国友人来访"的教学情境，以"设计翻译机器人"为主线，引导学生思考，为学习活动做好铺垫。教师

通过营造情境氛围，让每位学生都参与课堂活动，为打造高效课堂夯实基础。教师也借此带领学生回顾前面学到的关于智能语音技术和机器翻译技术的知识，为后续学生自主开展程序设计，使用机器翻译技术，让小飞机器人具备英汉互译的能力等做好铺垫，同时激发学生对人工智能的思考和想象。

2. 内容简介

在教学片段中，教师通过展示学生熟悉的外国友人合照，引入翻译机器人的学习场景。根据本单元的教学要求，教师引导学生回忆本单元的学习内容，鼓励学生动手实践，在平板电脑的程序面板上寻找 AI 模块中的翻译功能。通过基于平板电脑的练习，教师能够了解学生对翻译机器人的初步认识；借助 AI 模块翻译功能的寻找任务，帮助学生认识机器翻译的关键程序代码，使学生了解机器翻译在生活中的应用，产生对机器翻译的学习兴趣。

3. 流程介绍

这一部分的教学流程如图 6.15 所示。

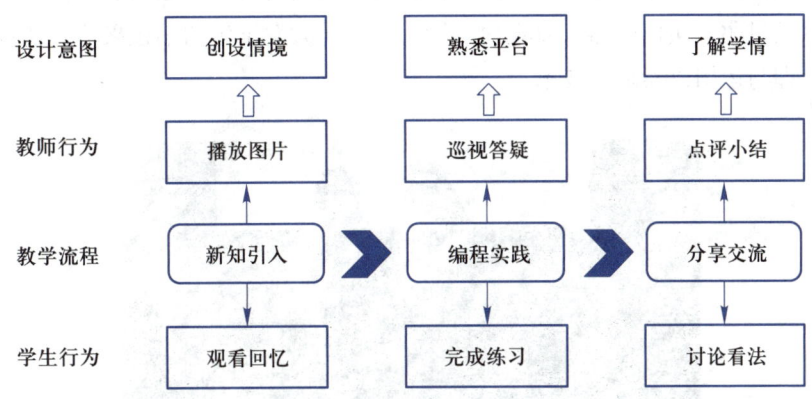

图 6.15 "让小飞学会翻译"课前导入片段流程

步骤 1：教师创设"外国友人来访"的学习情境，以"设计翻译机器人"为主线，引导学生思考，为学习活动做好铺垫，由旧知引入，由浅入深，为教学创设情境。

步骤 2：教师引导学生在平板电脑的程序面板上寻找 AI 模块中的翻译功能。学生在轻松的编程练习中，进一步熟悉平台，达成对翻译机器人的初步认识。

步骤 3：教师借助平台反馈的学生数据，及时了解学生对翻译机器人编程的初步思考与判断情况；让学生在练习中发现问题并主动交流；点评学生成果，从而掌握学生的学习情况，为后续教学活动做好热身。

（二）创新点分析

1. 利用电子屏幕进行图片展示

教师运用电子屏幕展示外国友人来访本校的照片（如图 6.16 所示），通过提问引导学生思考，引出翻译机器人的主题，为对翻译机器人的学习做铺垫。教师利用符合学生经验的直观图片，结合学生实际创设具体情境，有利于激发学生的学习兴趣。

图 6.16　利用电子屏幕进行图片展示

2. 利用平板电脑和机器人实现现场演示

　　教师组织学生分组汇报，让学生上台使用平板电脑演示编程操作过程，并运行程序让小飞机器人显示翻译内容。如图 6.17 所示。在教师的引导下，学生借助平板电脑进行自主探究与小组合作，在实践中提高发现问题与解决问题的能力。学生编写的程序可以通过驱动实体机器人直观地运行，有助于激发学生的编程兴趣，初步感知机器翻译原理与运用机器翻译技术。

图 6.17　利用平板电脑和机器人实现现场演示

本章要点

　　1. 教育应用新技术主要包括人工智能技术、脑机接口技术、虚拟现实与仿真技术、云计算与大数据技术。

　　2. "翻转课堂"教学颠倒了传统的教学过程，由传统的先教后学转变为技术支持的先学后教，其本质是应用技术变革传统的教学过程，从而优化"知识传授"与"知识内化"这两个认知环节。

　　3. "三个课堂"指"专递课堂""名师课堂""名校网络课堂"。"三个课堂"教学模式的核心是以课堂教学改革为抓手，应用信息化手段不断扩大优质教育资源的覆盖面，提高基础教育教学质量，促进教育公平。

　　4. STEAM 教育是一种教育理念。STEAM 教育采用整合的教学方式，注重实践和过程，强调解决真实问题；强调知识与能力并重，倡导"做中学"；强调创新与创造力培养，注重知识的跨学科迁移及其与学习者之间的关联。

5. 大单元教学是指教师以大主题或大任务为中心，对学习内容进行分析、整合、丰富和开发，形成具有明确主题（或专题、话题、大问题）、目标、任务、情境、活动、评价等要素的一个结构化的具有多种可行性的统筹规划和科学设计。

问题与思考

1. 分享你了解到的教育应用新技术，谈谈它们的特点及教学应用情境。
2. "翻转课堂"教学的内涵与特点是什么？
3. 结合你的学科特点，谈谈各种新教学模式应用的可能性。

网络学习

请你结合"爱课程"网在线开放课程"现代教育技术应用"第六章的"教学案例"资源，深刻理解本章介绍的教育应用新技术以及信息化教学新模式，指出其优势与不足，在小组中交流与讨论。

实践训练

实践项目：教学案例分析

1. 实践任务

以小组为单位，根据前面所学习的教育应用新技术以及"翻转课堂"教学、"三个课堂"教学、STEAM 跨学科教学和大单元教学的相关知识，选择教材中的一个案例，完整地观看与记录，深入分析并总结交流。

2. 实践要求

（1）同一小组观看同一案例并开展交流与讨论，使用技术辅助做好实时记录。

（2）各小组选出代表分享所选案例的点评，总结案例中教学方法与技术应用的创新之处。

（3）分享评课心得体会，总结评课的基本方法和要领。

3. 实践建议

评课要遵循科学客观和实事求是的原则，建议按照先整体后细节的顺序进行点评，从教学设计、教学实施、教学效果等方面切入，思考分析教学内容、教学步骤设计的优缺点，从而形成对该案例的全面认识。

拓展资源

请到中国知网（https://kns.cnki.net）搜索以下文章并阅读。

（1）张坤颖，张家年. 人工智能教育应用与研究中的新区、误区、盲区与禁区［J］. 远程教育杂志，2017，35（5）：54-63.

这篇文章着重分析了人工智能教育应用或研究中的"新区""误区""盲区"

"禁区"及产生的原因，在阐明人工智能与教育的关系、融合模式的基础上，形成人工智能教育应用的对策及理论框架。

（2）余胜泉，胡翔. STEM 教育理念与跨学科整合模式［J］. 开放教育研究，2015，21（4）：13-22.

这篇文章介绍了包括跨学科、趣味性、体验性、情境性等在内的九个STEAM 教育核心理念，对相关课程、广域课程这两种跨学科整合模式进行了相关介绍，对学科知识整合取向、生活经验整合取向与学习者中心整合取向三种跨学科整合取向展开了分析，最后提出了跨学科整合的项目设计模式。

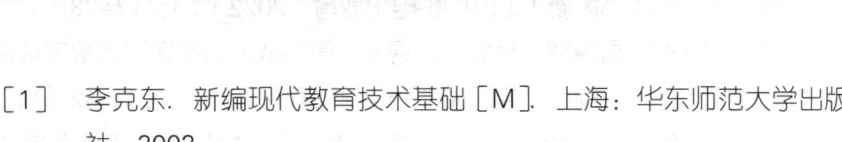

参考文献

[1] 李克东. 新编现代教育技术基础 [M]. 上海：华东师范大学出版社，2002.

[2] 冯仰存，钟薇，任友群. 美国国家教师教育技术新标准解读与比较研究 [J]. 现代教育技术，2018，28（11）：19-25.

[3] 刘雍潜. 信息化环境下的中小学教师能力建设研究 [J]. 现代教育技术，2010（12）：57-61.

[4] 王以宁. 教师教育技术：从理论到实践 [M]. 北京：北京大学出版社，2010.

[5] 陈江涛. 基于互动学习工具的探究教学模式研究 [D]. 广州：华南师范大学，2012.

[6] 张林. 小学班级管理的现状分析及改进对策 [J]. 教学与管理，2017（3）：80-82.

[7] 黄利华，周益发，程晓杰. 智慧校园 IS 服务平台应用探索与分析：以南昌大学附属中学 IS 平台为例 [J]. 中国电化教育，2017（9）：98-103，110.

[8] 余文森. 核心素养导向的课堂教学 [M]. 上海：上海教育出版社，2017.

[9] 时丽莉. "弗兰德斯互动分析系统"在课堂教学中的应用 [J]. 首都师范大学学报（社会科学版），2004（S2）：163-165.

[10] 宁虹. "教师成为研究者"的理解与可行途径 [J]. 比较教育研究，2002（1）：48-52.

[11] 闫温乐，施若蕾. 课堂观察工具：摒弃还是发展？——基于世界银行课堂观察工具 TEACH 的讨论 [J]. 比较教育学报，2022（2）：147-159.

[12] 许娜，高巍，郭庆. 新课改 20 年课堂教学评价研究的逻辑演进 [J]. 教育研究与实验，2020（6）：49-55.

[13] 拉奥. 脑机接口导论 [M]. 张莉，陈民铷，译. 北京：机械工业出版社，2016.

[14] 柯清超，王朋利，脑机接口技术教育应用的研究进展 [J]. 中国电化教育，2019（10）：14-22.

［15］ 柯清超. 超越与变革：翻转课堂与项目学习［M］. 北京：高等教育出版社，2016.

［16］ 柯清超，谢幼如. 连接与整合：数字校园与电子书包［M］. 北京：高等教育出版社，2017.

［17］ 柯清超，鲍婷婷，林健. "双减"背景下数字教育资源的供给与服务创新［J］. 中国电化教育，2022（1）：17–23.

［18］ 柯清超，林健，马秀芳，等. 教育新基建时代数字教育资源的建设方向与发展路径［J］. 电化教育研究，2021，42（11）：48–54.

［19］ 柯清超，田雪松，鲍婷婷，等. 智慧作业的基本原理与实践方向［J］. 中国电化教育，2022（12）：74–83.

［20］ 柯清超，刘丽丽，鲍婷婷，等. 国家智慧教育平台赋能区域教育数字化转型的四重机制［J］. 中国电化教育，2023（3）：30–36.

读者意见反馈

为收集对教材的意见建议，进一步完善教材编写并做好服务工作，读者可将对本教材的意见建议通过如下渠道反馈至我社。

咨询电话　　400-810-0598
反馈邮箱　gjdzfwb@pub.hep.cn
通信地址　　北京市朝阳区惠新东街 4 号富盛大厦 1 座
　　　　　　高等教育出版社总编辑办公室
邮政编码　　100029